応用シータヒーリング

「すべてなるもの」のパワーを活用する

ADVANCED THETAHEALING®

Harnessing the Power of All That Is

ヴァイアナ・スタイバル 著

レイコ・サモス(マロン)、ダニエル・サモス 監修　豊田典子 訳

ナチュラルスピリット

ADVANCED THETAHEALING ™

Originally published in 2011 by Hay House UK Ltd.
Japanese translation rights arranged
with Hay House UK Ltd, London
through Tuttle-Mori Agency, Inc.,Tokyo

Tune into Hay House broadcasting at: www.hayhouseradio.com

Vianna Stibal
ヴァイアナ・スタイバル
豊田典子＝訳

応用シータヒーリング

「すべてなるもの」のパワーを活用する

序　文

私は本書がいかに純粋かをこの目で見てきた生き証人です。創造主との対話や、何千回にもおよぶリーディングやヒーリング、さらに多年にわたってヴァイアナが接してきた受講生やシータヒーリング認定インストラクターたち、数々のシータヒーリングのクラスから得られたさまざまな情報が、この本にはおさめられています。アイデアやプロセスはオリジナルのものであり、既存のあるいは確立中のエネルギーヒーリング手法からの情報を流用したものではありません。シータヒーリングで用いられている情報の出所《でどころ》や参照先は、希望する方にはどなたにでも提供します。

アメリカの保守的な地域に生まれたシータヒーリングは、今や世界的なヒーリング様式にまで成長しました。創成期に多大な困難を伴ったことを思うと、ここまで成し遂げたことに私自身も常に驚かされています。あらゆる否定的な可能性を覆し、シータヒーリングはまさに暗闇のなかの一筋の光であり、神聖なる存在からの贈り物となりました。

シータヒーリングが現在のエネルギーヒーリング様式にまで成長するのに、多くの人々が、それぞれのやり方で貢献してきました。クライアント、受講生、プラクティショナー、認定インストラクターたちが、程度の差はあれ皆少なからぬ貢献をしてきました。ただ、シータヒーリングにどれほど多くの人が関わっているとしても、この教えをどれだけ多くの人が自らに生かしているとしても、ある一人の人間の信念、勇気、純粋な信心からすべてが発しているという決定的な事実があります。そのある人とはもちろんヴァイアナにほかなりません。

私は直接シータヒーリングの発展の過程をこの目で証人として見てきましたが、ヴァイアナほど真実、信念、決意に溢れた人は見たことがないと断言できます。これこそが、まさに彼女がシータヒーリングの優れたリーダーである理由であり、彼女だけにその資格があるのだと思います。だからこそ情報が彼女を通して与えられるに違いありません。神を愛する人はたくさんいます。しかし、聖なる光の中で、創造主の実在への確信をこれほどまで持ち続けられる人を、私はほとんど見たことがありません。

本書におさめられている内容はヴァイアナが見たり身をもって体験したりしたものです。「すべてなるものの創造主」を通してヒーリングを実現するこころ《マインド》の能力を引き出す手引きが示されています。あとはあなた次第、あなた本人の信じる《ビリーフ》こころ次第でしょう。

ガイ・スタイバル

はしがき

『応用シータヒーリング』は、『シータヒーリング』、『シータヒーリング 病気と障害 *ThetaHealing: Diseases and Disorders*（ナチュラルスピリット社）』と並ぶ著作です。最初の『シータヒーリング』で私は、シータヒーリングのリーディング、ヒーリング、思い込みへの働きかけ、感覚・感情への働きかけ、思い込みの掘り下げと遺伝子への働きかけについてのプロセスを順を追ってひとつずつ説明し、存在の層や、初心者に必要なその他の知識について紹介しました。本書では、思い込みや感覚・感情への働きかけ、掘り下げのテクニックについてより詳細な指針を示し、私がスピリチュアルな進化に不可欠だと信じる存在の各層や思い込みについて、より深い洞察を加えていきます。シータヒーリングにおいて急速に広まっていったプロセスの細かい手順をすべて本書におさめているわけではなく、本書を十分に活用するためには、これらのプロセスを理解する必要があります。

シータヒーリングは脳波のシータ波を用いて肉体的、精神的、スピリチュアルなヒーリングを創造する瞑想法です。こころが純粋で神聖なシータ状態にある間は、神経を集中させた祈りを通じて、「すべてなるものの創造主」とつながることができます。

この方法には、どうしても不可欠な要件がひとつだけあります。それは、創造主の存在を信じるということです。創造主をどのような名前で呼ぶかはそれほど重要ではありません。神、仏陀、シヴァ、女神、イエス、ヤハウェ、アッラーなど、いずれも「存在の第七層」すなわち「すべてなるものの創造的エネルギー」へと向かう流れであり、創造主は様々な名前で呼ばれています。シータヒーリングはいかなる宗教にも属していません。また、このプロセスは、特定の年齢、性別、人種、肌色、信条、宗教に向けたものでもありません。神や創造の力を純粋に信じる人々であれば誰でもシータヒーリングという樹木から延びる枝にアクセスして使うことができるのです。

創造主は、こころ惹かれる知識をおしみなく私たちに与えてくれます。それを皆さんはこれから受け取るのです。ここに記載された情報は、応用ＤＮＡセミナーでの情報や、「応用ＤＮＡセミナーマニュアル」に収録された情報をまとめたもので、ＤＮＡ３の序編となります。

本書では私がこれまでに得た情報を皆さんと分かち合いたいと思っていますが、その利用によってどのような変化が生まれたとしても、私はいかなる責任も負いません。責任はあなたにあります。自分の人生だけでなく、他人の人生までも変える力が自分にはあるのだと自覚するとき、その責任はあなたが引き受けるのです。

ヴァイアナ・スタイバル

謝辞

本書の情報を学ぶ機会を与えてくれた、私のすばらしいクライアントの方々と受講生の皆さん全員に感謝いたします。私は今までに何千回もセッションをおこなってきましたが、そこで実際にあった、「思い込みへの働きかけ」セッションでの経験を中心に執筆しました。勇気をもって信じるすべての魂に、この知識が与えられますよう。

▼原書のイタリック体の表記はこの日本語版では《》であらわされています。

はじめに

こんにちは、私はヴァイアナです。

二〇〇三年の月のない暗い夜、私は一日の仕事を終え、田舎にある我が家への長い一本道に向かって車を走らせていました。突然、その驚くべき啓示はありました。当時、私がシータヒーリングの活動を始めてから既に九年が経過し、活動は大きな躍進を遂げていました。この九年間、私は何千回もリーディングやヒーリングをおこない、数多くのセミナーで教え、シータヒーリングの方法についての本も執筆しました。ただ、紛れもない事実、つまり、まだまだ学ぶべきことがたくさんある、ということも既に学んでいました。

スネーク川に沿って一人孤独に車を走らせていたそのとき、創造主の声が聞こえてきました。その声は、私が九年間の奉仕期間を満了したこと、この次は三年間のティーチャーとしての期間に入ることを告げてきました。上級の受講生を対象としたシータヒーリング、つまりＤＮＡ３の序編を教えるのだと言うのです。このメッセージに私は多少身構えました。というのも、これまで新しいシータヒーリングの情報が私に入ってくる度に、私の人生に大きな変化があったからです。しかし、私は気を落ち着かせてこう言いました。

「創造主よ、わかりました。けれども、ＤＮＡ３とは一体何ですか？」

この問いにたいし、ＤＮＡ３とは、有機物や無機物を動かしたり変化させたりする方法や、ミトコンドリアに働きかけをおこなって瞬時のヒーリングをもたらす方法に関するものだと告げられました。瞬時の願いの実現やヒーリングは、身近な人も私自身も経験済みでしたので、これにはそれほど驚きはしませんでした。

この高度な情報を理解する人が百人に達したときには、その能力が人間の集合意識を通じて広まるので、このことを実践していくのはもっと楽になるだろうと、その声は告げてきました。百人が本当に理解したとき、また、千人がそれを信じ、また理解して日常生活に取り入れたときに、より高度な知識が集合意識全体に広まり、潜在能力の目覚めをもたらすことを私が知ることになるだろうと言うのです。

こうも告げられました。まずはその概念の存在自体を信じること。そうすれば、それがわかり、その中で生きるようになる。そうすればその高度な情報によって、今まで一度も活性化されたことのない神経経路が開かれるのだと。

これを聞いたとき、私の日常生活での平凡な問題の数々が、私の仕事のようだったらどんなにかよいのに！と願わずにはいられませんでした。リーディングやヒーリングで、肉体の内部に入り込み、至福のシータ状態で細胞や骨を動かしているときこそが、私がもっとも心地よく感じるときでした。ものごとがうまくいかなくなるのは決まって、肉体の外側で日々の雑事に追われているときだったのです。

この私の願いにたいして創造主は次のように説明してくれました。

ヴァイアナ、シータの中であれシータ状態ではないときであれ、また肉体の中であれ外であれ、それはすべて同じである。どの一瞬を取ってみても、脳から肉体に無数の電気的刺激が送られて、呼吸、成長、空腹感、消化、その他無意識におこなわれているさまざまな行動を起こすように指示が出ているのだ。これと同じように、脳と魂は地球の巨大な神経系につながっている。そしてその地球は、私たちの無限の体外である宇宙の神経系につながっているのだ。この宇宙への外なるつながりは、体への内なるつながりと同じで、体の内部でおこなうのと全く同じように、私たちの空間の外側にある宇宙にも変化をもたらすことができる。今日これが起きていないのは、何百年もの間子供たちが、自分たちには限界があるのだという「思い込み」をもって育てられてきたからで、私たちは、霊的、精神的、感情的、肉体的レベルで、ＤＮＡの中や周囲で、そのような限界を受け入れてきたのだ。

ここまで説明してもらってようやく、私はシータヒーリングの情報について創造主が描いている計画と、これをどのように伝え実践していけばよいかをより深く理解し始めました。

思い込みや感覚・感情に働きかける方法を教えてもらったときに、誰にも自分の限界を打ち破り、自分たちの内側にある創造主自身に本当の意味でつながる能力があることを、私は示してもらっていたのです。そして、私は、霊的《スピリチュアル》、精神的、感情的、肉体的レベルでこういった限界、すなわち思考パターンを積み重ねていくのに人類は何世紀も費やしてきたことを、理解したのです。これらを解放する術《すべ》がなければ、これを捨てるのにまた何百年もかかることでしょう。過去にはそのようにして、ひとつのレベルずつ、一世代ずつ、ひとつの命ずつゆっくりと進化してきました。あるひとつの人生で起きることすべてが理解できるだけのわずかな進化しか遂げてきませんでした。しかし今、スピリチュアルな進化により、現実の枠を越えて観る能力、創造の新たな一面にも自らを開く能力が育っていることを私は理解しました。もはや役に立たなくなった信念体系《ビリーフ・システム》をこの人生において消し去る術を与えられたのです。

私たち全員に、進化の新しい段階へと進むチャンスが与えられており、そこではカルマを停滞させていたダムの水門を開ける鍵が与えられることが、私にはわかっています。遺伝、疾病、幼少期の思考パターン、エネルギーの影響、集合意識に発する問題などがいずれも、「すべてなるものの創造主」の共同創造者としての潜在能力の開花を阻止してきました。しかし今や私たちは、先祖の選択の影響も、現世の影響をも避ける選択権があり、それが可能です。創造主の神聖なきらめきとしての私たちのパワーを使い始めるときが到来したのです。

本書では、二〇〇三年から教えられてきた、ＤＮＡ３の序編としての応用シータヒーリングをご紹介します。応用シータヒーリングでは、いろいろなことに気をつけて働きかけをおこなうことがもっとも重要です。いったん直観力がついてくると、シータ状態で自分が発する思いの形態をどうしても意識するようになります。ですから、創造主を通じて感覚・感情の呼び覚まし《ダウンロード》をするだけでなく、マイナスの思考パターンを引き抜き、置き換えるという思い込みへの働きかけをおこなって、自分自身を思考における純粋な場に導くようにしてください。

こころは何とも驚くべきもので、電気的刺激で肉体を動かしています。ですので、そういった方法で、同じように肉体の外側にあるものも電気的刺激を使って動かすことがわかってくるでしょう。また、恐れずに自分の能力を使えるように、また自分の感情と真実との違いを知ることができるよう、英知を得ることも必要です。

シータヒーリングセミナーの受講生やインストラクターの大半は素晴らしい人たちですが、ときとしてバランスの崩れている人や、エゴの強すぎる人もいるでしょう。これは自然の摂理ですが、それが、この応用編の情報を提供している理由のひとつでもあります。この本は、シータに関わるべき人と関わるべきでない人を選別できるようにつくってあります。

ただし、絶対忘れないでいただきたいのは、「自由意志」は素晴らしいものですが、他の人の「自由選択権《フリーエージェンシー》」に干渉してはならないということです。

二〇〇二年に私が見た夢は、このテーマに関係するものだったと今になって思います。夢の中で、私はある赤ん坊を護衛する役目を与えられていました。この子供の周囲には何かと不可解なことが多く、最初私は、誰かがこの子を殺そうとしているのだろうと思っていました。近くに来た人たちは皆ずたずたに切り裂かれてしまっていたのです。私が部屋に入ろうとしたちょうどそのとき、また一人を不幸が見舞い、そこでようやく私も原因はその赤ん坊だと気づいたのです。サイキック・パワーがあまりにも無制御で、あまりに強力であったがために、その赤ん坊を怒らせたり、イライラさせたりした人は誰でも千切りにされていたのでした。私たちのサイキックな能力が暴走したり、誤用されたりする場合、あるいは能力に無知だったりする場合を、この赤ん坊は象徴的に示しています。まるで、汚い言葉をまき散らしながら大通りで車を暴走させる人のようです。この子は驚異的なサイキック・パワーをもっていましたが、力に見合った英知を身につけていませんでした。知恵を育む時間がまだ取れていなかったのです。

この話は、英知がないのにパワーがあると、誤用する恐れがあるという教訓を示しています。この時空間にはシータヒーリングからもたらされる能力を誤用しかねない思考パターンをもった人が数多く存在しています。これらの思考パターンは、異なった思考レベルに潜んでいるかもしれません。潜在意識のレベルに、自己破壊的な思考パターンが存在する人もいるでしょうし、否定的なエゴ（自我）のためにシータヒーラーとしての能力が伸び悩んでいるプラクティショナーもいるでしょう。エネルギー・ワークを使いこなす直観力のあるヒーラーとなるには、バランスが一番重要です。ヒーラー自身のバランスが崩れていると、リーディングやヒーリングの効果があがりません。

本書で述べられているリーディング、ヒーリング、ティーチングを実践するときは、必ず無条件の愛が送られるようにしてください。あなたが癒そうとしている相手を本当に愛していなければ、相手はそれに気が付きます。自分自身の内側に問いかけ、嫌いなタイプの人がいるようなら、「思い込みへの働きかけ」をしてみて、その人の真実を観るのがよいでしょう。そしてその人のあるがままを受け入れて《愛して》ください。気に障る性質が相手に見つかることもあるでしょうが、それは自分自身にもある性質なのです。それを乗り越えることこそが、今生まで延々と果てしなく繰り返されてきた争いを克服することになります。土台となる思い込みを解き放ち、創造主から送られる本質的な感覚を受け入れることであなたは解放されます。

★ 本文中の「プラクティショナー」および「インストラクター」について

英語の practitioner とは医師・弁護士を含め専門職を開業し実践している人という意味があります。「ヴァイアナのシータヒーリング®」ではセミナーを受講してシータヒーリングを実践することを認定された人たちを「シータヒーリング認定プラクティショナー」と呼んでいます。本文中に記載がある「プラクティショナー」は認定されたプラクティショナーを指します。

また、プラクティショナー養成のためのセミナーは、ヴァイアナ氏自身が授ける「インストラクターセミナー」を受講し認定された「シータヒーリング認定インストラクター」のみが開催できます。本文中の「インストラクター」は認定されたインストラクターを指します。

シータヒーラーは、認定プラクティショナーとインストラクターの総称です。

詳細区分や各種セミナー受講については巻末の「セミナーと関連書籍のお知らせ」をご参照ください。

訳 者

応用シータヒーリングにようこそ！

生命の本質は、純粋なエネルギーとして認識することができます。存在の七つの層とは、このエネルギーの躍動であり循環です。この神聖なエネルギーは尽きることなく、異なる周波数の振動を通り抜けながら単に形態を変えているだけです。存在の層には重要度の軽重はありません。存在するあらゆるものを動かし結び付けている普遍的な精神、「すべてなるものの創造主」の第七層を通じて、すべての層のエネルギーをバランスの取れた状態にすること、それが私たちの目指すところです。

本書ではこれを説明するだけでなく、最善で最速の結果をもたらすエネルギーに焦点を当て、創造されたものはそれを「非創造（消滅）dis-create」することも、その後再創造することもできることをお見せしていきます。

応用シータヒーリングとは、原子のスピリチュアルな性質の理解、そして、私たちは現実を創造する素晴らしい存在なのだという知識、そのものなのです。

もくじ

序文 3／はしがき 5／謝辞 7
はじめに …… 9
応用シータヒーリングにようこそ！ …… 15
第1章 シータヒーリング「感覚・感情への働きかけ」について …… 20
第2章 第七層を見い出す …… 24
第七層へと上昇する／拡大法／ショートカットを使う／グラウンディング／創造主／神聖なる存在とつながる
第3章 応用リーディング …… 32
リーディング／ロードマップの効果／上昇／命じること／命じられたことがおこなわれるのを観届ける／浄化／穏やかに、やさしく／精神の集中／プラクティショナーとしてのイメージ／神聖なる存在に耳を傾ける／守秘義務／独善的態度、聖人ぶった態度／「なぜ？」／真実／真実の識別／常に問いかけるべきこと／創造主における真実／思い込みの投影／認知の投影／意識的な承諾／自由意志と自由選択権
第4章 応用ヒーリング …… 56
ヒーラーとサイキックの融合／ヒーリングのプロセス／無条件の愛／瞬間ヒーリング／子供とのヒーリングセッション／思い込みと病気／ウイルスと思い込み
第5章 感覚・感情の創造 …… 68
「すべてなるものの創造主」に関する思考パターン／さらなる感覚・感情と思考パターン！／…なく生きる方法／…を感じることなく生きる方法とは／…を恐れることなく生きる方法とは
第6章 応用 思い込みへの働きかけ、感情への働きかけ、掘り下げ …… 130

思い込みへの働きかけ／思い込みの四つのレベル／思い込みへの働きかけの原理原則／感情につながる信念体系／掘り下げ／思い込みにたいする反応／遺伝的レベルの思考パターンと核となる思い込み／宣誓と誓約／遺伝的レベルの思い込みや過去生、集合意識からの思考パターン／ネガティブな結果を生み出すプラスの思い込み／マイナスの感覚・感情が創造するマイナスの結果／…そしてプラスの感覚・感情の呼び覚ましについて

第7章 **掘り下げのセッション** …… 156
掘り下げの例1：がん／例2：愛を求める／例3：愛、豊かさ、母親の問題／例4：愛、豊かさ、そして母親の問題／例5：エジプトの女神／例6：父親の問題／例7：ヒーリング／例8：直観力とサイキック能力／例9：弱い立場にいる人が自分を利用すること／例10：豊かさ／例11：糖尿病／例12：腎臓／例13：虐待／例14：約束を守ること／例15：愛／例16：体型

第8章 **存在の七つの層** …… 238
第一層／第二層／第三層／第四層／第五層／第六層／第七層／各層へつながるには／神という概念／各層の見え方

第9章 **存在の第七層** …… 246
第七層を理解する／第七層を利用するために浄化すべき宣誓や誓約／第七層へのアクセスを邪魔する思考パターンと置き換え／第七層からのヒーリング

第10章 **第六層** …… 250
「法則」を呼び込む／第六層からのヒーリング／第六層のヴォルテックス／ガイの語ってくれた話

第11章 **第五層** …… 258
マスターの子供たち／第五層からのヒーリング／サイキック・アタックによるマイナスの影響／天使の守護とガイダンス

第12章 第四層……272
スピリットの領域／第四層からのヒーリング／スピリットと祖先／祖先につながるには
第13章 第三層……286
全ての層で生きる／第三層からのヒーリング
第14章 第二層……290
自然霊―エレメンタル／存在の第二層と調和して生きる／第七層から存在の第二層に出会うには
第15章 第一層……302
存在の第一層の生命／ミネラル／ミネラルの摂取源／クリスタルとヒーリング・ストーン／クリスタルのお手入れ方法／ヒーリング・クリスタル
第16章 層を活用したヒーリング……316
各層の生命の構造／思考の力／各層をヒーリングに使用するには／ヒーリング様式／各層のイニシエーション／層への執着／送り出しと呼び込み
第17章 浮遊記憶……326
第18章 胎内の赤ちゃんに愛を送る……330
受胎／「胎内の赤ちゃんに愛を送る」演習
第19章 傷ついた魂を癒す……334

傷ついた魂を癒す

第20章　ハート・ソング…… 342

こころからの音色／ハート・ソングのセッション／ハート・ソングのための呼び覚まし

第21章　無機物のクリアリングと思い込みへの働きかけ…… 350

第22章　時間を曲げる…… 352

第23章　あなたの未来を思い出す…… 354

第24章　神聖なるタイミング…… 356

イニシエーションと死の扉／臨死体験

第25章　思い込み、呼び覚まし、そして感覚・感情…… 362

第26章　DNA3に進むために必要なこと…… 426

第27章　ヴァイアナ語録…… 434

あとがき…… 438

訳者あとがき…… 440

訳語補記…… 443

セミナーと関連書籍のお知らせ…… 446

著者、監修者、訳者について…… 447

第1章　シータヒーリング「感覚・感情への働きかけ」について

本書では存在の第七層からどのようにヒーリングをおこなうのかを説明しますが、これが「すべてなるもの」の真髄となります。

ここでは存在の各層についてより詳しく学び、無用となった宣誓、誓い、誓約をどのように取り去るのか、どのように傷ついた魂を癒すのかもお話ししていきます。

今まで一度も味わったことのない感覚が呼び覚まされるかもしれません。

怒りや復讐心、憤り、後悔、敵意、嫉妬、ねたみ、苦痛といった雑多な負の感情をしまっておいたがためにむだに使われていたこころの中のスペースをきれいに片付けていきます。そうすれば、活用できるエネルギーが増え、より速いヒーリングが実現でき、人類を進歩させ、神聖なる存在につながることができるようになります。

この本を使い始める前に、自分の決断と人生の責任は自分で負うのだということは、ぜひ理解しておいてください。この本の中で繰り広げられるのは素晴らしい概念で、ご自身の成長を助けるものではありますが、他の人の自由意志を踏みにじるような使い方をしてはなりません。あなたが誰であれ、どのような考えをもっているとしても、私たちはみな経験から学ぶためにここに存在しているということ、そして誰もが自由意志をもつという真実があるのです。自由意志は宇宙の法則であり、ただ、それだけです。それに納得できずにこの本を読んでいるとするなら、本書の内容はあなたに適するものではないでしょう。

シータヒーリングを乱用する人は、真実の法則や、正義の法則など、自由意志に関連したそれ以外の法則も存在することを理解すべきでしょう。自由意志など、宇宙の法則に違反すると、真実の法則と正義の法則にも真っ向から対峙してしまいます。すべての法則は互いに協調的に機能し、それぞれの法則がもつ特性を高めています。シータヒーリングを実践するうえで、このことをこころに留めておくことが肝心です。

＊＊＊

二〇〇三年に私はシータヒーリングのＤＮＡ３のセミナーについて告げられました。ＤＮＡ３の段階に進み、情報を理解し活用するためには、「すべてなるものの創造主」を経て呼び覚まさなければならない感覚・感情があります（かつて感じたことのない感覚・感情もあるでしょう）。この呼び覚まし《ダウンロード》は、シータヒーリング応用ＤＮＡセミナーで提供され、そしてこの本でも説明されています。本書では至高の定義 the highest definition にアクセスすることによって、「すべてなるものの創造主」からこれらの感情を呼び覚ます方法を紹介します。読者の皆さんの多くはこれらの感覚・感情や思い込みを既にもっているため、呼び覚ましをおこなったからといって天変地異のような変化が起きるとまではならないかもしれません。けれども、これらの感覚・感情を正しく理解すれば、皆さんの人生に前向きな変化が生まれるでしょう。

シータヒーリングのしくみについて考えてみましょう。受胎の瞬間から今に至るまで、私たちの細胞は受容体を介してメッセージを受け取り、そのメッセージから次に何が起こるのか予測するように訓練されてきています。どの細胞にも栄養、ホルモン、伝達の受容体があり、受容体が受入、結合、配給ポイントとして働いてくれるので、細胞が機能できるのです。

細胞は、送られてくる「感情のメッセージ」によっても、幼少期から訓練を受けています。たとえばあなたが、家族のほぼ全員が慢性的にうつ状態の家庭で育ったとすると、あなたを慢性的なうつ状態にするように設計された受容体をもつことになります。成長するにつれて、体の細胞は、うつ状態が正常だと感じるように仕向けていきます。一日に一回以上何か気分が落ち込むようなことがないと、正常だと感じられないのです。このような場合、慢性的にうつ状態であるように、家族の影響によってからだが訓練されてしまっているのです。

うつを抱えている人にシータヒーリングでヒーリングをおこなうには、前著に解説されているように、思い込み《ビリーフ》への働きかけ《ワーク》を用いることもできるでしょう。しかし、「私はうつ状態である」の思い込みを取り除き、別の思考パターンに置き換えても問題は解決しないかもしれません。ここで登場するのが感覚・感情への働きかけです。この場合、うつ状態がなく最高最善にどのように生きるかを身体に教えなくてはなりません。受容体を訓練しなおし、うつのメッセージの進入を許してしまう小さなドアを閉じ、より有益な感情や感覚のための新しい通路を細胞に開いてあげるのです。

新たな感情パターンを挿入したとたんに、受容体の新しい通路がつくられ、細胞はうつ状態にならずに生きる方法を理解します。細胞内の変化はＤＮＡに記録されますから、ＤＮＡが複製されると、新しい細胞にも新しい通路が備わります。

感覚・感情への働きかけでは細胞の受容体を変化させますが、新しい概念を導入したり、特定の思い込みを変化させたりすれば、脳に新しい神経回路もつくられます。脳は生物学的な電磁情報送受信機で、私たちが学習できるのはこのお陰です。たとえば、自分は醜いと信じる思考パターンを解放し、自分は美しいと信じる思考パターンに置き換えると、神経細胞は新しいパターンに従います。ただし、美しいというのはどのような感じがするかについて、まずわかっておく必要があります。

たいていの場合、感覚・感情の呼び覚ましや思考パターンの解放の前に、掘り下げ《ディギング》のテクニックを使う必要があるでしょう。このテクニックによって、どの神経細胞の結合を変えるべきかがわかります。そのあと、新しい概念と干渉するおそれのある関連パターンも必ず変えておきましょう。前著では、土台となる思い込みへの掘り下げについて言及しましたが、この本では、このプロセスについてより深く解説をおこなっていくことにします。

掘り下げとは、創造主に何を変えればよいか聞いて、それでおしまいというものではありません。掘り下げはクライアントとの対話によっておこないますが、これは、その話題について話をするという簡単な行為によって、クライアントが問題から一部解放され自由になれるからです。事実、話し合うことで、その思考パターンが顕在意識の光に当たり自然に解放されます。クライアントとプラクティショナーとのやりとりが鍵となります。クライアントが自分の脳がプログラムしなおされているという考えにあまり気をとられないようにしましょう。というのも、クライアントの潜在意識がせっかくの新しい思考パターンを古い思考パターンで置き換えようとしてしまうからです。

受容体に新しい思考パターンが接続されている場面に遭遇したら、創造主に、古い思考パターンを解放すべきか、置き換えるべきか、あるいはその一部を単に削除すべきかを尋ねてください。明確な洞察なしで、思考パターンを置き換えてはなりません。一見マイナスの思考パターンに見えるものが、実は何らかの役割を担っている場合があります。思考パターンはやみくもに解放してよいというものではないのです。

潜在意識に働きかけて行動を変えるというのは、何も私が考案した新しい考えではありません。同じものを三十日間読み続けるなどさまざまな方法による潜在意識を変えるための手法を利用している人は大勢います。しかし、シータヒーリングにおいては、変化が一瞬にして起こることも可能なのです。思い込みを引き抜き、創造主に送り返し、創造主から受け取った新しい思考パターンと感情に置き換えればそれでよいのです。思い込みや感覚・感情への働きかけをおこなうことで、肉体に物理的な変化をもたらし、病気を癒すことが可能になると私たちは信じています。私は創造主による感覚・感情の呼び覚ましが多くの人生に変化をもたらしたのをこの目で見てきました。

第2章　第七層を見い出す

私がシータヒーリングのセミナーで教えるときには、受講生を五感だけでなく霊感でも観察します。直観的な視覚認識力で、演習中に受講生が意識レベルでどこに向かうのかを観るのです。ごぞんじのように、シータヒーリングでは､脳をシータ波の状態にするために自分の身体空間から出て上昇することをイメージして、それによってシータヒーリングを実践するのですが、皆がばらばらな方向に向かっているようだと気づくのに、それほど時間はかかりませんでした。

そのようなセミナーのひとつで、なかなか成果が上がらず苛立ちを覚えている一人の受講生から、《私》が一体どこに行ってリーディングとヒーリングを共創造しているのか尋ねられました。できる限りの説明を試みたのですが、なんといっても私にとってはプロセスがあまりにも自然なものであるために、言葉ではうまく言い表わせません。そうは言っても何とか言葉にしなくてはなりません。これが動機となって私は腰を落ち着けてこのプロセスを順を追ってひとつずつ書き出し始めました。『第七層へのロードマップ』はこうして出来上がりました。

このプロセスについては既に『シータヒーリング』で概略を説明しましたが、この本でももう一度おさらいすることにします。というのも、すべてなるものの創造エネルギーを利用するには、第七層に行くことによってのみ可能だからです。創造エネルギーが存在するのは第七層であり、あなたは一瞬にして病気を「非創造 dis-create」し、健康を再創造することができます。シータヒーラーがヒーリングをおこなうのはここからでなくてはなりません。

あなたが第七層に向かって自分の身体空間から出て上昇して行くことをイメージするときには、自分の個人的な価値観などの思考の枠組みや、この世界での制約を受けた見識や感じ方は置いていきます。このプロセスにより、脳のあらゆる部分に向けた新しい通路のスイッチが入り、あなたの意識がほぼひっくり返り、あなたは自分のまわりにあるすべてのものを、明瞭に観ることができるようになります。

第七層へと上昇する

次のプロセスは、「すべてなる自分という存在」を訓練して、「すべてなるもの」につながり、理解するために創造主から授けられたものです。いったん身につければ、あなたは第七層にいつでも行けるようになり、プロセス全体を一つ一つたどる必要はなくなります。簡単にそこに到達できるようになるからです。

まず、エネルギーが地球の中心からエネルギーが両足の裏を通って体内を上昇し、頭頂部から美しい光の球となって抜けて行くのをイメージしてください。あなたはこの光の球の中にいます。しばらくの間、この光が何色か感じてください。

次に、その光の球とともに、宇宙を越えて上昇して行くのをイメージしてください。

さらに宇宙を越えたところにある光に入って行くのを想像しましょう。巨大な美しい光です。

その光を通ってさらに上昇して行きます。次の光、そしてまた別の光、さらにもうひとつと、たくさんの光を通って上昇を続けてください。光と光の間には薄暗い層がはさまっていますが、それも通過します。

最後に巨大なまばゆい金色の光が現われますのでそれも通り抜けます。これを通り過ぎると、ゼリー状の物質が見えてきます。ここは虹が含むあらゆる色をたたえています。ここに入って行くと色が変わるのがわかります。これは「法」です。さまざまな種類のかたちや色が見えてきます。

少し離れたところに、白く輝く光があります。真珠のように白みがかった青色です。その光に向かって進んでください。

真珠のように輝く光に近づくにつれて、ピンク色の靄《もや》が見えてきます。それが見えるまで進んでください。これは慈愛の法則で、あなたを光に向けて押してくれます。

真珠のように輝く光は、窓のような長方形の形をしているようにも見えます。この窓こそが、第七層への入口なのです。奥へ奥へと進んでください。深みのある白っぽく光る光が体の中を通って行くのを見てください。この光を感じましょう。光の感覚とともに、重力のない感じがするかもしれませんが、本質的な存在感があるのがわかるでしょう。光があなたを通り抜けて行くのが感じられます。もう自分の体とエネルギーの境がなくなって溶け合った感覚です。あなたは「すべてなるもの」と一体になります。心配しないでください。あなたの体は消えたりはしません。完全な存在となり、健康を手に入れることができるのです。ここにあるのはエネルギーだけで、人やものはいないことを覚えておいてください。ですから、もし人のような形が見えたらさらに上昇しましょう。

「すべてなるものの創造主」による瞬間的ヒーリングがなされるところです。瞬時にヒーリングを起こすことも、あなたの人生のあらゆる局面を創造するのも、まさにこの場所においてなのです。

この方法で、存在の第七層へ行く練習をしてください。これはあなたのこころの扉の鍵をはずし、脳の神経細胞を刺激して創造のエネルギーにあなたを結び付けてくれます。あなたを宇宙の遥か彼方にまで連れて行くのではなく、あなたという存在の内側、あなたが今まで経験したことのない、内面の宇宙へと連れて行ってくれます。初めて第七層へ行ったときに自分自身の鏡像を目にする人がいるのは、そのためです。

あなたが本当に向かっている場所は、あらゆるものの始まりの場所です。そこではあなたはすべてのものに自分がつながっていることに気づきます。

拡大法

第七層へはこの拡大法を使って到達することもできますが、まず先に示した上昇する方法で第七層に行き、自分の周りにエネルギーが満ち溢れており、自分がすべてなるものに欠くことのできない一部であると理解できるようになってから、拡大法を試すようにしてください。

座り心地のよい椅子かソファーに腰を落ち着け、深く息を吸い込みます。あなたと椅子が分子レベルで一体となるのをイメージします。あなたの分子と椅子の分子は前後に移動していて、あなたは分子とつながっていて、一体となります。

次に、部屋のあらゆるものと分子レベルで一体化していることを感じましょう。その一体感を外側に拡大していき、外側の世界とひとつになります。

自分のいる地域と一体化し、そして国全体と一体化していることを感じます。

さらに地球全体と一体化し、地球と、陸と海、ありとあらゆる生き物、この惑星のすべての国とつながっていることを感じてください。自分と地球が一体で同一なのだとイメージします。

さらに、自分と宇宙が一体化していることを感じます。

いくつもの白いまばゆい光すべてと一体となっています。

ゼリー状の物質と一体となっている自分をイメージし、感じます。

最後に、自分が存在の第七層である真珠のように輝く白みを帯びた光と一体となっていることをイメージしてください。この真珠のように輝く白い光と一体となっているのです。うずくような感じがするかもしれません。

深く息を吸い込んで目を開けてください。存在の第七層にようこそ。ごらんなさい、あなたは別個の存在などではなく、「すべてなるものの創造主」の一部です。

ショートカット（近道）を使う

このように、第七層へのプロセスを一度経験してしまえば、その後は「私はすでに第七層にいます」と命じるだけで瞬時に第七層へ行けるようになります。脳内のスイッチが入るからです。

ただし、あなたが行くのは第七層であって、第七レベルや第七階ではないということは覚えておいてください。存在の層のなかにも数多くのレベルや階層があり、第七レベル（階、階層）へ行くように命じると、第五層へ行ってしまいます。

グラウンディング

第七層から帰ってきて自分の身体空間に意識《マインド》を戻すときには、「グラウンディング」して戻るという正しい手順があります。ここで大切なのは、自分のエネルギー意識をもう一度地球の中心に送ってから自分の身体空間に引き戻すことです。

ヒーリングやリーディングで他の人に自分の意識を送った後、自分の身体空間に意識を戻す際、自分の存在をすべてなるものを通さずに自分の肉体につなぎなおしてしまう人がいますが、自分の身体空間に戻るときには「すべてなるもの」につながるのが一番です。

創造主

第七層へ行くときには宇宙 Cosmos に向かって上昇して行くのだと信じている人が多いのですが、実際には既に説明したとおり、エネルギーの中で、自分自身の中で、また原子の核と構造の内部で、何かを引き起こしているのです。

この行為は、私たちが「すべてなるものの創造主」とつながっているという魂の記憶です。

創造主を男性あるいは男性神であるとする文化は多いのですが、第七層にたどり着いたときに到達するのは、すべてを創造するエネルギーです。そこには、男性も女性もありません。あるのはただ、私たち皆がもつ創造のエネルギーだけです。

シータヒーリングの、あるインストラクターセミナーに参加していた受講生の一人は、創造主があらゆるところに存在し、私たちも皆創造主の一部なのだ、という概念をどうしても理解することができませんでした。私は彼女を第七層に連れて行き、これを理解してもらおうとできる限りのことをしましたが、彼女は泣き崩れ、遠すぎる、創造主が自分からあまりに遠すぎると言うのです。私は彼女に、「第七層にたどり着いたら目を開けて、すべてなるもののエネルギーを見て。そうすれば、自分自身の像が見えるのですよ」と言いました。しかしセミナーの間中、彼女にはこの概念が理解できませんでした。あまりにも長く古い思い込みにどっぷりつかってしまい、私の言うことにちっとも耳を傾けることができなくなっていたのでした。

シータヒーリングが目指すことのひとつは、第七層にたどり着き、自らが第七層の一部であり、すべてなるものの一部であると理解できるように、思い込みへの働きかけをおこない、その妨げになっているものを取り除くことです。これは、DNA3を実践するために理解しなくてはならないエネルギーなのです。

神聖なる存在とつながる

上昇し自分の意識から抜け出して、直接創造主とつながることも可能です。私が見つけた最善のやりかたは次の通りです。

1　ハート・チャクラに意識を集中します。両足の裏から始め、地球の中心からのエネルギーを引き上げます。

２　エネルギーを自分の中に引き上げます。

こうすると自然にチャクラが開き、クンダリーニのエネルギーが活性化されます。このエネルギーを使って存在の第七層の「すべてなるものの創造主」とつながります。

安全に正しくチャクラを開きクンダリーニを覚醒するには、この手順に従うことが大切です。私の経験から言って、クンダリーニの活性化を急ぐと、臓器を痛めてしまう場合があります。

第3章　応用リーディング

シータヒーリングでは脳波をシータ波の状態にしてリーディングをおこないますが、シータ波にはいくつか興味深い特性があることがわかっています。科学者は特定の脳波（特に、アルファ、シータ、シータ-ガンマの周波数帯）には次の効果があることを見い出しました。

●ストレスの緩和、長期的な不安感の軽減
●肉体の深いリラクゼーションと知覚の明晰化の促進
●言語能力と言語活動知能指数の上昇
●左脳、右脳の同調
●鮮やかで想像力に溢れた独創的な考えの自然発生的な創造。痛みの軽減。幸福感の増幅。エンドルフィンの分泌の促進

シータ状態で「すべてなるものの創造主」とつながるときには必ず、脳の前頭葉の神経経路が活性化されています。プラシーボ（偽薬）に反応して活性化するのもこの部分です。シータ波の状態を保てば保つほど脳のこの部分が発達し、シータ状態の後にわずかな幸福感が残るようになります。

シータ状態を保つのは、最初は容易ではありませんが、練習を積んで熟練すれば、五十人ほどいる部屋でも、人通りの多い街頭でも、どのような騒音や喧騒の真っ最中でも、シータ波を保つことができるようになります。もちろん、安らかな調和のとれた環境で神聖な瞑想状態に入るほうがはるかに簡単ではありますが、いつもそのような贅沢は言っていられません。重要なのは、大混乱の中でも直観力が使えるということです。顕在意識が恐怖や己の能力への疑いをはさみこみ邪魔をしてこないうちに、一瞬にして神聖なシータ状態にうつれるように、こころの訓練をしておきましょう。

リーディング

リーディングやヒーリングができるように脳を訓練するには、次のプロセスに従います（前著『シータヒーリング』では初心者向けに丁寧に詳しく手順を説明しましたが、これはその簡略版です）。

1　ハート・チャクラに意識を集中します。
2　エネルギーを母なる地球の中心に送ります。
3　エネルギーを自分の体内に引き戻して、チャクラを開いてクンダリーニ状態を創造します。
4　エネルギーを上に向けて送り、クラウン・チャクラから抜け出します。
5　「すべてなるもの」へのロードマップ（『シータヒーリング』4章）のプロセスを利用して、存在の層をすべて通り抜けます。
6　存在の第七層と「すべてなるものの創造主」へとつながります。
7　リーディングを観届けることをコマンドし命じます。

8　相手の身体空間に入り、相手の肉体の内部を観届けます。

9　終了したら、自分の意識を動かして相手のクラウン・チャクラを通って相手の身体空間を抜け出して、清廉な水の流れか白い光で浄化して相手から離れ、自分のクラウン・チャクラから体内に戻ります。意識を母なる地球に送り、グラウンディングしてから、エネルギーを肉体を通ってクラウン・チャクラまで引き上げます。

このプロセスが瞬時に自然発生的にできるようになれば、プロセスをひとつずつ忠実に辿る必要はなくなります。一瞬にして地球からのエネルギーのつながりが、背骨を突き抜けクラウン・チャクラに送られます。このシータ意識のまま、創造主へのロードマップを用いて存在の各層を通り抜けます。そして瞬く間に存在の第七層の「すべてなるものの創造主」の神聖なエネルギーと一体化するのです。

ロードマップの効果

ロードマップは意識を集中させるのに役立ちますし、最初の六つの存在の層に惑わされないようにする効果もあります。また、ロードマップのプロセスには、脳を刺激してリーディングやヒーリングの能力を高める活性化パターンが隠されています。

ロードマップを使い続ければ、すべてなるもののエネルギーを理解し使いこなせるようになります。これは、白い光、黒い光、そして暗闇を抜けて一番鮮やかな白い光に行くたびに、第七層と「すべてなるものの創造主」にたいして、脳のいろいろな部分の「スイッチが入る」からです。

創造主に向かって上昇していると感じながら、自分の前頭葉、松果体、下垂体、視床下部が活性化するのを観届けてください。エネルギーの波が脳のこれらの部分にどっと押し寄せます。ロードマップに従って瞑想することで、しばらく使っていなかった脳の「筋肉」を運動させることになります。

ロードマップを用いることでどんな恩恵があるのだろうかという疑問も浮かぶでしょう。それは、自分が探していたものが見つかることです。想像を超えた平和、純粋さ、喜びが見つかります。そしてこういった感覚はずっと消えずに残ります。これをまわりの人たちと共有するのは、あなたの責任と言えるでしょう（義務ではありません。そうすることがよいというだけのことです）。

上昇

第七層に上昇して行くときには、無限なる創造へと外側に向かって旅していると同時に、実は内側へも旅しているのだと私は確信しています。自分自身の脳の内で、メッセージ伝達体、神経細胞へと旅し、体の神経回路を辿り、すべての分子内のまさに原子エネルギー内へと旅しているのです。

私たちは「気づき、意識」というものによって刺激を受けています。あらゆる分子、あらゆる原子、そして素粒子に関係したエネルギーに自分がつながっているという意識であり、これが上昇の第一歩です。

この内部の意識こそが、現在世界にはびこっている熾烈な競争はもはや必要なく、双対性の戦いは終わるのだという目覚めをもたらしてくれます。

宇宙の巨大な力が私たちの内側に存在し、私たちの内側で融合を待っています。シータ波で精神を集中させることで、この力が内側でいったん理解されれば、今度は外側に向かって流れ出し、私たちが日々の生活を送っている大宇宙へと広がり、存在の各層を通り抜けて、「すべてなるものの創造主」の膨大な大宇宙にまで広がっていきます。

命じること

シータヒーリングでは、何かをするように、自分の無意識のこころに向かって命じること《コマンド》をするように学びます。そのあと視覚化によってそれを観届けます。ここで理解しておくべきことは、命じるという行為によって、無意識的であるか意識的であるかにはかかわらず、その実現を疑わなくなるということです。このプロセスでは、あなた自身の価値や力などへの疑いのすべてを取り除きます。この命じること《コマンド》をするということそのものが、ヒーリングにおける私たちの役目を現実のものとしてくれます。

しかし、命じる内容がどのようなものであり、どのようなものでないかの認識は、見失わないようにしておかなくてはなりません。神聖なる存在との交流では「命じること command」と「要求すること demand」を取り違えないように、自らを訓練しておく必要があるでしょう。

シータヒーリングで私たちに与えられるもっとも重要なもののひとつは、神聖なる存在と交流する能力ですが、これは神聖なる存在に「要求する」能力ではありません。些細な望みや、利己的な望みを手当たり次第に適えるために用いるものではありません。

また、シータヒーリングは創造主に向かって一方的に話をするものでもありません。これは創造主に話しかけ、創造主の声に耳を傾けるというものです。これは、神聖なる存在との真なるコミュニケーションです。

命じられたことがおこなわれるのを観届ける

ヒーリングや願いの実現を「観届ける」ことによって、命じたことが現実化します。「観届けなければそれは起こらない」という法があるのです。

プロセスを完全に観届けないまま、急いで肉体から出てしまうヒーラーが大勢いますが、プロセスの完了を観届けなければ、それは完了したことにはなりません。

浄化（すすぎ清める）

初心者には、自分の身体空間に戻る前に流水か白い光でクライアントのエネルギーの残滓を洗い流すように教えられますが、上級のプラクティショナーが本当のコミュニケーションの域に達していれば、残ったサイキック・エネルギーを洗い流す必要はありません。これは、リーディングやヒーリングがすべてなるものの完璧なるエネルギーからおこなわれるためです。

穏やかに、やさしく

精神を集中させたシータ波は創造主を介しており、とても穏やかな信号です。手振り身振りで「振り付け」をする必要はありません。シータヒーリングセミナーでも、リーディングの最中に目を白黒させたり、音叉のように全身を震わせたりしている受講生を目にすることがありました。便通にもだえ苦しんでいるようなそぶりを見せる人さえいましたが、これはすこし頑張りすぎです。

他の人の身体空間に入るには、そよ風に舞う羽毛のように穏やかにいくのが一番よい方法です。相手の体とは別個のものではなく、その一部であるかのようにいくのです。体のシステムはそれ自身の感受性や知性を持ち合わせています。体の細胞は、あなたの意識が体内に入ってきたことを感じ取ることができますから、相手のマクロファージがあなたのことを脅威とみなせば、外部からの侵入者による攻撃に備えて、免疫系が働きを強めることもあります。ですから、究極の敬意を表しながら穏やかにやさしく許可を得て入ってください。あなたは相手の聖堂に入って行くのです。

精神の集中

誰かにリーディングを頼まれたときには、その人のエネルギーにずっと精神を集中し続けていなくてはなりませんが、精神を集中させることばかりに気をとられると、他のことが見えなくなります。リーディングとは、精神を集中させ、「そして」シータ状態を保つことにほかなりません。

また、リーディングを生業とする場合には、楽な時ばかりではないことを知っておく必要があります。これは人を相手にする仕事で、皆一人ひとり異なるからです。自制が必要です。私がこの仕事を始めたときには、創造主が口コミで人をよこしてくれるままに、なりゆきに任せていましたが、それでも必ず仕事場に顔を出すようにはしていました。毎日仕事場に通い、電話が鳴るのを待っていました。一連の流れの中での自分の役目を必ず果たせるようにしていました。

人が「今日はリーディングをしたくない。気分が乗らない」と言うのを聞いたことがありますが、そう言う人に限って、なぜ自分には固定のクライアントが付かないのだろうなどといぶかしく思っているものです。私は必ず仕事ができる状態に自分を置き、毎日オフィスに出かけました。クライアントが夜間や土曜日にしか時間が取れないというのであれば、そのような時間でも仕事をしました。

初心者の中には、リーディングで間違えてしまうことを極度に恐がる人もいます。私もこれは理解できます。何千回というリーディングをこなしてきた私でさえ、電話を取るときや、クライアントとのセッションに入る直前には、緊張で少し心臓の鼓動が速まります。でも、その後上昇して創造主につながれば、すべてが大丈夫になります。自分がシータ状態に入れば創造主がすべてを引き受けてくれることがいつもわかっているのです。

創造主と一貫した純粋なコミュニケーションが取れるようになるまでに、どれだけの期間を要するかは、なかなか答えられない質問です。もっている信念体系《ビリーフ・システム》がそれぞれ異なるため、人によって千差万別だからです。

ひとつ私が知っているのは、何人ものクライアントに会って一日の長い仕事を終えた後は必ず、インスピレーションを与えてくれたことをありがたく思えるような人が一人はいるということです。「創造主よ、今日この人を私に遣わしてくださったことに感謝します」と私は感謝の言葉を述べます。

私にインスピレーションを与えてくれたそのような人の一人に、多発性硬化症で体が麻痺した女性がいました。彼女の信念体系《ビリーフ・システム》に働きかけをおこないましたが、それが終わる頃には、まるで彼女の方が私を癒してくれたようになっていました。彼女は「私を癒してくれますか」とは言わず、「創造主が私を誇りに思ってくれるようにするには、私はどうしたらよいのでしょうか？」と言ったのです。

このような感動的なリーディングの後は、再びすべてを大局的に見られるようになり、その後何日も高揚した気分が続きます。

プラクティショナーとしてのイメージ

シータヒーリングのプラクティショナーにたいしてクライアントが抱くイメージも、リーディングでは重要な要素です。プラクティショナーとして、どちらかというと啓蒙的な役割《ペルソナ》も担うというこころ構えもしておきましょう。あなたがすべきことは、人々の幻想を壊すということではなく、かれらが神聖なる存在に近づけるようにしてあげることです。それを果たすには、自分の情緒的な諸事をクライアントに見せてしまう暇はないのです。クライアントはあなたにそれなりの期待をしています。その期待に沿えるよう最大の努力をするのはあなたの責任です。いくつか指針を示してみましょう。

●クライアントのドラマ（劇的な事件や辛い話）やトラウマに感情的に飲み込まれないようにしましょう。クライアントの前であなたが感情的に取り乱してしまうのはよくありません！　それではヒーリングを観届けることができません。

●クライアントが自分の友達になりそうな場合、それが安全かどうか、事前に創造主に尋ねましょう。

●単に感情を吐き出したくて、リーディングにやってくるクライアントもいます。あなたを罵倒する結果となることもあるでしょう。そうなると自分のバランスが崩れてしまいますが、十中八九、大きな問題にはつながりません。

●ひどい逆境のなかでも一定の落ち着いた状態を保ち続けるというのは、ヒーラーとしての重要な課題です。クライアントに焦っているところを決して見せてはいけません。一日の終わりには、グラウンディングして負を浄化して、よい気分で自分の肉体に戻らなくてはなりません。他人の面倒を観るためには、まず自分の面倒を観るようにしてください。

●相手のマイナスの潜在意識による投影をそのまま反映させて、その人に接している場合があります。思考、行動、話し言葉、行為のいずれにおいても、思いやりをもって人に接してください。そうするには、自分と相手の、感情、思考パターン、思い込みの違いを知っておくことが重要です。

神聖なる存在に耳を傾ける

「自分のエゴを超えて」聞く能力を育むことが大切です。人をどのように癒すのか、どのように真実を聞き、どのように創造主の説明を聞くのかを学びましょう。

他人の考えが聞こえてしまうのは、特にその人があなたのことをこころから憎らしいと思っているような場合には、辛いものです！　ただ、もし「それでも私はこの人を愛せる」と自分に言い聞かすことができれば、全部とはいかないまでもたいていの場合、それで大きな違いが生まれます。

守秘義務

打ち明けられた内容は、秘密で神聖なものとして守りましょう。名前を出したり、噂話をしてはなりません。誰かが危険な状態にあると見えたとしても、あなたにできることは多くありません。そのような状況では、創造主に直接導いてもらいましょう。

独善的態度、聖人ぶった態度 sanctimoniousness

リーディングに自分勝手な倫理感をもち込まないようにするのはかなり大変なことです。たとえば、ある人が「私は誰それと不倫をしているの」、と秘密を打ち明けたとしても、「それは間違っている」と判断する立場にはいないと、私は思います。私なら、上昇し、その状況での真実を創造主に尋ねます。他の人を傷つけているならその行動は間違っている、というのは、あくまでも私の個人的な見解で、この見解をリーディングにはもち込むことはしません。ところで、ぺらぺらとクライアントに「あなたが不倫をしているのが私には見えます」と告げることが真実ではありません。というのも、他の人の真実を尊重するのも重要なことだからです。私がリーディングをおこなうときには、相手が見つけてほしくないと思っていることを私が話さないようにするため、相手の方から私に質問をしてもらうようにすることもあります。

「なぜ？」

プラクティショナーとして、リーディングに出てくる事柄がなぜそうなっているのか理解しなくてはいけないと考えがちです。けれども、話の感情的なドラマに自ら巻き込まれてしまう必要はありません。リーディングをおこなう者として、それがなぜそうなっているのかを問うのではなく、単に「そうである」ことを理解してください。ヒーラーとして、病気が「ある」こと、それを変える必要があることを理解してください。病気を引き起こしているものが感情的な要素である場合には、思い込みを解放するか、感覚・感情の呼び覚ましをする必要がありますが、病気の原因に感情的にとらわれないようにしてください。

たとえば、病気の感情的な原因が別れた妻や夫の浮気による痛みによるものだとしましょう。あなたは、なぜ別れた妻や夫が浮気をしたのかを理解しようとする必要はありません。単にそうだったと知っていればよいのです。別れた妻や夫に関係する思考パターンを変更するだけです。ヒーラーとしての自分にすべてが、あるいはすべての人がわかることはないのです。

真実

リーディングでは、常に最高の真実を尋ねるようにしてください。創造主に単に「私に最高の真実を示してください」とお願いします。上昇してつながったけれども、そのつながったエネルギーに、混沌、恐怖、怒りの感情があるような場合には、おそらくそれは純粋な真実ではありません。最高の真実には、穏やかな感情があります。

たとえば、あなたが町の危険な地域にいるときに、穏やかな声で「ここからすぐに離れましょう!」というメッセージを受け取った場合、そのメッセージが明確で穏やかだと自分が感じるなら、それは否定できない真実です。

真実とはおかしなものです。世界にはいろいろひどいことがあります。

あなたの直観力が鋭くなれば、よいことだけでなく、悪いことも観ることになる、というのはひとつの真実です。人に関する本当の真実を見始めると、誰ともセッションをもちたくないという気持ちになることもあるでしょう。その場合、何を見たとしてもその人を愛せるようになるにはどうすればよいのか、創造主から指示をうけてください。

どの人も遺伝子と育った環境によって出来上がった成果物です。その人の神聖な真実を丸ごと観ることができれば、その人にたいしてそれほど批判的な判断はくださなくなります。

ある人がリーディングにやってきたけれども、あなたはその人が情緒不安定であることを感じ取ったとしましょう。あなたは、その人の真実を観ることに関して、困難な状況に置かれています。その人を追い返しますか？　正直に自分は知っているのだと伝えますか？　やさしく穏やかにその人を助けますか？　それが賢い方法でしょうか？　その人は危険でしょうか？　いろいろな思いがあなたのこころに交錯するでしょう。しかし勿論、あなたの身に危害が及ぶ恐れがない限り、情緒不安定な人でも、他の人と全く同じように助けが必要だ、というのが真実です。

あなたがシータヒーリングに取り組み始め、創造主とこころを交わし始めたら、自分のエゴ、他人のエゴなど、人間のエゴにも警戒してください。働きかけをおこなっているのは創造主なのだ、創造主が自分にそれを観るのを許してくれているのだとわかっていれば、エゴが頭をもたげることはありません。ある人があなたのところにやってきて、「あなたこそが最後の望みの綱です」と言ったとしても、これによって多少重荷が減るでしょう。この場合は相手にこう言ってください。「創造主があなたをよくしてくれます。私はあなたのために祈ります」こうすれば、あなたのエゴをこのプロセスから排除できます。

自分自身を探り、自分に次の真実の感情が必要かどうか筋肉反射テスト（訳注　思考パターンの有無を確認する手法。巻末の訳語補記を参照）で確認してみましょう。

「真実を観ることは安全です」

「私は、真実とはどのような感じがするのかを理解しています」

「私は、他の人の真実を理解しています」
「私は、すべてなるものの創造主を通して、最高の真実を識別できます」

真実の識別：「考えや思い」はどこからやってくるのか？

創造主はいつも私、ヴァイアナに語りかけていて、私が自分のなすべきことを常にわかっているに違いないと、皆さんは思っているようです。けれども、今でも私のこころにはいろいろな思いや考えがふと浮かんできます。私はそれが創造主から来ているものなのか、単に他の浮かび上がってくる考えや思いなのかを識別しなくてはなりません。こころはいつでも何千という考えを処理しているということを知っておくべきでしょう。

私には、私の夫であるガイの考えが聞こえてしまうのですが、ガイは、それはふとした思い付きなのだからそれについて喧嘩するなんてずるい、と言います。実際、自分のこころに、ある考えが浮かんだとしてもそれを打ち消して、実行に移さないのがほとんどでしょう。ですから、あなたは精神を集中させて、どれが創造主からのもので、どれがそうでないのか、選り分けるようにしてください。これには、すこし練習が必要です。さらに人によっては、いろいろなスピリチュアル・ガイドの声も聞こえ始めるということも、複雑にしている要因です。そのようなガイドはガイド自身の意見をもっているからです。

あなたはまた、リーディング中に、相手の考えや思いを拾っていないかどうか判断する必要があります。ときにはその人の一番大きな恐怖を拾うこともあります。リーディングには秘密は存在しないということ、少なくとも直観力の強い人がリーディングをおこなう場合は何事も隠しおおせることはできないということを、人々は理解していません。リーディングに訪れていて、なお防御線を張ろうとする人がいますが、これはおかしな話です。口ではリーディングをしてほしいと合意をしているのに、リーディングをブロックしようとするというのは、結局、思いを読まれやすくすることになるだけなのです。

実際、この世界に秘密などというものは存在しません。これを理解したうえで、世界中のだれもが自分の魂を覗き込めるのだとわかって人生を送るならば、あなたの生き方は絶対変わります。この理解が私の生き方を変えたと、私自身思います。

シータヒーリングのプラクティショナーであれば、こころを明敏にするよう訓練することが大切です。他の重要な振動を締めだしたり、精神的に過重負担になったりすることなく、何が「すべてなるものの創造主」からやってくる思考で、どれが他の人からやってくる思考か、確信をもって識別できなくてはなりません。

常に問いかけるべきこと：「これは創造主における真実なのか？」

義兄が私を訪ねてやってきたときのエピソードがこのよい例です。彼は癌に侵されており、ちょうどそれが悪化しているときでした。彼が部屋に足を踏み入れた瞬間、「ああ、どこもかしこも癌だらけだ！」という思考が、まず私のこころに入ってきました。これは私の思考ではなく、彼から発せられたものでしたが、大海の波のように私に押し寄せ、瞬時、私は完全なパニック状態に陥りました。

しかし、上昇して、真実がどうなのか創造主に尋ねたところ、「どこもかしこも」癌に侵されているのではなく、一箇所に限定して存在しているだけだと告げられました。その事実は後に義兄の医者によって確認されました。私のこころに入り込んできたのは、真実ではなく、彼の恐怖だったのです。

創造主における真実

リーディングでは、相手の真実（その人が自分のためにつくり出した真実）を観ることとなりますが、創造主の真実はそれとは異なる場合があります。

何年も前、私がまだガイと出会う前のことですが、自分とは相性の合わない人とおつきあいをしていました。私はその関係に終止符を打つのをためらっていましたが、それは変化や不安定を恐れていたためでした。

この期間、私は何度も創造主と対話をしていました。この状況に関する私のその時の真実と創造主における真実はいつも異なっていました。創造主の真実は次のようなものでした。

「この人はあなたの人生にやってきて、あなたはこの人に踏みにじられるがままにさせています。今でもいいように利用されるがままです。あなたは『やめなさい』と言ったり、いろいろな方法で状況に対処できたのに、現実にはヴァイアナ、あなたはそれが起こるがままにさせました。出来栄えのよいドラマでしたね」

自分が不幸であることを自分で認め、変えたいと願うことは、当時の私が対処できる域を超えていました。どうしても行動に移せず、言い訳ばかりを考えていました。それでも、創造主の真実は、「まだ終止符を打たないのでしょうか？　あなたは変化を望みますか？　どうやったら変えたいか知りたいでしょうか？　この人への義務や義理から自分を解放する必要があるのです。自分の信念体系《ビリーフ・システム》を変えれば、この人はあなたの人生からだんだん消えて行くのですよ」というものでした。

正直、私はガイと出会うまでは、どのような恋愛関係においてでも、愛してもらう方法を知りませんでした。私はこれらの関係を断ち切るだけの賢さはもち合わせていましたが、モンタナの運命の男性を見つける前にこの人たちとは別れなくてはならないという決定的な思考パターンをも抱えていました。私は、捨てられるとわかっている相手ばかりを選んでいたのかもしれません。

ガイと一緒になったとき、私は実際に揺り椅子に座って彼とともに年老いていく自分の姿を観ることができました。ついに、残りの人生をともにすると、こころに描ける人を見つけたのです。思い込みへの働きかけは、私が彼と出会ったその時に生まれました。

私たちは成長するにつれ、デバイン・タイミング（聖なる運命のタイミング）で、ソウルファミリーと引き合わされるに違いないと思います。

神聖なる真実の一部が、そのようなファミリーとともにやってきて、私たちの信念体系《ビリーフ・システム》に働きかけるに違いありません。

私たちは創造主のエネルギーにつながり、学ぶためにここに存在しているに違いないのです。この存在からなにか素晴らしいものを学ぶ、というのは、とても重要な点です。私は自分の人生でいろいろな人から素晴らしいことを数多く学びました。

夫婦関係や恋愛関係でなにか困難を抱えている場合は、次の思考パターンについて筋肉反射テストをしてみてください。

「愛されても大丈夫」
「私は、愛されても安全だとわかっています」
「私は、幸せだというのがどのような感じかをわかっています」
「私が、幸せでいるのは、間違ったことです」
「幸せでいることは、身勝手です」
「幸せでいると、なにかよくないことが起きます」
「誰かと親しくなると、私はその人に傷つけられます」

このようなマイナスの思考パターンに気づいたとしても、このうちのいくつかは、あなたが困難を切り抜けたり、力を発揮したりするのに役立ったことを覚えておきましょう。働きかけなくてはならないものが多すぎる、と圧倒されてしまうのではなく、「働きかけをしなくてはならないものはたくさんあるが、すべてやり終えたときには私はよりよい人間になっているはずだ」と考えましょう。「なぜ自分にこの信念体系《ビリーフ・システム》があるのかを理解できるようになるし、私はそれをどのように変えるのかを知っている」と考えるのです。

思い込みの投影

リーディングで絶対避けなくてはならないのは、自分の思い込みを他人へ投影することです。たとえば、あなたが自分の夫（あるいは妻）とうまくいっていない場合、自分自身の状況によって感情のバランスが崩れて、「誰も彼もが夫婦関係や恋愛関係に問題を抱えていると思ってしまう場合があります。

このようなことが如何に簡単に起きてしまうか、私の事務所でリーディングをしていた若い男性から私は学びました。彼は同性愛者でしたが、自分がリーディングをおこなった相手の多くに、あなたも同性愛者ですよと伝え始めたのです。彼は自分の世界にどっぷりとつかるあまり、誰もが自分と同じようになって欲しかったのでしょう。誰もが本質的に同性に惹かれるのだと言って回る孤独な旅をスタートさせたのです。

彼のクライアントの一人がそれをもらしたことから、私は彼の行動に気づきました。このクライアントの女性は結婚して二十八年でしたが、自分が同性愛者だとわかったために、人生がすべてめちゃくちゃになるのだと私に話したのです。どうしてそう思うのか私が質問したところ、その若い男性からリーディングで、絶対同性愛者だ、疑う余地もない、と言われたのだと答えました。

これほど真実とかけ離れたことをリーディングに入れる人がいるものかと、私は驚きました。私は彼女に向かってこう聞きました。

「あなたはご主人を愛していますか?」

彼女は、「もちろん、主人を愛しています」と答えました。

「ご主人とのセックスは楽しめますか?」

「はい、主人とのセックスは楽しいです」

「それなら、あなたは同性愛者ではありません。心配しなくてもいいですよ」

この後、この男性がリーディングをおこなったほかの人たちにも、多少の被害対策を講じなくてはなりませんでした。この男性はこのように迷惑な行為をしたため、結局事務所から引き払うよう告げなくてはならなかったのです。このエピソードからもわかるように、リーディングはとても慎重におこなわなくてはなりません。直観的なアドバイスを求めてやってくる人たちはとても傷つきやすく、自分の人生をあなたに委ねてしまう場合もあります。あなたがかれらの未来について話をするときには、未来は自分でつくるのですよと伝えることがとても重要です。というのは、人々はあなたが伝えた未来を自分の人生につくり出していくこともあるからです。

たとえば、クライアントとリーディングの真っ最中だと仮定しましょう。突然あなたはスピリチュアルな啓示を得てその人にこう言います。「ああ、あなたは恋人とうまくいっていませんね」

相手の人生をこれほど奥まで見てしまったからには、かれらがこの問題を解決し、関係を構築しなおす手伝いまでをするのが、あなたの職務となります。リーディングのこのような場面では、極めて慎重にクライアントに対応するようにしてください。あなたのこのひと言で恋人との別れを覚悟し、それをあなたのせいにするようになりかねません。

かれらが相手の愛や気遣いが感じられないから、あるいは伴侶として相手を満足させられないと感じているから、このような状況が生じていることもありえます。夫婦関係や恋愛関係の問題は、相手に原因が全くなく、クライアント自身に欠けている感情がすべての原因である場合もあります。

リーディングをおこなう者としてもうひとつとても大切なことは、特に自分自身が恋愛関係での問題を抱えているときには、自分自身の感情を状況に投影するのを避けなくてはならないということです。リーディングで、思い込みや感覚・感情への働きかけをおこなうときには、クライアントには「私は愛の受け取り方をわかっています」の感情を受け取るか拒否するかの選択肢を必ず示してあげてください。また、思い込みへの働きかけをおこなっているとき、その人が夫（あるいは妻）とよりを戻したいという思いに気づく場合があります。どうするかはその人が選ぶことです。その人が感情的に安定し、自分で正しい決断がくだせるように助けてあげること、それがあなたの任務です。

認知の投影

思考でも行為でも、口にする言葉でも実際の行動でも、私たちは他人に思いやりをもって接しなくてはなりません。それには、自分の感情、思考パターン、思い込みと、他人の感情、思考パターン、思い込みとの違いを直観的にわかっていることが重要です。

「いやだ、私から離れてよ！　あっちへ行って！」などという子供のころ入りこんだ思考パターンが、この時空における自分と言う存在に投影されます。つまり、霊的《スピリチュアル》、精神的、感情的、肉体的な全レベルにおいて現実化されうる思考形態で、私たちはこれらの思考パターンを外側に投影していくのだということです。そして、ときには私たちが投影したとおりに他の人は私たちに接してきます。

あなたが顕在意識レベルで認識し投影している自分が、潜在意識的また肉体的に投影している自分とは違う場合があります。自分は大丈夫だと思っていても、子供のときに受容したプログラムがあなたの無意識のこころの中に漂っています。このような思考パターンが他の人へのあなたの接し方や、他の人のあなたへの接し方に混乱をもたらす場合があります。

ですから、リーディングではクライアントが投影する思考形態に注意を払ってください。気づかないうちに、相手の負の潜在意識が投影するままに、その人に接してしまうことがあります。もちろん私たち全員が互いに第七層で交流することが最終目標です。そのような交流では競争、憎しみ、妬みを超越したところ、もちろん私たちが他人にもやさしくするのを阻害しているそれより下位の基本感情をも超越したところに自分たちを高めることができます。

人間関係では、私たちは「反応する」のではなく、「交流する」ことを学ばなくてはなりません。メッセージを直観的に受け取ったり送ったりする方法を変えることによって、それが可能になれば、私たちは世界を変えることができます。

情報の認知も、聖なる知識の理解には重要な要素です。ここには直感の背景となったものや、こころや肉体の現状、さらにはスピリチュアルな能力の発達など、いろいろな要素が関係しています。

こういったものすべてが、その人の、神聖な知識を聞いて認識する能力に影響します。直観力のある人は自分の知覚をうまくチューニングすることを学び、発達を阻害しかねないマイナスやプラスの干渉を受けることなく、受け入れることの本質を見つけましょう。

意識的な承諾

リーディングのもうひとつの側面についてははっきりさせておきましょう。思い込みへの働きかけのセッションで、複数の感情や思考パターンをひとまとめにしてこれらを呼び覚《ダウンロード》ましてもいいですかと、クライアントに聞くことはできません。それぞれの思考パターンや思い込みについて、ひとつずつ順番に口頭で承諾を得るようにしてください。

創造主につながり、創造主からその人に有益だと教えてもらった感覚・感情があったとしても、その人が意識的にそのエネルギーを受け入れるか拒否できるように、その人にたいして、それがどのような感覚・感情なのかを説明する責任があなたにはあります。その人がその感覚・感情を受け入れた場合どのような影響が期待できるかまで、創造主に聞いてかまいません。

思考パターンと感覚・感情は、好き勝手に弄んで、その後気の向くままに捨ててしまってよいようなものではありません。このような創造主からもたらされた真髄であるエッセンスは、その人の振動を変える、人生を変える力であり、プラクティショナーもクライアントも軽視してはいけないのです。プラクティショナーが、クライアントが必要としている思い込みや思考パターンを知っていると思い上がり、口頭での承諾を得ないままこれらの要素を呼び覚まそうとするのは、うぬぼれの典型です。

この場合、その人の潜在意識がこのエネルギーを受け入れる可能性は低いといえます。これは、よくわからない思考パターンから自分自身を守る回路が備わっているからです。呼び覚ましや思考形態など外的な影響力で、意識的に承諾されていないものはたいてい、潜在意識によって自動的に拒絶されます。これは、「自動的生存反射作用」とでも呼べる反応です。

この反射作用は他の人のマイナス思考や感情から自分を守り、自分の考えと他の人の考えの違いを見分けられるようにするためのものです。これがとてもうまく機能する人は、他人の考えには全く影響を受けません。反対に、直観的な人は他のスピリチュアルなエネルギーだけでなく、他の人の思考から自分に入って来てしまうすべての情報をも理解する力をつける必要があります。

とにかく、他の人がどう思おうとも、私たち一人ひとりが、個別の思考パターンや感情を受容するかどうか意識的に選択しなくてはなりません。たとえば、私の夫には「私は自己表現のしかたをわかっています」という思い込みパターンがすべてのレベルで必要なのだということを、私は全身全霊で知っています。

しかし、第六層の自由意志の法則があるために、私が別の部屋にいるときに、勝手に彼の感覚・感情を呼び覚まして、彼という存在のあらゆるレベルでこれが受容されることを期待するのは無理です。そのような思考形態を拒否するように、潜在意識は回路を組んでしまっているからです。

同様に、シータヒーリングのプラクティショナーは、一方の手を感覚・感情の呼び覚ましが記載されている本に置き、もう一方の手をクライアントの肩に置いて、「この本に載っている思考パターンを丸ごと受け入れたいですか」と聞くことはできません。潜在意識はそのようには機能しません。これは自由意志の法則があるからです。

自由意志と自由選択権《フリーエージェンシー》

自由意志と自由選択権は、自由選択権人間には自分で選択する力があるとする考え方です。人にはそれぞれ、その人が神または創造主と信じる存在につながる権利が与えられているとするのが、「自由意志」のスピリチュアルな見解です。シータヒーリングでは、私たちには、自分の外部だけでなく内部にある神聖なるものの内面と外面につながる自由選択権があります。

道具《ツール》、これを実際に使うかどうかは自由意志に委ねられています。創造主は私たちを十分に愛してくれており、私たちが自分の人生の喜びを体験するチャンスを与えてくれているのです。私たちには、この世を生きていく中で、生き方を探りながら自分自身の道をつくり出していく機会が与えられています。私たちがここに存在するということは、肉体的、精神的、霊《スピリチュアル》的な探索の美しい学習プロセスと考えられます。

自由意志は多くの宗教組織から道徳的判断上重要とみなされていますが、個人主義的なイデオロギーの一形態であるとして批判もされています。この基本概念には宗教的、倫理的、心理学的、科学的な意味合いがあります。たとえば、宗教的に解釈すれば、自由意志は、神は個人の意思や選択を覆すような力を行使しないということになります。倫理的には、個人が自分の行動に責任をもつことを意味します。心理学的には、肉体的な動きの少なくとも一部を、こころが制御していることを意味します。科学的に解釈すれば、脳を含む体の行動は、物理的な因果関係によってすべてが定まっているわけではないということを意味します（原注　因果関係とは、原因と結果の原則である。ウィキペディアによる）。

自由意志の概念は四世紀にブリタニアの修道僧ペラギウスが提唱したのが始まりで一躍大議論を巻き起こしました。彼の著作は散逸してしまいましたが、彼の弟子の一人が彼の信念のいくつかを書き記していました。この考えは教会や聖アウグスティヌスの考えとは真っ向から対立するものでした。以来自由意志の問題は、精神的、信仰、科学的な思想家によって延々と問い続けてられてきたテーマです。

人間には、神の御言葉や精霊の働きとは関係なく、神という存在を求める力があるという考えもあります。私たちはすべてを完璧にコントロールできるわけではありませんが、創造主と力を合わせてある程度は救済の努力をすることはできます。私たちは（聖なる恩寵を賜らないままでも）創造主に向けて最初の一歩を踏み出すことができ、創造主は、その後、救済を完了してくれます。この教えは、救済プロセスは終始一貫して創造主と人間との共同作業であるとするもので、《共力作用、相乗効果》論とよばれます。

どのような観点で見たとしても、自由意志は不朽の原則です。私たちの能力に関係し、神聖なるもの、ものごとの大構想、また体を制御する脳までも関係しているため、決して消滅しません。長年にわたり、自由意志を覆そうという試みが数多くおこなわれてきました。シータヒーリングにおいてさえ、相手の《意識的な承諾》を得ないで思考パターンや思い込みを呼び覚まそうとした人々がいました。既に説明したとおり、どんなによかれと思ってこれらの神聖な思考形態を送ったとしても、受け取り手が意識的にそれを承諾しない限り、全く効果はありません。

自由選択権と自由意志は、シータヒーリングという大樹の重要な枝を成しているということを、どうぞ忘れないでください。

第4章　応用ヒーリング

エネルギーヒーリングには一般に四つの方法があります。

●体のエネルギー「気」によっておこなう方法
●こころの電気エネルギーによっておこなう方法
●外から持ち込まれるスピリチュアルなエネルギーによっておこなう方法
●「すべてなるものの創造主」によっておこなう方法

いずれの方法もヒーリングは創造主によっておこなわれるのですが、最後のものが一番シンプルです。

創造主のヒーリングを観届ける

肉体に変化をもたらすのに、こころの電気エネルギーを使う場合もありますが、ヒーリングに自分の精神を使うと、終わった頃には疲労困憊してしまうでしょう。創造主がおこなうヒーリングを観届けるのであれば、終わったときには覚醒した、元気の満ち満ちた状態になります。創造主のヒーリングを観届けることは、ヒーリングからエゴを排除することにもなります。根気よく、創造主のエネルギーがやってくるのを待ちます。創造主のエネルギーがやってきたら、自分自身のエネルギーで無理強いせずに、単にそれを観届けるようにします。

こころを使って無理強いしたヒーリングの例として、顔に悪性黒色腫のある女性とのセッションのエピソードをご紹介しましょう。悪性黒色腫は極めて危険ながんの一種で、治療せずに放っておくと、すぐに全身に広がります。私はとても心配し、病気をこれほど進行させてしまったこの女性に腹立たしささえ覚えていました。「なぜこれほど悪くなるまで病院に行かなかったのだろうか？」とばかり思っていました。

これは私が創造主からさらなる忍耐力を授けてもらったときよりもう何年も前の話です。私は上昇し、彼女の体から悪性黒色腫がこの場でなくなるようにお願いして、自分の苛立ちのエネルギーを使い、自分のこころでヒーリングを速め、彼女の皮膚からこれが消えているところを想像しました。

創造主を通じてそれが起きるのをただ観届けるのではなく、私は手を伸ばしそれを取り除く様子を想像しました。

翌日、顔面が穴のようにへこんだような状態でこの女性はやってきました。悪性腫瘍はどういうわけかごっそり抜け落ちてしまったようでした。しばらくして穴は完璧に埋まりましたが、創造主ならば、間違いなく穴を開けたままにせずに、皮膚を癒しながら腫瘍を取り除いたことでしょう。私はここから「ヒーリングを無理強いしないこと！」を学びました。

結局、自分が介入しないことを学び、自分の微々たる力を加えるのではなく、「創造主よ、何をすべきか示してください」と言えるようになるまで、合計七年かかりました。私は、自分がどれだけ体の中で起こっていることに習熟しようとも、病気についての創造主の理解には敵わないことをようやく理解したのです。

ヒーリングでは、私は何をする必要があるのか大まかにはわかっているとしても、創造主のようにはものごとを理解していません。分子や、素粒子レベルで何をする必要があるのか、私がようやく理解したときには、ヒーリングのすべてを解明しようと肉体の中で五十年ほどもあがいていることになりかねません。これらすべてがエゴなのです。

ですから、単に、ヒーリングがおこなわれるためには何がなされるべきかを、創造主に見せてもらうようにお願いすることを、強くお勧めします。

「創造主よ、なされるべきことをおこなってください。私に見せてください」と言うだけです。病気について完全に理解する必要はありません。あなたは単にヒーリングを観届けるだけです。

信憑性のある科学雑誌を読めば読むほど、分子構造を変えることが如何に簡単かを理解するようになりました。もし創造主がいまある状態をつくる方法を知っているなら、それをなおす方法も知っているはずで、説明は後で聞けばよいのです。

ヒーラーとサイキック（霊能者）の融合

シータヒーリングはヒーリングのためのスピリチュアルな能力を開花させるようにデザインされています。霊能者であることとヒーラーであることは、全く別物であることを理解していない人がほとんどで、この二つを合体させることが鍵となります。

どちらにも期待がかかっています。ヒーラーには病気が癒えるのを観届けることが期待され、霊能者には体内を観ることが期待されます。

霊能者としては、あなたは異なるウイルス、細菌、寄生生物、重金属を見分けられるように練習を積む必要があります。練習すれば、それらが体内でどのように見え、どのような感触であるかがわかります。クライアントは、病を引き起こすこのようなものを正確に見分けられることをあなたに期待します。

ヒーラーとしてのあなたの立場はまた違います。創造主に癒してもらうのに、どのような病気かを知る必要はありません。その人に何か問題があるとだけわかればよいのです。しかし、変化を観届け、ヒーリングがおこなわれるのを観届けるために、十分深い瞑想状態に自分を置く必要があります。

シータヒーリングに使われるシータ波の状態には、「高い」シータ波と「低い」シータ波とがありますが、多くのヒーリングには、「低い」周波数帯のほうが、「高い」時より効果が出ます。ヒーリングをおこなうときには必ず時間をかけて深いシータ状態になるようにしましょう。

ヒーラーと霊能者とが組み合わさったものがシータヒーラーです。創造主とつながり、スピリチュアルな能力を使ってヒーリングを観届ける能力をもったヒーラー、それがシータヒーラーです。

ヒーリングのプロセス

健康であるという感覚

クライアントが私のところにヒーリングを受けにきたとき最初におこなうのは、創造主からその人が健康であるとはどのような感じがするのかを教えてもらうことです。というのも、健康であるという感覚がどのようなものかを知らない人がいるからです。セッションのこの段階からすぐに気分がよくなり、肉体的なヒーリングを受け入れやすくなります。

ヒーリングのプロセスを順を追って説明しましょう。

ヒーリングとグラウンディングの完全プロセス

１　ハート・チャクラに意識を集中して、すべてなるものの一部である母なる地球に意識が降りて行く様子をイメージしてください。

2　足の裏からエネルギーを引き上げ、チャクラを一つ一つ開きながら上昇する様子をイメージします。クラウン・チャクラまでそのままずっと上昇し、美しい光の玉となって、宇宙に飛び出します。

3　宇宙を超え、白い光を過ぎ、薄暗い光を抜け、白い光を過ぎて、法の層であるゼリー状の物質を通り抜けると、そこは真珠のような輝きを放つ白い光、存在の第七層です。

4　無条件の愛を集めて、このように命じてください。「創造主よ、この人が今、癒されるよう、命じられました。ありがとうございます。できました！　できました！　できました！」

5　ヒーリングのエネルギーがその人の身体空間に入るのを観届け、変化と入れ替わりがおこなわれる様子を観届けます。すべてが完了するまで見続けてください。

6　水の流れか白い光で自分を浄化する様子をイメージします。

7　しっかりとグラウンディングするために、エネルギーを自分の身体空間に戻してから、地球に送り、その後すべてのチャクラを通しながらクラウンチャクラまで引き上げる様子をイメージします。この方法に慣れてくれば、自分が実は別個の存在ではなくすべてなるものの一部であることが理解できるので、自分の体にグラウンディングする必要はなくなります。

8　エネルギー・ブレイクをおこないます（前著『シータヒーリング』に解説されている。巻末の訳語補記を参照）。これによって、あなたの体はバランスが保たれます。

無条件の愛

体内の分子に変化を起こすためには、創造あるいは「非創造 dis-creation」（巻末の訳語補記参照）のエネルギーが必要ですが、ヒーリングのこのエネルギーはどこからくるのでしょうか?
ヒーリングのために「すべてなるものの創造主」に上昇し、そこに到達したら無条件の愛のエネルギーを掴《つか》み、それを体内に取り込みます。これによって肉体は変化に必要なエネルギーを得ることができます。肉体に変化を起こすには無条件の愛が原子一個分あるだけで充分です。

初級クラスでは受講生に上昇して愛を掴むプロセスをひとつずつ段階を追ってイメージすることを学びます。イメージすることに脳が慣れてくれば、このプロセスがごく自然に、自動的に起こるようになってきます。

最終的にヒーリングをもたらすのは、プラクティショナーの観届ける能力です。創造主がヒーリングを起こし、プラクティショナーがそれを観届けることでそれが実現するのです。物理学の法則でも観届けられない限りは何も存在しないと言われています。

シータヒーリングのセミナーでは、創造主からの無条件の愛を受け取ることについては、グループヒーリングのプロセスを通じて学び、思い込みや感覚・感情への働きかけが説明されます。しかし、無条件の愛を一度も受け取ったことのない人の体に、無理やりそれを送り込んでも、体は細菌やウイルスと同じように、追い払おうとします。その人自身も気分がすぐれなくなり、何事にもイライラしだします。

プラクティショナーがこの拒否反応を感じ取ったら、このタイミングでその人に「私は無条件の愛を受け入れることができます」という思考パターンがあるか、筋肉反射テストで調べましょう。どのように無条件の愛を受け入れればよいのか知らないという結果ならば、その人の承諾を得て、プラクティショナーは創造主から感情を注入します。人にたいして無条件の愛をもつには、その人たちをキリストや仏陀の意識で愛することです。創造主を通して（あるいはその啓蒙を受けて）かれらの真実を見て、その真実にかかわらずかれらを愛するのです。

私の経験から言って、無条件の愛の受容に関連する思考パターンは、一般に幼少期に形成されます。たとえば、母親が子供にたいして愛情を見せた直後に、情け容赦なく子供をひっぱたくような場合や、父親が子供にたいして愛情を表現した後、性的ないたずらを働く場合などです。このような幼少期の環境が、無条件の愛の受け取り方を知らない思考パターンを形成してしまうのです。

また、幼少期にひどい虐待を受けた人たちには、人が行動を起こす前にその人が何をしようとしているかを予期できるというのも見てきました。生存反射作用がこの人たちをとてもサイキックにしていますが、その理由は言うまでもありません。虐待を受けた子供たちの多くが同じような力をつけたことでしょう。自分の身体空間を抜け出し他の人を直観的に観ることはいつもしているので自然なことなのです。このような人々は、人生初期の大半を他の人の身体空間にいられるように精神を集中させてきました。かれらは愛を探しているのです。

形状や形態はさまざまですが、私たちの人生の大半もほとんどが愛の探求で埋まっています。ソウルメイト探し、友達探し、子供を身ごもり育てること、ペットの飼育など、その動機に目を向ければいくらでも例は見つかります。連帯感を感じるため、団結するために、人は競技スポーツに興じます。怒りや憎しみさえ、愛の探求、あるいは愛の喪失や愛の不足の結果である場合があります。プラスの人間関係の大半は愛のエッセンスの探求といえるでしょう。あなたのクライアントにも、愛を探してむなしい努力を続けているけれども、どれだけ必死に探し求めても見つけられない、という人が大勢います。これは自分自身を愛していないからであり、愛することがどういう感じがするのかわかっていないのです。本人の承諾を得て純粋の愛の感情を創造主からすべてのレベルで注入してあげてください。

瞬間ヒーリング

経験している問題の内容によっては、複数回のヒーリングが必要な人がいます。霊的《スピリチュアル》な問題、精神的な問題、肉体的な問題、感情的な問題など、その内容はさまざまです。その一方で、一瞬にして完全に癒される準備が整っている人もいます。もし、命じられても肉体がすぐにヒーリングを受け入れない場合は、潜在的な思考パターンがそれを阻止しています。この思考パターンを見つけて変えなくてはなりません。ヒーリングを阻止する障害物がない人たちは瞬時に癒えます。

あなたのところにやってくるけれども、自分が癒されることを信じていない人には、変化をもたらすために呼び覚ましが必要です。あなたがやる気をそがれない限り、そのクライアントと創造主がふさわしい感覚、感情、思い込みを探す手伝いをしてくれるでしょう。

人のこころと体と精神にはすべて、コンピュータのようにメモリ（記憶装置）があります。あなたが正しく質問を投げかけていけば、何を解放し、置き換えるべきか、あるいはどの感情が抜けているのかをこのメモリがあなたに教えてくれます。

しかし、このメッセージをあなたが取り違えて、やる気がそがれてしまう可能性があります。おそらく、この感情はあなた自身のものではなく、クライアントが投影しているものなのでしょう。望みを失ってしまい、やる気をそがれないで生きる方法を知らないのです。

どのヒーリングであれ絶対的に必要な感覚・感情や思い込みは数えるほどしかないはずです。長期間にわたって特定の思い込みをもつことによって病気が育つと私は理解しています。そのような思い込みを解消してしまえば、病気はなくなります。なぜなら、あなたの注意を引き、体の何かがずれている、焦点が合っていない、バランスが崩れているよというメッセージをあなたに伝えるために病気は存在していたからです。

最終的に目指すのは、肉体、こころ、魂から重荷になっている思い込みを消し去って、創造主と純粋で混じりけのない意思疎通を図ること。ですから、シータヒーリングは病気をただ消すだけのものではなく、人類が「すべてなるものの創造主」と意思疎通を図れるようにするものなのだと私は確信しています。

子供とのヒーリングセッション

子供が完全にヒーリングされるチャンスはきわめて高いといえます。子供は神聖なるものが実在すると純粋に信じており、一般にヒーリングを阻止したり邪魔したりしないからです。しかし、両親があまりにも深く子供の問題に執着しすぎて、子供が癒されるのを許さない場合がよくあります。子供はいつも病気であり子供を救えるものなどないという思い込みをつくり出してしまっているのです。これがヒーリングのプロセスを邪魔します。

ですから、子供の場合には、親の信念体系《ビリーフ・システム》に働きかけをおこなわなくてはなりません。一番の課題は、子供は変わることができるのだと親に理解させることです。両親の信念体系《ビリーフ・システム》に働きかけをおこないますが、特に母親のそれに働きかけます。子供は回復できる、回復するのだとわかるように、両親への励ましが必要です。

子供のヒーリングでは愛が主要素となります。子供が、親に気にかけてもらうには病気でなくてはならないと信じていないか確認しましょう。十分な年齢に達していれば、ヒーリングの許諾を得ましょう。ここで十分な年齢と言う場合、会話ができる年齢を言います。

子供が一度癒やされても、その後また病気を誘発する環境に戻される場合があります。汚染、重金属、貧しい食生活、栄養不足などすべてが病気再発の要因になります。

一度、小さな子供の参加しているセミナーで、グループ全体をシータ状態に導いたことがありました。小さな子供たちに、互いに体内透視をさせたところ、何度も何度も、リーディングの間に何を体験したかを正しく報告してくれました。子供たちは、大人が三日かけて学ぶことを、たったの四時間で習得できたのです。

その理由のひとつは、子供には「自分はできると思う」というエネルギーがまだあるからでしょう。「自分はできると思う」エネルギーがどのような感覚かもう一度知りたいと思うか、自分自身に問いかけてください。これは私たちの多くがいつの間にか失ってしまった幼少期の思考パターンです。

今までの人生でやってきたことすべては無駄でなかったと知りたいですか？　私の好きな格言に、「幼少期は人生で素晴らしい時期のはずだが、それを乗り越えるために人生の大半を費やしているようだ」というものがあります。始まりは困難で、終わりは悲しいこともあるかもしれないですが、大切なのは真ん中です。人生が苦しいと感じるときは、希望の気持ちが浮かび上がってこれるような時間を取りましょう（訳注　原文ではgive time for hope to float。映画『微笑をもう一度 Hope Floats』から）。

思い込みと病気

ウイルスや細菌への恐怖に関連する思い込みがあるために、人がウイルスや細菌を引き込んでしまうこともあることでしょう。

日常生活で、病気にほとんどかからない人と、すぐに病気になってしまう人がいます。免疫系の差だと言われているじゃないかという人もいるでしょう。私は、免疫系がすぐれている理由は、かれら自身がそう信じているからだと思います。たとえば、裸足で雪の上を歩くと風邪を引くと信じている人たちがいます。子供は病原菌でいっぱいだと思っている人もいます。ある特定の病気には近づいてはならない、近づくとその病気にかかってしまうと信じている人たちさえいます。

このような説が誰にでも本当に当てはまるとしたら、医者や看護士や教師は四六時中病気になってしまいます。看護士はなぜ病人のそばにいても、通常病気にならずにいられるのでしょうか？　それは、病気への恐怖心にとらわれていないからです。世界にこのような恐れ知らずの人たちがいなかったら、皆が病気にかかることを恐れるがあまり感染性患者の世話を焼く人がひとりもいなくなってしまうでしょう。

ウイルスと思い込み

私たちは友達を選ぶのと同じように、病気も選んでいます。ヒトの波動とその信念体系《ビリーフ・システム》がマッチすると、互いに惹かれあうのです。ウイルス、細菌、酵母（菌）、真菌などと信念体系《ビリーフ・システム》を持っていると、免疫系に弱点が生じ、それらを惹きつけてしまい、体内に取り込まれてしまいます。

大胆な主張であるとは思いますが、これは性器ヘルペスを患った女性への働きかけから得た結論なのです。『シータヒーリング』にも書いたように、私はこの女性とかなり長くセッションを続けていましたが、ヘルペスはなかなかなくなりませんでした。

やがて創造主が私に、彼女の信念体系《ビリーフ・システム》だけでなく、ウイルスの信念体系《ビリーフ・システム》も変えるようにと告げてきました。それで、私はウイルスのまわりから信念体系《ビリーフ・システム》を引き抜き始めたのですが、土台となる信念体系《ビリーフ・システム》を引き抜いたときに、これが全く別物に変身し肉体を去るのを私は見守りました。ヘルペスは消滅し、医者によってもその事実が確認されました。

このプロセスでは、科学的には実際に何が起きていたのでしょうか？　科学理論でも、細菌はウイルスになり、ウイルスは真菌になり、また全く別物に進化して検査・検知を逃れるのだとされています。ウイルスに思い込みへの働きかけがなされたときに、ウイルスは再び変身しましたが、今回は無害なエネルギーの形態へと変わったのです。理解していただきたいのは、ウイルスを殺したのではないということです。殺したのではなく、素粒子の再編を観届けることで、それを変化させたのです。素粒子の再編を観届ければ、体内のどんなものも変えることができます。

第5章　感覚・感情の創造

ある感覚・感情のエネルギーをこれまでの人生で一度も感じたことや経験したことがないという人もいます。おそらく、幼少期にこころの痛手を受け、そのような感情が発達しなかったか、この世で波乱の人生を送っているうちに失われてしまったのでしょう。しかし、たとえば喜びや愛を人生に持ち込むためには、まずそれを経験する必要があります。どのように感じるのか、創造主に見せてもらわなくてはなりません。応用シータヒーリングのセミナーは、人々に一連の感覚・感情の呼び覚ましを示すために開発されました。

感覚・感情への働きかけによってもたらされる変化のスピードには目を見張るものがあります。一生かかって学ぶようなものを、数秒で学んでしまうのです。愛され、賞賛され、尊敬され、大切にされるとどのような感じがするのかを素早く教えられます。習慣によって生み出された負の感情なしで生きると、どのように感じるのかさえ教えられます。たとえば、「私は、惨めにならずに生きる方法をわかっています」がこれに相当します。

自著『シータヒーリング』で説明したように、思い込みへの働きかけ同様、感覚・感情への働きかけでも、プラクティショナーはクライアント（あるいは自分自身）に筋肉反射テストをおこなって、特定の感覚・感情を経験したことがあるかどうかを調べます。そのあと、クライアントから口頭での許諾を得たうえで、「すべてなるものの創造主」とつながります。命じるプロセスにより感情のエネルギーが創造主からその人の肉体のすべての細胞を通って流れ、人生の四つの思い込みレベルのすべてに呼び覚まされるのを観届けます。この感情を一度経験すれば、その人には、人生の変化を創造する準備が整っています。

感覚・感情への働きかけを使うことによって、気分の落ち込みなどといった特定の感情なしで生きる方法を実際に細胞に教えているのだと思います。感覚・感情への働きかけでは、私たちはまさにその言葉通り、こころを変える能力を得ます。落ち込みなどといった不要な感情用の受容体をリセットし、シータ波の状況下で新しい受容体を創造し、開くのです。

このようなことを唱える証拠はあるかと、首をかしげる人もいるでしょう。これにたいして、感覚・感情への働きかけを始めてから多くの人々が回復し始めたという証拠を挙げることができます。たとえば、打ち負かされることなく生きるとはどのような感じがするのか、単にその感情を注入するだけで、糖尿病にプラスの変化がもたらされます し、その効果は糖尿病に限ったものではありません。

感覚・感情は次の手順で「すべてなるものの創造主」から呼び覚ましをします。

感覚・感情を創造するプロセス

1　ハート・チャクラに意識を集中しましょう。まずは、すべてなるものの一部である母なる地球の中心へと意識を送ります。両足からエネルギーを引き上げ、体内のすべてのチャクラを通します。

2　白い光をいくつか過ぎ、薄暗い光を抜け、白い光を通ってゼリー状の法の層も過ぎると、真珠色のように虹色に白く輝く光、存在の第七層へと入ります。

3　「すべてなるものの創造主」とつながり、次のように命じましょう。「すべてなるものの創造主よ、（感情の名前）が（相手の名前）の肉体の全細胞に、四つの全ての思い込みのレベルにおいて、そして人生のあらゆる領域に、最高最善の方法で呼び覚まされ、注入されるように命じられました。ありがとうございます！　できました！　できました！　できました！」

4　感覚・感情のエネルギーがその人の身体空間に流れ込む様子を観届け、創造主から送られた感情がその人の肉体の全細胞に行き渡り、四つのレベルすべてに注入される様子を視覚的にイメージします。

5　終わったら、あなたの意識をクラウン・チャクラを通すようにしてその人の身体空間から引き出して、流水か白い光で洗い流してつながりを断ち切ります。クラウン・チャクラから自分の身体空間に入り、意識を母なる地球へと送ってからエネルギーを体の真ん中を通してクラウン・チャクラまで引き上げ、エネルギー・ブレイクを済ませます。

そのうち、このプロセスに慣れてくれば、グラウンディングをおこなう必要はなくなります。

呼び覚まし《ダウンロード》

人には、経験したことのない感覚・感情や知識もあります。そういった感覚・感情を呼び覚ますと、存在の第七層の「すべてなるものの創造主」によって、すべてなるものと一体化しているという意識が覚醒します。このように感覚・感情が呼び覚まされると、直観のある人の場合、その能力に劇的な効果がもたらされ、体が健康になり、霊感も働くようになります。

このような方法で自分の意識をクリアにすればするほど、より簡単に第七層にアクセスし、肉体をバランスよく保てるようになります。病気は敵ではありません。単にバランスが崩れていることの兆候なのです。

＊＊＊

思考パターンと感覚・感情が含まれるカテゴリーには次のものがあります。


「私は、創造主による…の定義を理解しています。」(「創造主が…をどのように定義しているのかをわかっています」)

「私は、…するとはどのような感じがするのかをわかっています」

「私は、…の方法を理解しているというのがどのような感じがするのかをわかっています」

「私は、いつ…かをわかっています」

「私は、どのように…すべきか（…の方法）をわかっています」

「私は、…して日々を過ごす方法をわかっています」

「私は、創造主の観点において、…（と）はどのようなものかをわかっています」

「私は、…することが可能であるとわかっています」


例をいくつか挙げてみましょう。


「私は、創造主による『信頼』の定義をわかっています」

「私は、信頼するとはどのような感じがするのかをわかっています」

「私は、信頼する方法を理解している、というのがどのような感じがするのかをわかっています」

「私は、いつ信頼すべきかをわかっています」

「私は、どのように信頼すべきかをわかっています」

「私は、信頼して日々を過ごす方法をわかっています」
「私は、創造主の観点において、『信頼』とはどのようなものかをわかっています」
「私は、信頼することが可能だとわかっています」

呼び覚ましを次に記載します。
けれども、やはり認定インストラクターによる応用シータヒーリングのセミナーに参加することには十分な価値があることでしょう。

「すべてなるものの創造主」に関する思考パターン

「私は、すべてなるものの創造主と完全につながるとは、どのような感じがするのかを理解しています」
「私は、すべてなるものの創造主と完全につながる方法をわかっています」
「私は、すべてなるものの創造主をわかっています」
「私は、すべてなるものの創造主に肉体の内部を示してもらうとは、どのような感じがするのかを理解しています」
「私は、どうすればすべてなるものの創造主に肉体の内部を示してもらえるのかをわかっています」
「私は、肉体の内部で私が見ているものが何なのか、創造主が正確に伝えてくれると信頼すると、どのような感じがするのかを理解しています」
「私は、肉体の内部で私が見ているものが何なのか、創造主が正確に伝えてくれると信頼する方法をわかっています」
「私は、すべてなるものの創造主の声と、自分のこころの声との違いをわかっています」
「私は、他の人に、かれらがすべてなるものの創造主にとって大切な存在なのだと示してあげると、どのような感じがするのかを理解しています」
「私は、他の人に、かれらがすべてなるものの創造主にとって大切な存在なのだと示してあげる方法をわかっています」
「私は、すべてなるものの創造主のエネルギーを世界に向かって発すると、どのような感じがするのかを理解しています」
「私は、すべてなるものの創造主のエネルギーを世界に向かって発する方法をわかっています」
「私は、創造主の声と自分のこころの声の違いを知ると、どのような感じがするのかを理解しています」
「私は、すべてなるものの創造主の愛に値するとは、どのような感じがするのかを理解しています」
「私は、創造主と一緒なら何事も可能であると知っていると、どのような感じがするのかを理解しています」
「私は、すべてなるものの創造主をわかるとは、どのような感じがするのかを理解しています」
「私は、すべてなるものの創造主の存在を知ることができるとわかっています」
「私は、すべてなるものの創造主の愛を受けるに値するとは、どのような感じがするのかを理解しています」
「私は、自分がすべてなるものの創造主の愛を受けるに値するとわかっています」
「私は、すべてなるものの創造主につながると、どのような感じがするのかを理解しています」
「私は、すべてなるものの創造主とつながる方法をわかっています」
「私は、すべてなるものの創造主が完全に私につながっているのだとわかっています」
「私は、すべてなるものの創造主に完全につながって、日々を過ごす方法をわかっています」
「私は、すべてなるものの創造主がヒーリングをおこなうのを観届けると、どのような感じがするのかを理解しています」

「私は、すべてなるものの創造主がヒーリングをおこなうのを観届ける方法をわかっています」
「私は、すべてなるものの創造主がヒーリングをおこなうのをいつ観届けるのかをわかっています」
「私は、すべてなるものの創造主から切り離されていると感じずに生きる方法をわかっています」

豊かさ

「私は、創造主による『豊かさ』の定義を理解しています」
「私は、豊かだとどのような感じがするのかを理解しています」
「私は、豊かになる方法をわかっています」
「私は、豊かに日々を過ごす方法をわかっています」
「私は、創造主の観点において、『豊かさ』とはどのようなものかをわかっています」
「私は、豊かになることが可能だとわかっています」

受　容

「私は、創造主による『受容』の定義を理解しています」
「私は、いつ、ものを受容すべきかをわかっています」
「私は、どのようにものを受容すべきかをわかっています」
「私は、受容しながら日々を過ごす方法をわかっています」
「私は、創造主の観点において『受容』とはどのようなものかをわかっています」
「私は、自分自身を丸ごと受け入れることが可能だとわかっています」

「私は、他の人からのヒーリングを受け入れるとどのような感じがするのかを理解しています」
「私は、他の人からのヒーリングを受け入れる方法をわかっています」
「私は、創造主の観点において、ヒーリングとはどのようなものかをわかっています」
「私は、他の人からヒーリングを受け入れるのが可能だとわかっています」

創造主に受け入れられること

「私は、創造主による『すべてなるものの創造主に完全に受け入れられること』の定義を理解しています」
「私は、創造主によって完全に受け入れられると、どのような感じがするのかを理解しています」
「私は、創造主に完全に受け入れられる方法をわかっています」
「私は、創造主に完全に受け入れられて日々を過ごす方法をわかっています」
「私は、創造主の観点において、『すべてなるものの創造主に完全に受け入れられること』とはどのようなものかをわかっています」
「私は、創造主に完全に受け入れられることは可能だとわかっています」

瞬時の理解

「私は、創造主による『瞬時の理解』の定義を理解しています」
「私は、瞬時の理解を負うとどのような感じがするのかを理解しています」
「私は、いつ瞬時の理解を負うのかをわかっています」
「私は、どのように瞬時の理解を負うのかをわかっています」

「私は、瞬時の理解を負いつつ日々を過ごす方法をわかっています」

「私は、創造主の観点において、『瞬時の理解』とはどのようなものかをわかっています」

「私は、自らの行動に責任を負うのが可能なことをわかっています」

達 成

「私は、創造主による『達成』の定義を理解しています」

「私は、達成するとはどのような感じがするのかを理解しています」

「私は、いつ達成するべきかをわかっています」

「私は、達成する方法をわかっています。」

「私は、成果を上げて達成しながら、日々を過ごす方法をわかっています」

「私は、創造主の観点において、『達成』とはどのようなものかをわかっています」

感情をはっきり伝える

「私は、創造主による『自分の感情をはっきり伝える』ことの定義を理解しています」

「私は、自分の感情をはっきり伝えるとどのような感じがするのかを理解しています」

「私は、いつ自分の感情をはっきり伝えるのかをわかっています」

「私は、自分の感情をはっきり伝える方法をわかっています」

「私は、自分の感情をしっかり伝えつつ日々を過ごす方法をわかっています」

「私は、創造主の観点において、『自分の感情をはっきり伝える』こととはどのようなものかをわかっています」

「私は、自分の感情をはっきり伝えることが可能だとわかっています」

バランス

「私は、創造主による『バランス』の定義を理解しています」
「私は、バランスが取れているとどのような感じがするのかを理解しています」
「私は、バランスの取り方をわかっています」
「私は、バランスの取れた状態で日々を過ごす方法をわかっています」
「私は、創造主の観点において、『バランス』とはどのようなものかをわかっています」
「私は、バランスを取ることが可能だとわかっています」

美

「私は、創造主による『美』の定義を理解しています」
「私は、美しいとどのような感じがするのかを理解しています」
「私は、美しく日々を過ごす方法をわかっています」
「私は、創造主の観点において、『美』とはどのようなものかをわかっています」
「私は、美しくなれるとわかっています」

大切にされること

「私は、創造主による『大切にされること』の定義を理解しています」

「私は、『大切にされること』とはどのような感じがするのかを理解しています」
「私は、大切にされる方法をわかっています」
「私は、他の人に大切にされて日々を過ごす方法をわかっています」
「私は、創造主の観点において、『大切にされること』とはどのようなものかをわかっています」
「私は、大切にされることが可能だとわかっています」

完全であること

「私は、創造主による『完全であること』の定義を理解しています」
「私は、『完全であること』とはどのような感じがするのかを理解しています」
「私は、完全になる方法をわかっています」
「私は、完全になることが可能だとわかっています」

情緒豊かでいること

「私は、創造主による『情緒豊かでいること』の定義を理解しています」
「私は、『情緒豊かでいること』とは、どのような感じがするのかを理解しています」
「私は、情緒豊かでいる方法をわかっています」
「私は、情緒豊かに日々を過ごす方法をわかっています」
「私は、創造主の観点において、『情緒豊かでいること』とはどのようなものかをわかっています」
「私は、情緒豊かでいることが可能だとわかっています」

他人の幸せを喜ぶこと

「私は、『他人の幸せを喜ぶこと』とはどのような感じがするのかを理解しています」
「私は、他人の幸せを喜ぶとどのような感じがするのかを理解しています」
「私は、いつ他人の幸せを喜ぶのかをわかっています」
「私は、他人の幸せを喜ぶ方法をわかっています」
「私は、他人の幸せを喜びながら日々を過ごす方法をわかっています」
「私は、創造主の観点において、『他人の幸せを喜ぶこと』とはどのようなものかをわかっています」
「私は、他人の幸せを喜ぶことが可能だとわかっています」

他人に聞いてもらうこと

「私は、創造主による『他人に聞いてもらうこと』の定義を理解しています」
「私は、『他人に聞いてもらうこと』とはどのような感じがするのかを理解しています」
「私は、いつ他人に聞いてもらうのかをわかっています」
「私は、他人に聞いてもらう方法をわかっています」
「私は、他人に聞いてもらって、日々を過ごす方法をわかっています」
「私は、創造主の観点において、『他人に聞いてもらうこと』とはどのようなものかをわかっています」
「私は、他人に聞いてもらうことが可能だとわかっています」

今この瞬間に生きること

「私は、創造主による『今この瞬間に生きること』の定義を理解しています」
「私は、『今この瞬間に生きること』とはどのような感じがするのかを理解しています」
「私は、今この瞬間に生きる方法をわかっています」
「私は、今この瞬間に生きながら日々を過ごす方法をわかっています」
「私は、創造主の観点において、『今この瞬間に生きること』とはどのようなものかをわかっています」
「私は、今この瞬間に生きることが可能だとわかっています」
「私は、現在、今この瞬間に生きることがどのような感じがするのかを理解しています」
「私は、現在、今この瞬間に生きる方法をわかっています」
「私は、生きる喜びを味わいながら、今に生きることがどのような感じがするのかを理解しています」

愛される存在

「私は、創造主による『愛される存在』の定義を理解しています」
「私は、『愛される存在』とはどのような感じがするのかを理解しています」
「私は、どうすれば愛される存在になれるかをわかっています」
「私は、創造主の観点において、『愛される存在』とはどのようなものかをわかっています」
「私は、愛される存在になることが可能だとわかっています」

伴侶に愛されること

「私は、創造主による『伴侶に愛されること』の定義を理解しています」
「私は、『伴侶に愛されること』とはどのような感じがするのかを理解しています」
「私は、いつ伴侶に愛されるのかをわかっています」
「私は、伴侶に愛される方法をわかっています」
「私は、伴侶からの愛とともに日々を過ごす方法をわかっています」
「私は、創造主の観点において、『伴侶に愛されること』とはどのようなものかをわかっています」
「私は、伴侶に愛されることが可能だとわかっています」

アイデアを積極的に受け入れること

「私は、創造主による『アイデアを積極的に受け入れること』の定義を理解しています」
「私は、『アイデアを積極的に受け入れること』とは、どのような感じがするのかを理解しています」
「私は、いつアイデアを積極的に受け入れるのかをわかっています」
「私は、アイデアを積極的に受け入れる方法をわかっています」
「私は、アイデアを積極的に受け入れながら日々を過ごす方法をわかっています」
「私は、すべてのアイデアを積極的に受け入れることが可能だとわかっています」

特別な存在である

「私は、『特別な存在である』とはどのような感じがするのかを理解しています」

「私は、特別な存在になる方法をわかっています」
「私は、創造主の観点において、『特別な存在である』とはどのようなものかをわかっています」
「私は、特別な存在になれるとわかっています」

他人に理解されること

「私は、創造主による『他人に理解されること』の定義を理解しています」
「私は、『他人に理解されること』とはどのような感じがするのかを理解しています」
「私は、いつ他人に理解されるのかをわかっています」
「私は、他人に理解される方法をわかっています」
「私は、他人に理解されながら日々を過ごす方法をわかっています」
「私は、創造主の観点において、『他人に理解されること』とはどのようなものかをわかっています」
「私は、他人に理解されることが可能だとわかっています」

必要とされること

「私は、創造主による『必要とされること』の定義を理解しています」
「私は、『必要とされること』とはどのような感じがするのかを理解しています」
「私は、いつ必要とされるのかをわかっています」
「私は、必要とされる方法をわかっています」
「私は、必要とされることがあるとわかっています」

完全無欠であること

「私は、『完全無欠であること』がどのような感じがするのかを理解しています」
「私は、完全無欠である状態にする方法をわかっています」
「私は、完全無欠である状態にするのが可能だとわかっています」

博　愛

「私は、創造主による『博愛』の定義を理解しています」
「私は、博愛心をもつとはどのような感じがするのかを理解しています」
「私は、本当の博愛をわかっています」
「私は、いつ博愛心をもつのかをわかっています」
「私は、博愛心をもつ方法をわかっています」
「私は、博愛のこころで日々を過ごす方法をわかっています」
「私は、創造主の観点において、『博愛』とはどのようなものかをわかっています」
「私は、博愛心をもつことが可能であるとわかっています」

活力・息吹

「私は、創造主による『活力』の定義を理解しています」

「私は、活力を得るとはどのような感じがするのかを理解しています」
「私は、活力を得る方法をわかっています」
「私は、活力を得ながら日々を過ごす方法をわかっています」
「私は、創造主の観点において、『活力』とはどのようなものかをわかっています」
「私は、呼吸できるとわかっています」

落ち着き

「私は、創造主による『落ち着き』の定義を理解しています」
「私は、落ち着いているとはどのような感じがするのかを理解しています」
「私は、いつ落ち着くべきかをわかっています」
「私は、落ち着く方法をわかっています」
「私は、落ち着いて日々を過ごす方法をわかっています」
「私は、創造主の観点において、『落ち着き』とはどのようなものかをわかっています」
「私は、落ち着くことができるとわかっています」

透　視

「私は、創造主による『透視』の定義を理解しています」
「私は、透視して観るとはどのような感じがするのかを理解しています」
「私は、いつ透視して観るのかをわかっています」

「私は、透視して観る方法をわかっています」
「私は、透視能力を使いながら日々を過ごす方法をわかっています」
「私は、創造主の観点において、『透視』とはどのようなものかをわかっています」
「私は、透視して観ることが可能だとわかっています」

明瞭なコミュニケーション

「私は、創造主による『明瞭なコミュニケーション』の定義を理解しています」
「私は、明瞭なコミュニケーションができるとはどのような感じがするのかを理解しています」
「私は、どうしたら明瞭にコミュニケーションが図れるのかをわかっています」
「私は、明瞭なコミュニケーションを図りながら日々を過ごす方法をわかっています」
「私は、創造主の観点において、『明瞭なコミュニケーション』とはどのようなものかをわかっています」
「私は、明瞭にコミュニケーションを図ることが可能だとわかっています」

常　識

「私は、創造主による『常識』の定義を理解しています」
「私は、常識があるとはどのような感じがするのかを理解しています」
「私は、いつ常識をもつべきかをわかっています」
「私は、どうしたら常識をもてるのかをわかっています」
「私は、常識をもって日々を過ごす方法をわかっています」

「私は、創造主の観点において、『常識』とはどのようなものかをわかっています」
「私は、常識をもつことが可能だとわかっています」

思いやり

「私は、創造主による『思いやり』の定義を理解しています」
「私は、自分自身と他者にたいして思いやりのこころをもつとはどのような感じがするのかを理解しています」
「私は、本当の思いやりをわかっています」
「私は、いつ思いやりのこころをもつべきかをわかっています」
「私は、思いやりのこころをもつ方法をわかっています」
「私は、思いやりのこころをもちながら日々を過ごす方法をわかっています」
「私は、創造主の観点において、思いやりのこころをもつとはどのようなものかをわかっています」
「私は、自分自身と他人にたいして思いやりのこころをもつことが可能だとわかっています」

自信

「私は、創造主による『自信』の定義を理解しています」
「私は、自信があるとはどのような感じがするのかを理解しています」
「私は、いつ自信をもつべきかをわかっています」
「私は、どうしたら自信がもてるのかをわかっています」
「私は、自信をもって日々を過ごす方法をわかっています」

「私は、創造主の観点において、自信をもつとはどのようなものかをわかっています」
「私は、自信をもつのが可能だとわかっています」

協　力

「私は、創造主による『協力』の定義を理解しています」
「私は、協力的であるとどのような感じがするのかを理解しています」
「私は、『協力』が何かをわかっています」
「私は、いつ協力的になるべきかをわかっています」
「私は、協力的に日々を過ごす方法をわかっています」

負債と無縁であること

「私は、創造主による『負債と無縁であること』の定義を理解しています」
「私は、『負債と無縁であること』とはどのような感じがするのかを理解しています」
「私は、負債と無縁になる方法をわかっています」
「私は、どのように負債と無縁のまま日々を過ごすかをわかっています」
「私は、負債と無縁であることは可能だとわかっています」

こころを尽くすこと

「私は、創造主による『こころを尽くすこと』の定義を理解しています」

「私は、『こころを尽くすこと』とはどのような感じがするのかを理解しています」
「私は、こころを尽くす方法をわかっています」
「私は、どのようにこころを尽くして日々を過ごすかを知っています」
「私は、創造主の観点において、『こころを尽くすこと』とはどのようなものかをわかっています」
「私は、こころを尽くすことが可能だとわかっています」
「私は、創造主による創造主にこころを尽くすことの定義を理解しています」
「私は、創造主にこころを尽くすこととはどのような感じがするのかを理解しています」
「私は、創造主にこころを尽くす方法をわかっています」
「私は、創造主にこころを尽くして、日々を過ごす方法をわかっています」
「私は、創造主の観点において、創造主にこころを尽くすこととはどのようなものかをわかっています」
「私は、創造主にこころを尽くすことが可能だとわかっています」
「私は、創造主による自分の目標にこころを尽くすことの定義を理解しています」
「私は、自分の目標にこころを尽くすこととはどのような感じがするのかを理解しています」
「私は、いつ自分の目標にこころを尽くすべきかをわかっています」
「私は、自分の目標にこころを尽くす方法をわかっています」
「私は、自分の目標にこころを尽くして、日々を過ごす方法をわかっています」
「私は、創造主の観点において、自分の目標にこころを尽くすこととはどのようなものかをわかっています」
「私は、自分の目標にこころを尽くすことが可能だとわかっています」

光り輝くに値する

「私は、創造主による『光り輝くに値する』の定義を理解しています」
「私は、『光り輝くに値する』とはどのような感じがするのかを理解しています」
「私は、どのように光り輝くに値するべきかをわかっています」
「私は、光り輝きながら、日々を過ごす方法を知っています」
「私は、創造主の観点において、『光り輝くに値する』とはどのようなものかをわかっています」

献　身

「私は、創造主による『献身』の定義を理解しています」
「私は、献身するとはどのような感じがするのかを理解しています」
「私は、『献身』とは何かをわかっています」
「私は、どのようにして献身とともに日々を過ごすかをわかっています」
「私は、創造主の観点において『献身』とはどのようなものかをわかっています」
「私は、こころを尽くすことが可能だとわかっています」

勤　勉

「私は、創造主による『勤勉』の定義を理解しています」
「私は、勤勉であるとはどのような感じがするのかを理解しています」
「私は、勤勉でありながら、日々を過ごす方法をわかっています」

「私は、創造主の観点において、『勤勉』とはどのようなものかをわかっています」
「私は、勤勉であることが可能だとわかっています」

状況を見極めること

「私は、創造主による『状況を見極めること』の定義を理解しています」
「私は、はっきりと状況を見極めるとはどのような感じがするのかを理解しています」
「私は、いつ状況を見極めるべきかをわかっています」
「私は、状況を見極める方法をわかっています」
「私は、創造主の観点において、『状況を見極めること』とはどのようなものかをわかっています」
「私は、行動に移る前に状況を見極めることは可能だとわかっています」

信　念

「私は、創造主による『信じること』の定義を理解しています」
「私は、『信じること』とはどのような感じがするのかを理解しています」
「私は、どのようにして信頼をもちながら日々を過ごすかをわかっています」
「私は、創造主の観点において、『信じること』とはどのようなものかをわかっています」
「私は、信じることが可能だとわかっています」

家　族

「私は、創造主による『家族』の定義を理解しています」
「私は、家族をもつとはどのような感じがするのかを理解しています」
「私は、いつ家族をもつべきかをわかっています」
「私は、どのように家族をもつべきかをわかっています」
「私は、創造主の観点において、『家族』とはどのようなものかをわかっています」
「私は、家族をもつことが可能だとわかっています」

集中すること

「私は、創造主による『集中すること』の定義を理解しています」
「私は、『集中すること』とはどのような感じがするのかを理解しています」
「私は、集中する方法をわかっています」
「私は、集中しながら、日々を過ごす方法を知っています」
「私は、創造主の観点において、『集中すること』とはどのようなものかをわかっています」
「私は、集中することが可能だとわかっています」

許し・寛容さ

「私は、創造主による『寛容さ』の定義を理解しています」
「私は、自分自身や他人を許すとはどのような感じがするのかを理解しています」
「私は、真の寛容とはどんなものかを知っています」

「私は、いつ許すべきかをわかっています」
「私は、どのように許すべきかをわかっています」
「私は、どのようにして寛容な気持ちで日々を過ごすかをわかっています」
「私は、創造主の観点において、『寛容さ』とはどのようなものかをわかっています」
「私は、自分自身や他人を許すことが可能だとわかっています」

楽しむこと

「私は、創造主による『楽しむこと』の定義を理解しています」
「私は、『楽しむこと』とはどのような感じがするのかを理解しています」
「私は、いつ楽しむべきかをわかっています」
「私は、どのように楽しむべきかをわかっています」
「私は、楽しみながら、日々を過ごす方法を知っています」
「私は、創造主の観点において、『楽しむこと』とはどのようなものかをわかっています」
「私は、楽しむことが可能だとわかっています」

感　謝

「私は、創造主による『感謝』の定義を理解しています」
「私は、他人や創造主に感謝をするとはどのような感じがするのかを理解しています」
「私は、いつ感謝するべきかをわかっています」

「私は、どのように感謝するべきかをわかっています」
「私は、どのようにして感謝の気持ちをもちながら日々を過ごすかをわかっています」
「私は、創造主の観点において、『感謝』とはどのようなものかをわかっています」
「私は、感謝をすることが可能だとわかっています」

健　康

「私は、創造主による『健康』の定義を理解しています」
「私は、健康であるとはどのような感じがするのかを理解しています」
「私は、いつ健康であるかをわかっています」
「私は、どうすれば健康でいられるのかをわかっています」
「私は、どのようにして健康を保ちながら日々を過ごすかをわかっています」
「私は、創造主の観点において、健康であるとはどのようなものかをわかっています」
「私は、健康であることが可能だとわかっています」

家　庭

「私は、創造主による『家庭』の定義を理解しています」
「私は、家庭を築くとはどのような感じがするのかを理解しています」
「私は、どのように家庭を築くかをわかっています」
「私は、創造主の観点において、『家庭』とはどのようなものかをわかっています」

「私は、家庭を築くことが可能だとわかっています」

誠実

「私は、創造主による『誠実』の定義を理解しています」
「私は、誠実であるとはどのような感じがするのかを理解しています」
「私は、いつ誠実でいるべきかをわかっています」
「私は、どうすれば誠実でいられるかをわかっています」
「私は、誠実でありながら、日々を過ごす方法を知っています」
「私は、創造主の観点において、『誠実』とはどのようなものかをわかっています」
「私は、勤勉であることが可能だとわかっています」
「私は、創造主による自分に誠実であることの定義を理解しています」
「私は、自分に誠実であることとはどのような感じがするのかを理解しています」
「私は、どうすれば自分に誠実でいられるかをわかっています」
「私は、自分に誠実でいながら、日々を過ごす方法をわかっています」
「私は、創造主の観点において、自分に誠実であることとはどのようなものかをわかっています」
「私は、自分に誠実であることが可能だとわかっています」

信用

「私は、創造主による『信用』の定義を理解しています」

「私は、人々の信用を得るとはどのような感じがするのかを理解しています」
「私は、いつ人々の信用を得るべきかをわかっています」
「私は、どうすれば人々の信用を得られるかをわかっています」
「私は、どのようにして信用を保ちながら日々を過ごすかをわかっています」
「私は、創造主の観点において、『信用』とはどのようなものかをわかっています」
「私は、人々の信用を得ることが可能だとわかっています」

謙　虚

「私は、創造主による『謙虚』の定義を理解しています」
「私は、謙虚であるとはどのような感じがするのかを理解しています」
「私は、いつ謙虚であるべきかをわかっています」
「私は、どのように謙虚であるべきかをわかっています」
「私は、創造主の観点において、『謙虚』とはどのようなものかをわかっています」
「私は、謙虚であることが可能だとわかっています」

無敵であること

「私は、創造主による疑いの念にたいして無敵であることの定義を理解しています」
「私は、疑いの念にたいして無敵であることとはどのような感じがするのかを理解しています」
「私は、どうすれば疑いの念に無敵であるかをわかっています」

「私は、疑いの念に無敵でありながら、日々を過ごす方法を知っています」
「私は、創造主の観点において、疑いの念にたいして無敵であることとはどのようなものかをわかっています」
「私は、疑いの念にたいして無敵であることが可能であることをわかっています」
「私は、創造主による有毒物に無敵であることの定義を理解しています」
「私は、有毒物に無敵であることとはどのような感じがするのかを理解しています」
「私は、どうすれば有毒物に無敵でいられるかをわかっています」
「私は、有毒物に無敵でありながら、日々を過ごす方法を知っています」
「私は、有毒物に無敵であることが可能であることをわかっています」
「私は、創造主によるネガティブなことに無敵であることの定義を理解しています」
「私は、ネガティブなことに無敵であることとはどのような感じがするのかを理解しています」
「私は、どうすればネガティブなことに無敵でいられるかをわかっています」
「私は、ネガティブなことに無敵でありながら、日々を過ごす方法を知っています」
「私は、ネガティブなことに無敵であることが可能であることをわかっています」
「私は、創造主による不安の念にたいして無敵であることの定義を理解しています」
「私は、不安の念にたいして無敵であることとはどのような感じがするのかを理解しています」
「私は、どうすれば不安の念にたいして無敵でいられるかをわかっています」
「私は、不安の念にたいして無敵でありながら、日々を過ごす方法を知っています」
「私は、不安の念にたいして無敵であることが可能であることをわかっています」
「私は、創造主による病にたいして無敵であることの定義を理解しています」

「私は、病にたいして無敵であることとはどのような感じがするのかを理解しています」
「私は、どうすれば病にたいして無敵でいられるかをわかっています」
「私は、病にたいして無敵でありながら、日々を過ごす方法を知っています」
「私は、病にたいして無敵であることが可能であることをわかっています」

重要な存在であること

「私は、創造主による『重要な存在であること』の定義を理解しています」
「私は、『重要な存在であること』とはどのような感じがするのかを理解しています」
「私は、自分が重要な存在だと感じながら、日々を過ごす方法を知っています」
「私は、創造主の観点において、『重要な存在であること』がどのようなものかをわかっています」
「私は、すべてなるものの創造主にとって自分が重要な存在であることが可能だとわかっています」

高潔であること

「私は、創造主による『高潔であること』の定義を理解しています」
「私は、『高潔であること』とはどのような感じがするのかを理解しています」
「私は、どのように高潔であるべきかをわかっています」
「私は、どのようにして高潔さをもちながら日々を過ごすかをわかっています」
「私は、創造主の観点において、『高潔であること』とはどのようなものかをわかっています」
「私は、高潔であることが可能だとわかっています」

人との交流

「私は、創造主による『人との交流』の定義を理解しています」
「私は、『人との交流』がどのような感じがするのかを理解しています」
「私は、いつ人と交流するべきかをわかっています」
「私は、人と交流する方法をわかっています」
「私は、人と交流しながら日々を過ごす方法をわかっています」
「私は、人と交流ができるということをわかっています」

瞬間ヒーリング

「私は、創造主による『瞬間ヒーリング』の定義を理解しています」
「私は、瞬間ヒーリングを観届けることがどのような感じがするのかを理解しています」
「私は、瞬間ヒーリングを観届ける方法をわかっています」
「私は、創造主の観点において、『瞬間ヒーリング』とはどのようなものかをわかっています」
「私は、瞬間ヒーリングを観届けることができるということをわかっています」

直観力

「私は、創造主による真の直観力の定義を理解しています」
「私は、直観力を信頼するのがどのような感じがするのかを理解しています」

「私は、いつ直観力を信頼するべきかをわかっています」
「私は、直観力を信頼する方法をわかっています」
「私は、直観力を信頼して日々を過ごす方法をわかっています」
「私は、直観力を信頼することができるということをわかっています」

喜　び

「私は、創造主による『喜び』の定義を理解しています」
「私は、喜ぶことがどのような感じがするのかを理解しています」
「私は、どのようにして喜ぶのかという方法をわかっています」
「私は、喜びで日々を過ごす方法をわかっています」
「私は、創造主の観点において、『喜び』とはどのようなものかをわかっています」
「私は、喜ぶことができるということをわかっています」

創造主が真の存在であることをわかっていること

「私は、『創造主が真の存在であることをわかっていること』とはどのような感じがするのかを理解しています」
「私は、創造主が真の存在であることを理解しながら、日々を過ごす方法をわかっています」
「私は、創造主が真の存在であることが可能であることをわかっています」

本当の自分

「私は、本当の自分をわかっているということがどのような感じがするのかを理解しています」
「私は、『本当の自分』をわかっています」
「私は、創造主の観点において、『本当の自分』とはどのようなものかをわかっています」

あるがままに

「私は、他の人を『あるがままに』受け入れるとはどのような感じがするのかを理解しています」
「私は、どのように他の人があるがままの自分でいることを受け入れるかを知っています」
「私は、世界が完全に調和とバランスがとれているとはどのような感じがするのかを理解しています」
「私は、(自分や他人にたいして) 過度に批判せずに日々を過ごすとはどのような感じがするのかを理解しています」

人生の目的

「私は、創造主の観点において、『人生の目的』とはどのようなものかをわかっています」
「私は、人生の目的を知ることは可能だということをわかっています」

耳を傾けること

「私は、創造主による『耳を傾けること』の定義を理解しています」
「私は、『耳を傾けること』がどのような感じがするのかを理解しています」
「私は、いつ耳を傾けるべきかをわかっています」
「私は、耳を傾ける方法をわかっています」

「私は、耳を傾けながら日々を過ごす方法をわかっています」
「私は、創造主の観点において、『耳を傾けること』とはどのようなものかをわかっています」
「私は、聞き上手でいることが可能であることをわかっています」
「私は、男性・女性・すべてなるものの創造主に耳を傾けてもらうことがどのような感じがするのかを理解しています」
「私は、男性・女性・すべてなるものの創造主に耳を傾けてもらう方法をわかっています」

愛

「私は、創造主による『愛』の定義を理解しています」
「私は、私の仲間である男性・女性を愛することがどのような感じがするのかを理解しています」
「私は、私の仲間である男性・女性を愛する方法をわかっています」
「私は、創造主の観点において、『愛』とはどのようなものかをわかっています」
「私は、仲間である男性・女性を愛することができるということをわかっています」
「私は、すべてなるものの創造主を通した母の愛の定義を理解しています」
「私は、母の愛をもつことがどのような感じがするのかを理解しています」
「私は、母の愛を受けながら日々を過ごす方法をわかっています」
「私は、創造主の観点において、母の愛とはどのようなものかをわかっています」
「私は、母の愛を受けることができるということをわかっています」
「私は、創造主による父の愛の定義を理解しています」

「私は、父の愛を受けながら日々を過ごす方法をわかっています」
「私は、創造主の観点において、父の愛とはどのようなものかをわかっています」
「私は、父の愛を受けることができるということをわかっています」

人々をあるがままに愛する

「私は、創造主による『人々をあるがままに愛する』の定義を理解しています」
「私は、『人々をあるがままに愛する』とはどのような感じがするのかを理解しています」
「私は、どのように『人々をあるがままに愛する』かを知っています」
「私は、愛とともに日々を過ごす方法を知っています」
「私は、創造主の観点において、愛とはどのようなものかをわかっています」
「私は、人々をあるがままに愛することができるということをわかっています」

忠実であること

「私は、創造主による『忠実であること』の定義を理解しています」
「私は、『忠実であること』がどのような感じがするのかを理解しています」
「私は、どのように忠実であるべきかをわかっています」
「私は、いつ忠実になるべきかをわかっています」
「私は、忠実さをもって、日々を過ごす方法をわかっています」
「私は、創造主の観点において、『忠実であること』とはどのようなものかをわかっています」

「私は、忠実であることが可能なことをわかっています」

神秘の力

「私は、創造主による『神秘の力』の定義を理解しています」
「私は、神秘の力を所有するとはどのような感じがするのかを理解しています」
「私は、どうすれば神秘の力を所有できるかをわかっています」
「私は、神秘の力を所有しながら日々を過ごす方法をわかっています」
「私は、創造主の観点において、『神秘の力』とはどのようなものかをわかっています」
「私は、神秘の力を経験することは可能だとわかっています」

奇　跡

「私は、創造主による『奇跡』の定義を理解しています」
「私は、『奇跡』がどのような感じがするのかを理解しています」
「私は、奇跡がいつ起こるべきかをわかっています」
「私は、奇跡を現実化して観届ける方法をわかっています」
「私は、奇跡に満ち溢れた日々を過ごす方法をわかっています」
「私は、創造主の観点において、『奇跡』とはどのようなものかをわかっています」
「私は、奇跡を観届けることができるということをわかっています」

お金

「私は、お金をもっているということがどのような感じがするのかを理解しています」
「私は、お金を手に入れる方法をわかっています」
「私は、お金を所有しながら、日々を過ごす方法をわかっています」
「私は、創造主の観点において、『お金』とはどのようなものかをわかっています」
「私は、お金をもつことができるということをわかっています」
「私は、『お金』というものはやり取りのひとつの形態であるということをわかっています」

意欲

「私は、創造主による『意欲』の定義を理解しています」
「私は、創造主による意欲を喚起されるのがどのような感じがするのかを理解しています」
「私は、どのようにして創造主により意欲を喚起されるのかをわかっています」
「私は、意欲に満ち溢れた日々を過ごす方法をわかっています」
「私は、創造主の観点において、『意欲』とはどのようなものかをわかっています」
「私は、創造主によって意欲を喚起されうるということをわかっています」

平和

「私は、創造主による『平和』の定義を理解しています」
「私は、『平和』であることがどのような感じがするのかを理解しています」

「私は、どのようにして平和であるべきかをわかっています」
「私は、平和に日々を過ごす方法をわかっています」
「私は、創造主の観点において、『平和』とはどのようなものかをわかっています」
「私は、平和であることが可能であることをわかっています」

根気強さ

「私は、創造主による『根気強さ、粘り強さ』の定義を理解しています」
「私は、根気強くすることがどのような感じがするのかを理解しています」
「私は、どのようにして根気強くするかをわかっています」
「私は、根気強くできることをわかっています」

楽しむ

「私は、創造主によるどのように『楽しむ』かの定義を理解しています」
「私は、『楽しむ』ということがどのような感じがするのかを理解しています」
「私は、楽しむべきときをわかっています」
「私は、楽しむ方法をわかっています」
「私は、楽しみながら、日々を過ごす方法をわかっています」
「私は、創造主の観点において、『楽しむ』とはどのようなものかをわかっています」
「私は、楽しむことができるということをわかっています」

誇り

「私は、創造主による『誇り』の定義を理解しています」
「私は、誇りをもつとはどのような感じがするのかを理解しています」
「私は、いつ誇りをもつべきかをわかっています」
「私は、誇りをもつ方法をわかっています」
「私は、誇りをもって日々を過ごす方法をわかっています」
「私は、創造主の観点において、『誇り』とはどのようなものかをわかっています」
「私は、誇りをもつことができるということをわかっています」
「私は、自分の仕事に誇りをもつとはどのような感じがするのかを理解しています」

リラックスすること

「私は、創造主による『リラックスすること』の定義を理解しています」
「私は、『リラックスすること』がどのような感じがするのかを理解しています」
「私は、いつリラックスするべきかをわかっています」
「私は、リラックスする方法をわかっています」
「私は、リラックスして日々を過ごす方法をわかっています」
「私は、創造主の観点において、『リラックスすること』とはどのようなものかをわかっています」
「私は、リラックスすることができるということをわかっています」

思考パターンを解決すること

「私は、自分自身の思考パターンを見つけて解決することがどのような感じがするのかを理解しています」
「私は、自分自身の思考パターンを見つけて解決する方法をわかっています」

尊重する

「私は、創造主による自分自身や他人を『尊重する』ことの定義を理解しています」
「私は、自分自身や他人を『尊重する』ことがどのような感じがするのかを理解しています」
「私は、自分自身や他人を尊重する方法をわかっています」
「私は、あらゆるものを尊重しながら日々を過ごす方法をわかっています」
「私は、創造主の観点において、『尊重する』こととはどのようなものかをわかっています」
「私は、尊重することができるということをわかっています」
「私は、自分の受講生から尊重されるとはどのような感じがするのかを理解しています」
「私は、自分の受講生から尊重される方法をわかっています」
「私は、自分の受講生から尊重されうるということをわかっています」

休　息

「私は、創造主による『休息』の定義を理解しています」
「私は、休息することがどのような感じがするのかを理解しています」

「私は、いつ休息すべきかをわかっています」
「私は、どのように休息すべきかをわかっています」
「私は、創造主の観点において、『休息』とはどのようなものかをわかっています」
「私は、休息することができるということをわかっています」

安全であること

「私は、創造主による『安全であること』の定義を理解しています」
「私は、『安全であること』がどのような感じがするのかを理解しています」
「私は、いつ自分が安全であるべきかをわかっています」
「私は、安全である方法をわかっています」
「私は、安全に日々を過ごす方法をわかっています」
「私は、創造主の観点において、『安全であること』とはどのようなものかをわかっています」
「私は、安全であることが可能なことをわかっています」

断ること（『いいえ』ということ）

「私は、『断ること』がどのような感じがするのかを理解しています」
「私は、いつ断るべきかをわかっています」
「私は、断る方法をわかっています」
「私は、断ることができるということをわかっています」

安　心

「私は、創造主による『安心』の定義を理解しています」
「私は、安心であることがどのような感じがするのかを理解しています」
「私は、安心な状態でいる方法をわかっています」
「私は、安心で日々を過ごす方法をわかっています」
「私は、創造主の観点において、『安心』とはどのようなものかをわかっています」
「私は、安心な状態でいられることをわかっています」

自分自身を明確に観ること

「私は、創造主による『自分自身を明確に観ること』の定義を理解しています」
「私は、創造主の観点において『自分自身を明確に観ること』とはどのようなものかをわかっています」

自分自身を受け入れること

「私は、創造主による『自分自身を受け入れること』の定義を理解しています」
「私は、『自分自身を受け入れること』がどのような感じがするのかを理解しています」
「私は、自分自身を受け入れる方法をわかっています」
「私は、自分自身を完全に受け入れて日々を過ごす方法をわかっています」
「私は、自分自身を受け入れることができるということをわかっています」

安らぎ

「私は、創造主による『安らぎ』の定義を理解しています」
「私は、安らぐことがどのような感じがするのかを理解しています」
「私は、安らぐ方法をわかっています」
「私は、安らぎの中で日々を過ごす方法をわかっています」
「私は、創造主の観点において、『安らぎ』とはどのようなものかをわかっています」
「私は、安らぐことができるということをわかっています」

息子と娘

「私は、創造主による『息子または娘』の定義を理解しています」
「私は、息子または娘であることがどのような感じがするのかを理解しています」
「私は、息子または娘として、日々を過ごす方法をわかっています」
「私は、創造主の観点において、『息子または娘』とはどのようなものかをわかっています」
「私は、息子または娘として存在するのは可能であることをわかっています」

話すこと

「私には、『話すこと』があります」
「私には、他の人に話す価値のあるものがあります」

「私は、自分が話すべきことが重要であることをわかっています」

自分の真実を話すこと

「私は、創造主による『自分の真実を話すこと』の定義を理解しています」
「私は、『自分の真実を話すこと』がどのような感じがするのかを理解しています」
「私は、いつ自分の真実を話すべきかをわかっています」
「私は、自分の真実を話す方法をわかっています」
「私は、自分の真実を話しながら、日々を過ごす方法をわかっています」
「私は、自分の真実を話すことができるということをわかっています」

静かでいること

「私は、創造主による『静かでいること』の定義を理解しています」
「私は、『静かでいること』がどのような感じがするのかを理解しています」
「私は、いつ静かでいるべきかをわかっています」
「私は、どのように静かでいるべきかをわかっています」
「私は、平穏静寂の中で日々を過ごす方法をわかっています」
「私は、静かでいることができるということをわかっています」

成　功

「私は、創造主による『成功』の定義を理解しています」
「私は、成功することがどのような感じがするのかを理解しています」
「私は、成功する方法をわかっています」
「私は、成功を遂げながら、日々を過ごす方法をわかっています」
「私は、創造主の観点において、『成功』とはどのようなものかをわかっています」
「私は、成功することができるということをわかっています」

気配りをすること

「私は、創造主による『気配りをすること』の定義を理解しています」
「私は、『気配りをすること』がどのような感じがするのかを理解しています」
「私は、気配りの方法をわかっています」
「私は、気配りをして日々を過ごす方法をわかっています」
「私は、創造主の観点において、『気配りをすること』とはどのようなものかをわかっています」
「私は、気配りをすることができるということをわかっています」

感謝の気持ち

「私は、創造主による『感謝の気持ち』の定義を理解しています」
「私は、感謝することがどのような感じがするのかを理解しています」
「私は、いつ感謝すべきかをわかっています」

「私は、感謝する方法をわかっています」
「私は、感謝をもって日々を過ごす方法をわかっています」
「私は、創造主の観点において、感謝するとはどのようなものかをわかっています」
「私は、感謝することができるということをわかっています」

シータヒーリングにおける働きかけ

「私は、自分自身にシータの働きかけをすることがどのような感じがするのかを理解しています」
「私は、いつシータの働きかけを自分自身にするべきかをわかっています」
「私は、自分自身にシータの働きかけをする方法をわかっています」
「私は、自分自身にシータの働きかけをするという能力をもって日々を過ごす方法をわかっています」
「私は、自分自身にシータの働きかけをすることができるということをわかっています」

穏やかでいること

「私は、創造主による『穏やかでいること』の定義を理解しています」
「私は、『穏やかでいること』がどのような感じがするのかを理解しています」
「私は、どのように穏やかとなるべきかをわかっています」
「私は、穏やかさの中で日々を過ごす方法をわかっています」
「私は、創造主の観点において、『穏やかでいること』とはどのようなものかをわかっています」
「私は、穏やかであることができるということをわかっています」

信頼

「私は、創造主による信頼されることの定義を理解しています」
「私は、信頼されることがどのような感じがするのかを理解しています」
「私は、どのように信頼されるようになるべきかをわかっています」
「私は、信頼されることが可能だということをわかっています」
「私は、創造主による自分自身を信頼できることの定義を理解しています」
「私は、百パーセント自分を信頼できることがどのような感じがするのかを理解しています」
「私は、百パーセント自分を信頼できるようになる方法をわかっています」
「私は、百パーセント自分を信頼できることをわかっています」
「私は、創造主による創造主を信頼することの定義を理解しています」
「私は、百パーセント創造主を信頼することがどのような感じがするのかをわかっています」
「私は、百パーセント創造主を信頼する方法をわかっています」
「私は、創造主を完全に信頼して日々を過ごす方法をわかっています」
「私は、百パーセント創造主を信頼することができるということをわかっています」

真実について

「私は、創造主による最高次元の真実の定義を理解しています」
「私は、最高次元の真実に従って日々を過ごす方法をわかっています」

「私は、創造主の観点において、最高次元の真実とはどのようなものかをわかっています」
「私は、最高次元の真実を知ることができるということをわかっています」
「私は、真実をわかっています」
「私は、真実を知る方法をわかっています」
「私は、真実の中で日々を過ごす方法をわかっています」
「私は、真実を知ることができるということをわかっています」
「私は、真実に耳を傾けるということがどのような感じがするのかを理解しています」
「私は、真実に耳を傾ける方法をわかっています」
「私は、真実に耳を傾けながら、日々を過ごす方法をわかっています」
「私は、真実に耳を傾けることができるということをわかっています」
「私は、真実というものがどのような感触がするのかを理解しています」
「私は、真実の手触りを感じることができるということをわかっています」
「私は、真実を嗅ぎ取ることがどのような感じがするのかを理解しています」
「私は、真実がどのような匂いをしているのかをわかっています」
「私は、真実の匂いを嗅ぎ取る方法をわかっています」
「私は、真実の匂いを嗅ぎ取ることができることをわかっています」

ユニークなこと（個性のあること）

「私は、創造主による『ユニークなこと』の定義を理解しています」

「私は、『ユニークなこと』がどのような感じがするのかを理解しています」
「私は、ユニークである方法をわかっています」
「私は、ユニークなことができるということをわかっています」

英知

「私は、創造主による『英知』の定義を理解しています」
「私は、英知をもつということがどのような感じがするのかを理解しています」
「私は、英知をいつもつべきかをわかっています」
「私は、英知をもつ方法をわかっています」
「私は、英知をもって日々を過ごす方法をわかっています」
「私は、創造主の観点において、『英知』をわかっています」
「私は、英知をもつことができるということをわかっています」

さらなる感覚・感情と思考パターン！

日々の生活で感覚・感情への働きかけを使用し、私たちがもっていない可能性のある知識や感覚・感情を進化させることができます。次の文型を用いて、自分自身または他の人々に浸透させる必要がある可能性のある感覚・感情を招き入れてください。

「私は、…なく日々を過ごすことがどのような感じがするのかをわかっています」

「私は、…なく日々を過ごすということがどのような感じがするのか、またそうする方法をわかっています」
「私は、…への恐れなく日々を過ごすということがどのような感じがするのか、またそうする方法をわかっています」
「私は、…をもつことなく日々を過ごすということがどのような感じがするのか、またそうする方法をわかっています」

こうした感覚・感情を自分自身に浸透させて、あるいは他の人がそれらを受け入れるよう手助けをしてあげてください。

…なく生きる方法

「私は、疑うことなく毎日の生活を送るということがどのような感じがするのか、またそうする方法をわかっています」
「私は、怒ることなく日々を過ごすということがどのような感じがするのか、またそうする方法をわかっています」
「私は、恐れることなく日々を過ごすということがどのような感じがするのか、またそうする方法をわかっています」
「私は、痛みなく日々を過ごすということがどのような感じがするのか、またそうする方法をわかっています」
「私は、病に罹ることなく日々を過ごすということがどのような感じがするのか、またそうする方法をわかっています」
「私は、憤慨することなく日々を過ごすということがどのような感じがするのか、またそうする方法をわかっています」
「私は、悪意をもつことなく日々を過ごすということがどのような感じがするのか、またそうする方法をわかっています」

「私は、後悔することなく日々を過ごすということがどのような感じがするのか、またそうする方法をわかっています」

「私は、戦いを引き起こすことなく日々を過ごすということがどのような感じがするのか、またそうする方法をわかっています」

「私は、落ち込むことなく日々を過ごすということがどのような感じがするのか、またそうする方法をわかっています」

「私は、暗闇や悲運に遭うことなく日々を過ごすということがどのような感じがするのか、またそうする方法をわかっています」

「私は、失望することなく日々を過ごすということがどのような感じがするのか、またそうする方法をわかっています」

「私は、落胆することなく日々を過ごすということがどのような感じがするのか、またそうする方法をわかっています」

「私は、ドラマ（重大事件）を経験することなく日々を過ごすということがどのような感じがするのか、またそうする方法をわかっています」

「私は、混沌の中にいることなく日々を過ごすということがどのような感じがするのか、またそうする方法をわかっています」

「私は、感傷的になることなく日々を過ごすということがどのような感じがするのか、またそうする方法をわかっています」

「私は、哀れになることなく日々を過ごすということがどのような感じがするのか、またそうする方法をわかっています」

「私は、興奮しやすくなることなく日々を過ごすということがどのような感じがするのか、またそうする方法をわかっています」

「私は、罵倒されることなく日々を過ごすということがどのような感じがするのか、またそうする方法をわかっています」

「私は、使われることなく日々を過ごすということがどのような感じがするのか、またそうする方法をわかっています」

「私は、欠乏感なく日々を過ごすということがどのような感じがするのか、またそうする方法をわかっています」

「私は、妬むことなく日々を過ごすということがどのような感じがするのか、またそうする方法をわかっています」

「私は、嫉妬することなく日々を過ごすということがどのような感じがするのか、またそうする方法をわかっています」

「私は、他を望むことなく日々を過ごすということがどのような感じがするのか、またそうする方法をわかっています」

「私は、イライラすることなく日々を過ごすということがどのような感じがするのか、またそうする方法をわかっています」

「私は、惨めになることなく日々を過ごすということがどのような感じがするのか、またそうする方法をわかっています」

「私は、心配することなく日々を過ごすということがどのような感じがするのか、またそうする方法をわかっています」

「私は、絶望することなく日々を過ごすということがどのような感じがするのか、またそうする方法をわかっています」
「私は、自分の力を疑うことなく日々を過ごすということがどのような感じがするのか、またそうする方法をわかっています」
「私は、真実を知るということを恐れることなく日々を過ごすということがどのような感じがするのか、またそうする方法をわかっています」
「私は、憤慨することなく日々を過ごすということがどのような感じがするのか、またそうする方法をわかっています」
「私は、否定することなく日々を過ごすということがどのような感じがするのか、またそうする方法をわかっています」
「私は、刺激されることなく日々を過ごすということがどのような感じがするのか、またそうする方法をわかっています」
「私は、恥じることなく日々を過ごすということがどのような感じがするのか、またそうする方法をわかっています」
「私は、混乱することなく日々を過ごすということがどのような感じがするのか、またそうする方法をわかっています」
「私は、ストレスを受けることなく日々を過ごすということがどのような感じがするのか、またそうする方法をわかっています」
「私は、不安になることなく日々を過ごすということがどのような感じがするのか、またそうする方法をわかっています」

「私は、脅かされることなく日々を過ごすということがどのような感じがするのか、またそうする方法をわかっています」
「私は、他の人を脅かすことなく日々を過ごすということがどのような感じがするのか、またそうする方法をわかっています」
「私は、他の人が私を傷つけることなく日々を過ごすということがどのような感じがするのか、またそうする方法をわかっています」
「私は、他の人が私を傷つけるのを許すことなく日々を過ごすということがどのような感じがするのか、またそうする方法をわかっています」
「私は、他の人の犠牲になることなく日々を過ごすということがどのような感じがするのか、またそうする方法をわかっています」
「私は、他の人にたいして腹を立てることなく日々を過ごすということがどのような感じがするのか、またそうする方法をわかっています」
「私は、他の人にたいしてイライラすることなく日々を過ごすということがどのような感じがするのか、またそうする方法をわかっています」
「私は、交通渋滞でイライラすることなく日々を過ごすということがどのような感じがするのか、またそうする方法をわかっています」
「私は、不安定になることなく日々を過ごすということがどのような感じがするのか、またそうする方法をわかっています」
「私は、罰せられることなく日々を過ごすということがどのような感じがするのか、またそうする方法をわかっています」

「私は、圧倒されることなく日々を過ごすということがどのような感じがするのか、またそうする方法をわかっています」

「私は、次の段階へ進むことについて心配することなく日々を過ごすということがどのような感じがするのか、またそうする方法をわかっています」

「私は、将来について心配することなく日々を過ごすということがどのような感じがするのか、またそうする方法をわかっています」

「私は、家族への怒りをもつことなく日々を過ごすということがどのような感じがするのか、またそうする方法をわかっています」

「私は、自分自身に怒ることなく日々を過ごすということがどのような感じがするのか、またそうする方法をわかっています」

「私は、創造主に怒ることなく日々を過ごすということがどのような感じがするのか、またそうする方法をわかっています」

「私は、自分の世界をばらばらにすることなく日々を過ごすということがどのような感じがするのか、またそうする方法をわかっています」

「私は、十分な時間をもつことについて心配することなく日々を過ごすということがどのような感じがするのか、またそうする方法をわかっています」

「私は、他の人のものを引き受けることなく日々を過ごすということがどのような感じがするのか、またそうする方法をわかっています」

「私は、自分自身または他の人を批判することなく日々を過ごすということがどのような感じがするのか、またそうする方法をわかっています」
「私は、自分が誰であるかという言い訳をすることなく日々を過ごすということがどのような感じがするのか、またそうする方法をわかっています」
「私は、体で明らかに知るという自分の能力を疑うことなく日々を過ごすということがどのような感じがするのか、またそうする方法をわかっています」
「私は、グループ意識に取り込まれる恐れなく日々を過ごすということがどのような感じがするのか、またそうする方法をわかっています」
「私は、自分自身を食物、タバコ、薬やアルコールで痛めることなく日々を過ごすということがどのような感じがするのか、またそうする方法をわかっています」
「私は、感情を傷つけるような考えをもつことなく日々を過ごすということがどのような感じがするのか、またそうする方法をわかっています」
「私は、裏切られることなく日々を過ごすということがどのような感じがするのか、またそうする方法をわかっています」
「私は、無視されることなく毎日を過ごすということがどのような感じがするのか、またそうする方法をわかっています」
「私は、惨めにならなければならないということなく日々を過ごすということがどのような感じがするのか、またそうする方法をわかっています」
「私は、忘れなければならないということなく日々を過ごすということがどのような感じがするのか、またそうする方法をわかっています」
「私は、沈黙しなければならないということなく日々を過ごすということがどのような感じがするのか、またそうする方法をわかっています」
「私は、閉じなければならないということなく日々を過ごすということがどのような感じがするのか、またそうする方法をわかっています」
「私は、悪者にならなければならないということなく日々を過ごすということがどのような感じがするのか、またそうする方法をわかっています」
「私は、敗者が私を利用するのを許すことなく日々を過ごすということがどのような感じがするのか、またそうする方法をわかっています」
「私は、他の人の過ちによって非難されることなく日々を過ごすということがどのような感じがするのか、またそうする方法をわかっています」
「私は、すべてなるものから孤立しなければならないことなく日々を過ごすということがどのような感じがするのか、またそうする方法をわかっています」
「私は、他の人を引き受けなければならないことなく日々を過ごすということがどのような感じがするのか、またそうする方法をわかっています、しかし、私がそうするならば、それは光と愛に瞬時に変わります」

…を感じることなく生きる方法とは

「私は、劣っていると感じることなく日々を過ごすということがどのような感じがするのか、またそうする方法をわかっています」

「私は、孤独であると感じることなく日々を過ごすということがどのような感じがするのか、またそうする方法をわかっています」

「私は、捨てられたと感じることなく日々を過ごすということがどのような感じがするのか、またそうする方法をわかっています」

「悲観的になることなく日々を過ごすということがどのような感じがするのか、またそうする方法をわかっています」

「私は、顧みられないと感じることなく日々を過ごすということがどのような感じがするのか、またそうする方法をわかっています」

「私は、除外されたと感じることなく日々を過ごすということがどのような感じがするのか、またそうする方法をわかっています」

「私は、取り残されたと感じることなく日々を過ごすということがどのような感じがするのか、またそうする方法をわかっています」

「私は、暴行されたと感じることなく日々を過ごすということがどのような感じがするのか、またそうする方法をわかっています」

「私は、感情を壊すことなく日々を過ごすということがどのような感じがするのか、またそうする方法をわかっています」

「私は、重要ではないと感じることなく日々を過ごすということがどのような感じがするのか、またそうする方法をわかっています」

「私は、狂気を感じることなく日々を過ごすということがどのような感じがするのか、またそうする方法をわかっています」

「私は、愚かであると感じることなく日々を過ごすということがどのような感じがするのか、またそうする方法をわかっています」
「私は、劣っていると感じることなく日々を過ごすということがどのような感じがするのか、またそうする方法をわかっています」
「私は、過小評価することなく日々を過ごすということがどのような感じがするのか、またそうする方法をわかっています」
「私は、無視されたと感じることなく日々を過ごすということがどのような感じがするのか、またそうする方法をわかっています」
「私は、卑小になっていると感じることなく日々を過ごすということがどのような感じがするのか、またそうする方法をわかっています」
「私は、重荷を感じることなく日々を過ごすということがどのような感じがするのか、またそうする方法をわかっています」
「私は、負担を感じることなく日々を過ごすということがどのような感じがするのか、またそうする方法をわかっています」
「私は、面倒をかけていると感じることなく日々を過ごすということがどのような感じがするのか、またそうする方法をわかっています」
「私は、避けていると感じることなく日々を過ごすということがどのような感じがするのか、またそうする方法をわかっています」
「私は、自分が間違った家族の中にいると感じることなく日々を過ごすということがどのような感じがするのか、またそうする方法をわかっています」
「私は、自分が間違った惑星にいると感じることなく日々を過ごすということがどのような感じがするのか、またそうする方法をわかっています」
「私は、自分が間違った体にいると感じることなく日々を過ごすということがどのような感じがするのか、またそうする方法をわかっています」
「私は、自分のパートナーにたいする義務を感じることなく日々を過ごすということがどのような感じがするのか、またそうする方法をわかっています」
「私は、制御できないと感じることなく日々を過ごすということがどのような感じがするのか、またそうする方法をわかっています」
「私は、自分が自分の親のように感じることなく日々を過ごすということがどのような感じがするのか、またそうする方法をわかっています」
「私は、脅されていると感じることなく日々を過ごすということがどのような感じがするのか、またそうする方法をわかっています」

…を恐れることなく生きる方法とは

「私は、創造主とのつながりが切れるという心配をすることなく日々を過ごすということがどのような感じがするのか、またそうする方法をわかっています」
「私は、眠り込んで、真実を忘れてしまうことを恐れることなく日々を過ごすということがどのような感じがするのか、またそうする方法をわかっています」

「私は、この人生での自分の使命を果たすことに失敗するという恐れを感じることなく日々を過ごすということがどのような感じがするのか、またそうする方法をわかっています」

「私は、親交を恐れることなく日々を過ごすということがどのような感じがするのか、またそうする方法をわかっています」

「私は、他の人の影響を受けることを恐れることなく日々を過ごすということがどのような感じがするのか、またそうする方法をわかっています」

「私は、ひどいことになるという恐れをもつことなく日々を過ごすということがどのような感じがするのか、またそうする方法をわかっています」

「私は、創造主を恐れることなく日々を過ごすということがどのような感じがするのか、またそうする方法をわかっています」

第6章　応用　思い込みへの働きかけ、感情への働きかけ、掘り下げ

脳の機能は、生物学的スーパー・コンピュータのようなものです。情報を評価分析し、それにたいして応答をします。どのように応答するかは、受け取る情報や、どのようにそれを解釈するかによって異なります、つまり信念体系《ビリーフ・システム》となってしまうかどうかです。ある思い込みが、身体、こころあるいは魂によって真実として受け入れられると、それが思考パターンとなるのです。

思考パターンは、それが何なのか、また、それらにたいしてどのように反応するかによって、役立つものになったり、不利益になったりします。マイナスのかたちをとると、こころ、身体、および魂への逆効果となる可能性があります。

思い込み《ビリーフ》への働きかけ《ワーク》

思い込みへの働きかけをすることで、マイナスの思考パターンや信念体系《ビリーフ・システム》を取り除いて、それらを「すべてなるものの創造主」からのプラスのものと置き換えることができます。それは、行動を変える手段なのです。この行動というのは、身体的行動だけでなく、意識上または精神的なものの場合もあります。

これはヒーリングが起こるのを可能にもします。ヒーリングを実践するために、それを受ける側の人は、健康を取り戻したいと望まなくてはなりません、またヒーリングを実践する側の人は、それが可能であると信じなくてはなりません、そうでなければ、それを観届けることができないのです。双方の場合において、思い込みへの働きかけが有

効です。

思い込みを変える最善の方法のひとつは、子供の純真さへと戻ることです。子供の頃、私たちの脳波のパターンは、新しい情報を受け取り、受け入れることに抵抗がありません。そこで、潜在意識を成長と変化の周波数へと巻き戻し、こころを前向きな変化へと開くことができるシータ波の状態はとても重要であるということなのです。

子供の頃であれば、信念体系《ビリーフ・システム》を変えることを受け入れやすいのですが、大人になると、潜在意識にアクセスするには、何時間ものセラピーや催眠を必要とします。思い込みへの働きかけとは、まさに「潜在意識へのアクセス」をおこなう手段なのです。けれども、アクセスするだけでなく、さらに一歩前進させもします。代替医療では、潜在意識からさらに向こうの精神世界、または遺伝子的領域へと広がっている思い込みは無視されがちですが、そういった思い込みを変えることもできるのです。

思い込みの四つのレベル

シータヒーリングでは、人生の冒険を創造しているのは自分自身であり、自分の思い込みを変えることはできるのだと学びます。私たち全員がしなくてはならないことは、変えるべきところにたどり着き、それを変えることなのです。「思い込みの四つのレベル」については、前著『シータヒーリング』で詳しく説明しました。本書でも簡単に説明をいたしましょう。

ある一人の「すべてなる存在」には、四つのレベルにおいて思い込みが存在しています。それらは、身体、感情、こころだけでなく、魂のエネルギーの広がりからも構成されるものです。これらの信念体系《ビリーフ・システム》は、過去、現在そして未来へと広がり、ＤＮＡに何をすべきか告げる電磁的なエネルギーへも広がっているのです。これら四つは、思い込みへの働きかけの基本となるものです。

◆思考の核レベル

思考の核となる思い込みというのは、人生において子供の頃から刷り込まれたり、教えられたり、受け入れたりした思い込みです。それらは、その人の一部として一体化していきます。また、脳の前頭葉のエネルギーとして保持されます。

◆遺伝的レベル

遺伝的レベルの思い込みというのは、思考パターンが先祖から受けつがれたり、あるいは今の人生で私たちの遺伝子に書き加えられたりしたものです。これらのエネルギーは、身体のＤＮＡの周囲にある形態形成場に保管されます。この知識の「領域」が、ＤＮＡに何をすべきかを指示するのです。このレベルの思い込みへは、脳の松果体にあるマスターセルを通してアクセスすることができます。

◆歴史的レベル

このレベルは、今生まで持ち越してきた、過去生、深い細胞の記憶、あるいは集合意識の経験に関与します。これらの記憶は、私たちのオーラ領域に保存されます。

◆魂のレベル

このレベルは、自己のすべて、すべての自分自身です。ここにまで至ると、思考パターンは、ハート・チャクラから外側に向かって、その人の全存在から引き抜かれます。

＊　＊　＊

思考パターンは、いくつかのレベルに複数にわたって存在することもあります。四つのレベルに同時に存在している場合もあるでしょう。あるレベルから引き抜かれて、他のレベルはそのままにしておくと、またそのレベルの思い込みで戻ってくることになります。ですから、引き抜くべき思い込みはすべてのレベルから引き抜くことが必要です。これは、存在の全ての層での変化をつくり出していきます。

思考パターンを取り除きたい場合、私は、自分の身体空間から上昇し、四つのレベルすべてからその思い込みを引き抜くようお願いします。そして、それが引き抜かれ、純粋な神聖なる存在から新しい思考パターンが降りてくるのを観届けます。そして歴史的レベルでのみ「解決すること」を観届けます。

シータヒーリングでは、思考パターンがそれぞれのレベルから引き抜かれる方法を学んだあとに、すべてのレベルから同時に引き抜かれる方法を学びます。経験を積んだプラクティショナーが、思い込みの思考パターンが何で、またいくつのレベルにそれがあるのか、について理解することに慣れてくると、プロセスはもっと早くなります。人間の脳は、私たちが理解するよりももっと早く機能します。思い込みへの働きかけに慣れてくると、思考パターンは創造主に送られて、思考と同じくらいの速さで置き換わります。

思い込みへの働きかけの原理原則

思い込みへの働きかけの原理原則について復習してみましょう。思い出していただきたい項目をリストアップしてみました。

◎言葉による許可

思考パターンを引き抜いて置き換える側のプラクティショナーは、思い込みへの働きかけを受ける側の人から、思考パターン一つ一つにたいして、言葉によって許可をいただく必要があることを覚えておきましょう。私たちには自由選択権があります。それによって保持する思い込みを、自身で選択するのです。言葉による許可なくして、勝手に思考パターンを変更することはできません。それは結局うまくいかないのです。

◎留めておく思考パターンや思い込み

どの思考パターンを解放するかについては慎重になってください。思考パターンには有益なものもあります。たとえば、私が小さい頃のことですが、「この人たちは、私を好きになることができないのだわ。私はそういう人たちを好きにならなくちゃいけないことになるのね。どうやったら私を好きになることができるのかを教えることになるのだわ」と思い至ったことがありました。

この思考パターンを理解すると、なぜ今この私という人間なのかという理由と、今生で私が成し遂げてきたことへの理由がわかりました。思い起こしてみると、それがそんなに悪い思考パターンではなかったと理解しました。この思考パターンの一部である「私は、他の人を愛する方法をわかっています」という思い込みはこころにとどめておこうと思いました。

思い込みによっては、そのおかげで今に至ることができたというものもあります。自分自身にたいして優しくすることも覚えていてください。

◎留まらなかった思考パターン

思考パターンを何度も何度も変えなくてはならず、置き換えた新しい思考パターンが留まらない、つまり、それが保持されない、ということをプラクティショナーから聞くことがあります。これは、その人（働きかけを受ける側の人）が、「それがどのような感じがするか」について知らないというのが原因です。

たとえば、私がある人の身体空間に入り、創造主がその人に「私は、愛されていることをわかっています」という思考パターンを与えたとします。しかし、もしかれらが愛されるという感じがどういうものかわかっていなければ、その与えられた思考パターンは次の日まで留まっていられません。ここで感覚・感情への働きかけの出番となります。上昇して「すべてなるものの創造主よ、この人に愛とはどのような感じがするのか見せてください」と言うことで、その人に与えたすべての思考パターンが留まるようになるのです。これを実践するときには、その感覚・感情が、すべてのレベルで滝のように流れ出てその人の身体の一つ一つの細胞まで満たす感じをイメージし、視覚化します。すると身体は、愛されることがどのような感じがするかについてわかるのです。

思考パターンは、この方法で、確実に変えることができます。しかし、私たちの言動（またはそうしないことを選ぶ）ことによって再創造されることもあります。人生を変えていくには、前向きな行動が必要なのです。

◎自分のこころを明晰にする

まず、自分のこころを明晰にするように思い込みへの働きかけをしましょう。この方法で、あなたは、土台となる思い込み、すなわちあなたが変える必要のあるものを見つけることができます。

あなたが病気なら、創造主にこのように尋ねてください。

「この病を癒すためには、どの思い込みへの働きかけをする必要がありますか?」

特定の信念体系《ビリーフ・システム》を取り除く必要があると告げられるかもしれませんが、自分のこころを明晰に保っておく必要もあります。

◎潜在意識と対話をする

潜在意識は、「〜ない」「〜できない」などの否定形を理解しないことを覚えておいてください。思い込みへの働きかけのプロセスではこのような言葉を使わずに発言するようにクライアントに言ってください。たとえば、「私は、自分自身を愛していません」とか、「私は、自分自身を愛することができません」のように述べることはしてはなりません。

思考パターンにたいしては、「私は、自分を愛しています」という言い方で筋肉反射テストをして、クライアントの反応を確認しましょう。

◎二重の思い込み

二重の信念体系《ビリーフ・システム》をもつ場合があります。たとえば、金持ちであると思い込んでいるが、同時に貧乏だと思い込んでいる場合です。そういったときには、プラスの思考パターンはそのまま残して、マイナスの思考パターンを、創造主からの適切なプラス思考パターンと置き換えます。

◎マイナスの思考パターンを引き抜く

「すべての」マイナスの思考パターンが引き抜かれるように、などという言い方を使ってはいけません。潜在意識は、どの思考パターンがマイナスかプラスかをわかっていないからです。

◎死の願望

思い込みへの働きかけのセッションで、プラクティショナーが気をつけるべきいくつかのことは、死への願望です。創造主は私にこう告げました。「多くの人々が死への願望をもっていますが、死への願望をやたらに引き抜いて、置き換えるなどということはしてはいけませんよ。たとえば、昔のバイキングは『よい死に方をすべき』という信条をもっていました。この種の遺伝的思考パターンが引き抜かれてしまうと、その人は、もう生きていたくはないと感じ始めます。というのは、かれらにとって、死は生の一部だからです」

遺伝的レベルにおいて、日本人やアメリカ先住民たちの種族には、「名誉の死」を尊ぶ思い込みがある場合があります。これは、有益なマイナスの信念体系《ビリーフ・システム》をよく示しています。

◎言葉のもつ力

自分の言う言葉に耳を傾けて聴いてください！　発せられた言葉は、思い込みへの働きかけのセッションで信じられないほどの力を発揮します。

ある女性が男性嫌いだとわかったときに、「私は、すべての男性を解放します」という思考パターンを呼び覚ましてはなりません。さもなければ、彼女は配偶者のもとを去るかもしれず、またその後も、他の男性とともにいることがなくなるかもしれません。あなたが何を示唆しているのか十分に注意を払ってください。

◎一人で、あるいはプラクティショナーと働きかけをする

ある思考パターンに感情的な執着をもっている場合があります。自分の思考パターンを取り除くときには、自分自身ではなく誰かに助けを求めることも価値のあることでしょう。

経験豊かなプラクティショナーとおこなうことが役に立つ場合もあります。というのは、プラクティショナーが、あなたの感情にふりまわされずに思考パターンを適切に置き換えられるよう導くことができるからです。とはいえ、人によっては自分で自分に働きかけるほうが快適だということもあります。それぞれにあった方法を選べばよいのです。

◎創造主に尋ねる

思い込みへの働きかけを教えているとき、わたしはしばしば、「このマイナスの思考パターンは、何で置き換えればよいのでしょうか？」と尋ねられます。私の答えは、いつも同じで、「創造主に尋ねてください」です。思い込みを置き換えるときはいつも、神聖なる存在による神聖な示唆を求めましょう。

創造主は、あなたが自分のエゴをプロセスに入れ込んでいない限り、何でも手伝ってくださることを覚えていてください。

◎筋肉反射テスト

シータヒーリングの初心者にとって、筋肉反射テスト（特定の思考パターンが人の潜在意識にないかどうか見つけるためにテストをすること）は、必要不可欠なツールです。

筋肉反射テストは、プラクティショナーとクライアントの両方が、刺激への反応を通して、思考パターンがあるかどうか、また、いったん、思い込みへの働きかけが完了して変化して、新しいものに置き換えらたかどうかを確認するために使います（筋肉反射テストの詳しい手順については、前著『シータヒーリング』あるいは、応用キネシオロジー関連書籍を参照してください）。

一対一での思い込みへの働きかけのセッションでの経験を積んだら、思い込みが浄化されていることを確かめるための筋肉反射テストをする必要はなくなります。しかし、クライアントが自分の思い込みが何で、またかれらが変えたものが何かを知ることができるように、筋肉反射テストをするのもよいでしょう。筋肉反射テストは、またエゴイスティックにならないように、答えを探し求めることを忘れないように、思い出させてくれるツールでもあります。

感情につながる信念体系《ビリーフ・システム》

人間の自然感情の条件は、思考パターンとは異なります。感情は自然なものであることを思い出してください。ほとんどの場合、それらは、私たちにとって有益です。私たちの真の感情は、怒り、愛、悲しみ、幸せ、そして恐れです。これらは実際、私たちの命を救うためにあるともいえます。どの感情も、健康でいるために必要な時があるのです。「すべてなる感情」を人から引き抜くということはしません。

しかし、怒りや悲しみのような感情が、こらえきれず、制御不能になっている場合は、体に否定的な影響を及ぼします。自由になろうともがきながら、こころの内外を果てしなく堂々巡りしてしまうこともありえます。このように信念体系化《ビリーフ・システム》してしまうと、その感情を引き抜いて、置き換えすることが許されるようになります。

感情は、体の毒素や化学反応で変化・修正することもできます。身体のDNAを変えることで、体内の化学反応を変えることもできます。

◎拒否・憤り・後悔

感情と思考形態は、身体の中の実体的な本質である「感情分子」をつくり出すものだと思います。そういった分子には、直観的能力を阻害するなどのダメージとなるものもあります。

私たちは、本来なら使えるはずのサイキック能力をすべて使えるわけではありませんが、その理由は、私たちがつくり出した、あるいは私たちに手渡されてきた、憤りや恨みをあまりにもこころに抱いているからです。憤りを保持するためには時間、空間、エネルギーが必要です。脳内の一部の領域は、このエネルギーで占領されているのです。憤り、後悔、拒否は、私たちにかなりの影響を及ぼし、ヒーリングから体をブロックする思い込みにつながっているものだと私は思います。憤り、後悔および拒否に関連する思い込みをもつ人についてはしっかりと分析してください。セッションの結果を変えることができます。また、しっかりとセッションすることが重要です。

人間のこころの力を決して過小評価しないでください。何かより悪いことが起こることを阻止するために「憤り」が利用されるのを、無意識ではわかっているものなのです。たとえば、人が自分の父親にたいして憤ることで、捨てられたり、虐待されたりすることから、自身を救っているかもしれません。こころは、二つの悪のうち、ましなほうの選択をしているのです。

問題は、こころがその思考パターンを再現することで、憤り自体を守ろうと努力しつづけてさらなる憤りを生むということにあります。「私は、父に憤ります」という思考パターンを引き抜いて、置き換えすることは、憤りをなんとか鎮めるでしょう。けれども、脳の受容体《レセプター》が、継続的な憤りがあるように学習してしまっているなら、人はそれをぶつける誰かを見つけて、その思い込みは傷つくことなくそのまま保持されます。

もうひとつの例をお話ししましょう。過去に私は、君にはできないよと誰かに言ってもらう必要がありました。私は、どんなときでも「もちろん私はできるわ！　ほら！」と言うのが常でした。それは、私だったらできたのにという証明ができるように、それは不可能なことだと代わりに言い訳する誰かを必要としているようなものでした。つまり、君にはできないよと私に言ってもらうために、自分の人生に誰かを引き込むようなものでした。

しかし、これらの人々の存在には意味がありました。私は、成し遂げる動機を与えてもらうためにかれらの反応を利用していたのでした。私が何かできなかったということを告げてもらう必要があったのです。その思い込みに関する思考パターンが引き抜かれるとすぐに、私は、自分の人生でのこれらの人々の必要性が変化したことに気が付きました。自分の思い込みを変えるに従い、周囲の人たちとの関係も変わりました。

取り除かれる、また浸透される必要のある思い込みや思考パターン、感覚・感情を見せるために、人生には、いろいろな人々の介入があります。ですから、もしも誰か人を傷つけるような人が自分の人生に介入してくるのであれば、なぜなのかその理由を探してください。

そういった虐待的な状況を前に進まない言い訳として利用しているのかもしれません。夫や妻のせいで前に進めないのだと訴えてくる人たちは後を絶ちません。これは、まさに、言い訳として他の人を利用しているということです。「私は、私に挑戦する（異議を唱える）誰かを必要としています」という思考パターンを取り除くことで、人間関係が変わります。そうすれば、もはや、自分の思考パターンを配偶者に投影することはないでしょう。そういった特性が配偶者の中に持ち込まれることはなくなるでしょう。

人間関係は、他の人に投影される感覚・感情と思考パターンに基づいています。ある関係では、よい感情をもたらし、またある関係は、辛辣で残酷な感情をもたらします。しかし、何らかの理由でその人に役に立っているものなのです。

一部の人々は、「私が愛する人たちは皆、私を傷つけます」という思考パターンをもって人生を送ります。もし、この思考パターンをもっているなら、あなたは、人々を追いやるようになるかもしれませんし、相手はあなたが一番望まない方法で応じてくるようになるでしょう。

自分がもっていると気づいたある思考パターンがあります、それは「私は、男性に愛される方法を知らない」というものでした。いったん、この思考パターンをもっていないことに気が付くと、私は、これまでのすべての関係において、愛されてはいたけれども、それを受け取る方法をわかっているわけではなかったことを理解しました。どれほどたくさんの人々が愛そうとしても、どうやって愛を受け取るのかを知らなければ、その愛を受け入れることができないということに気が付いたのです。

◎恨　み

以前はよく「やる気がないからできないんだよ」などと言われることもありましたが、人によっては「恨み」をその「やる気」を起こすのに利用している場合もあります。祖先からそういった「恨み」を受け継いでいてもっていることすら知らないでいる人もいますが、場所、政府、パートナー、自分自身および成就できていない事柄にたいして意識的に恨みをもっている人々もいます。

パートナーにたいする恨みがあるなら、それがどのようにあなたに役立っているかについて、自分自身に尋ねなければなりません。

悪意が取り除かれると、そのスペースは、創造主の光で満たされます、そして身体能力は強化されます。必要であれば、次の思い込みをテストして、次の感覚・感情を呼び覚ましましょう。

恨みに関する思い込み

　私は、自分の恨みが好きです。

　私の恨みは、私を守ってくれています。

　恨みがなければ、人々は私を利用します。

恨みに関する感覚・感情の呼び覚まし

　私は、恨みなしで生きることがどのような感じがするのかをわかっています。

私は、恨みなく生きる方法をわかっています。
私は、恨むことなく生きて生活し、そして安全でいられる方法をわかっています。

◎心　配

心配は、あなたの心身の組織にとって、非常に過酷なものです。心配はセロトニン・レベルのバランスを崩し、胃炎をおこす原因になることがあります。心配ばかりしていると、過敏性大腸炎を患うことがあります。

大部分の人々は、心配することなく生きる方法を知りません。実際、何かについて心配していないと、生きていると感じられないと思い始める人がいるぐらいです！　しかし、心配することにどのくらいの時間を費やしているかわかったら、エネルギーをどれだけ浪費していることか気がつくでしょう。心配することなく生きる方法がわかるよう、自分自身を導きましょう。こういったエネルギーは、もっと建設的な努力に費やすべきものです。

心配することなく生きるように言われるとイライラしたり、不安になったりするでしょうか。もしそうなら、その理由は、たとえば支払いのようなことについて「心配」しなくなってしまうのではと思ってしまうからでしょう。けれども、請求書の支払いとは、「責任」においてするもので、「心配」においてすべきことではないのです。わたしは、無責任になれと言っているわけではありません。あなたはきちんと責任を負うことができるのですから、過剰な心配ばかりをすることはありません。

人生をより刺激的なものにするために、ストレスやドラマ（劇的な事件）を必要とする人たちもいます。ストレスやドラマをつくり出すことは病みつきになってしまいがちです。「私は、ストレスやドラマのない日々を過ごし、人生を送る方法をわかっています」という感覚・感情を呼び覚まし浸透させることで、こういったエネルギーへの中毒状態から解放されることができます。

掘り下げ《ディギング・ワーク》

一対一のセッションをより効果的なものにする方法のひとつとして、掘り下げのテクニックを使用することがあげられるでしょう。ごぞんじの通り、これは、他のたくさんの思い込みを留めている「土台となる思い込み《ボトム・ビリーフ》」を探し出します。

私のセミナーで、いたるところでよく聞かれる質問のひとつは、「どのようにして、いつ掘り下げを使用すべきかわかるのでしょうか?」です。答えは、皆さんが予想されるよりもっと単純です。実際上、いつ、どのようにして、掘り下げをおこなうのかについてわかっている必要はありません。クライアントの潜在意識がすべきことをあなたのためにしてくれます。「誰が?」「何を?」「いつ?」「どこで?」「なぜ?」、そして「どのようにして?」と尋ねることを覚えていればよいのです。

クライアントのこころは、コンピュータが情報にアクセスをしているように、あなたの代わりに掘り下げを実行し、質問にたいする答えはすべて導き出されるのです。クライアントが行き詰まったように見えても、それは一時的なだけです。質問を変えてみましょう。それでも応答がないならば、クライアントに「自分がすでに答えをわかっていたとしたら、それは何でしょう?」と尋ねてください。少し練習すれば直観を使って答えを見つける方法がすぐに見つかることでしょう。

秘訣は、その人が言っていることに耳を傾けることです。同じ問題が何度も繰り返されたり激しい感情が引き起こされたりするなら、通常、土台となる思い込みに関連しています。クライアントの言うことによく耳を傾ければ、自分のジレンマにたいする答えへの手がかりを与えてくれるでしょう。

また、思い込みへの働きかけをしているときは、いつ何どき探している土台となる思い込みを創造主が与えてくれるかわかりません。ですから、常に創造主の介在を受け入れるこころの準備をしておいてください。

次に、掘り下げについて簡単に復習しておきましょう。

1　「人生で変えようと思う何かがあるのなら、それは何でしょうか?」とその人に尋ねてください。次に、もっとも深い核となる問題につきあたるまで、質問を続けてください。鍵となる思考パターンに気づくと、相手は言葉遣いが防御的になったり、身体に落ち着きがなくなったり、泣くといったかたちで、潜在意識が問題の思考パターンにしがみつこうとする様子を見せ始めます。

それを見つけたら思い込みのレベルに応じて、その思考パターンを引き抜く、取り消す、解決する、そして置き換えるといった対処をしてください。質問する際のキーワードは、「誰が?」「何を?」「いつ?」「どこで?」「なぜ?」「どのようにして?」です。

2　あなたの個人的な思考パターンや感覚・感情を探索のプロセスに差し挟むのは慎みましょう。

3　あなたが、誰かの身体空間にいるときは、第七層の創造主の観点へしっかりとつながっていることを意識してください。選んだ課題によっては、質問と答えでプラクティショナーのあなたが堂々巡りに追い込まれることがあります。相手と忍耐強く根っこの部分にあたる思考パターンを見つけてください。深いところにある思考パターンを創造主に問うことも場合によっては必要となるでしょう。

その人の筋肉反射テストを眼を開けたままにしても、閉じたままにしても、肯定的な反応であれば、土台となる思い込みに近づいていると言えます。

あなたが土台となる思い込みへ到達し始めると、土台となる思い込みのすぐ上にある思い込みから干渉を受けやすくなるので、混乱させられることがあります。土台となる思い込みに近づくにつれて、トラウマを誘発され、取り除かれ、解決されようとしていることから、その人はどんどん不快になっていきます。クライアントの身体の状態をよく観察し、何を言っているのかよく耳を傾けることが重要です。

土台となる思い込みを探すだけでなく、クライアントが土台となる思い込みから得ている利点、つまりそれが何に役立っているかも見つけましょう。

そして、人生で、何が土台となる思い込みを生じさせたのか見つけることもしなくてはなりません。

土台となる思い込みを見つけて取り除くと、あなたのクライアントは生まれ変わったと実感することでしょう。リフレッシュされて、活力に満ちた気持ちがすることでしょう。疼きや痛み、あるいは気分が悪くなってセッションから離れようとするなら、思い込みへの働きかけを終えていません。土台となる問題を見つけるために、二回目以降の思い込みへのセッションの必要性を判断してください。

掘り下げのプロセスは、シータヒーリングではもっとも重要なことのひとつです。受講生の中には、思い込みや感覚・感情への働きかけを使い始めの時に、役に立つと思って、可能な限りすべての思い込みと感覚・感情を呼び覚まし始めます。ある意味では、それは正しいのですが期待したほどの効果は出ないでしょう。感覚・感情の呼び覚ましは、すでにそこに存在している感覚・感情や思い込みへ追加をすることなのです。けれども、土台となる思い込み、つまり本当に取り除いて置き換えられる必要のあるもの、それは本当に必要な特定の感覚・感情を見つけることにはならないのです。

自分自身や他の人たちに呼び覚ましたい感覚・感情のリストを作成したシータヒーリングのプラクティショナーやインストラクターはたくさんいます。が、それらの多くは、座って、何千回もの思い込みへの働きかけをおこなうもので、掘り下げを使用することを怠っていました。しかし、土台となる思い込みを見つけないで無作為に思い込みを取り除くと、混乱を引き起こすだけなのです。

同じことが、病気についても言えます。私のところへ来て、かかえている病気と関係している可能性のあるすべての思い込みを取り除いたと私に言ってくる人たちがいます。誰にでも効果があるのだが、自分には効かない、とかれらは言うのです。本当のところは、おそらく、その病気に関係する土台となる思い込みを取り除いておらず、それを見つける暇を取りたくないということだと思われます。

かれらがしたことは、誰かによって編集された関係のないかもしれない思い込みのリストを参照することでした。一人ひとり違うのです、つまり私たちの病気や思い込みは私たちにとって特別なものなのです。

特定の病気に関連する思い込みには類似点があるかもしれませんが、各々の人は異なっているのです。ですから、決して、土台となる思い込みが同じだと考えてはなりません。私は、病気に関連する信念体系《ビリーフ・システム》については、できるだけ限定されない広い見方で、クライアントに耳を傾けることが最善で最良の方法だと信じています。

とはいえ、病気と関連する思い込みは、克服しやすい挑戦でありえます。いったん、クライアントの病気が癒えてしまうと、その人が創造主と交流する能力を高める助けをするという真の挑戦が始まります。

本質的には、「シータヒーリング」のすべては、その人が癒やされるための思い込みへの働きかけの方法を他の人に正しく伝えることです。それは、創造主とあなたとの関係をできるだけ明確なものにするために、あなた自身の思い込みを変えることについてのものでもあります。そして、人生におけるすべての病気とすべての問題を変えることができるということを学ぶものです。単純明快な決断と、ほんの少しの思い込みへの働きかけで、あなたの人生とあなたのクライアントの人生に、永遠の変化をもたらすことができるのです。

思い込みにたいする反応

いったん探し始めたら、必ず鍵となる思い込みを見つけてからセッションを終えるようにしましょう。さもなければ、相手が好転反応を示す可能性があります。クライアントのそばを離れるのは、思い込みへの働きかけが完了してからにしてください。不快なサインを示していないかよく観察してください。もし、その人に落ち着かない感覚や態度があった場合、もしくは痛みや悲しみを感じている場合には、問題がまだ解消されていないしるしです。思い込みへの働きかけを続ける必要があります。セッションの最中にクライアントが肉体に原因不明の痛みを覚えるようであれば、あなたが潜在意識に深く入って問題の思考パターンに接近していると考えてよいでしょう。これは、潜在意識がしがみつこうとしているさまざまな信念体系《ビリーフ・システム》をあなたが刺激していることを表わしています。

クライアントが思いこみへの働きかけの途中で痛みを感じることがあれば、痛みが消えるまで思い込みの解消を続けましょう。クライアントの了承を得て、安全であるとはどういう感じか、という感覚・感情を呼び覚ますよう（創造主に）頼んでください。クライアントが満足してくつろいだ態度をとるようになるまでセッションを続けましょう。

遺伝的レベルの思考パターンと核となる思い込み

思い込みへの働きかけのもうひとつの方法は、遺伝子を通して渡された、父親や母親から受け継いだかもしれない核となる思い込みについて、その人に尋ねるということです。これをおこなうには、親から受け継いだ思考パターンを見つけるようクライアントに筋肉反射テストをするのです。たとえば、父親は、威張り屋で支配的だったかもしれません。「私は、父親のように威張り屋で支配的です」という遺伝的レベルの思考パターンを筋肉反射テストします。

両親から遺伝的に受け継いだ遺伝的レベルの思い込みは、自分の人生で自動的に発動されるというわけではありません。遺伝的レベルの思い込みは、適切な状況設定によって引き起こされるまで、休止していて現実化されない場合もあります。

しかし、どの場合でも、これらの思考パターンは、両親そして祖先から受け継がれた思い込みを探索することによって解消することができます。そして、いったん、それらが消え去ると、人生でさらに成功をおさめることができるということに気が付きます。

これらの遺伝的レベルの思考パターンには、「もっと一生懸命働けば、よりよくなります」あるいは「私は、貧乏で、それを誇りに思っています」というものがあります。もし、お金がないという家族の背景から生じているなら、筋肉反射テストは次のようになります。


「私は、貧乏で、それを誇りに思っています」

「私は、手に入れるためならそれが何であれ一生懸命働きます」

「お金持ちであることは間違っています」


ご両親がよく言っていたことを思い出して、かれらの人生で発動されていたことは何か考えてみましょう。左記の関連する思考パターンにたいして自分で筋肉反射テストをしてみましょう。


私は、私の父の攻撃性を受け継ぎました。

私は、私の父の支配的な振る舞いを受け継ぎました。

私は、支配することを父が必要としたことを受け継ぎました。

私は、皆を惨めにすることを父が必要としたことを受け継ぎました。

こういったことが自分の人生で発動される前に解消しましょう！

宣誓と誓約

シータヒーリングのインストラクターたちが、シータヒーリングをしてくれた貢献のひとつには、思い込みへの働きかけを限界まで探求したことがあります。私のセミナーの受講生には、限界に挑戦し、すべての宣誓と誓約が過去生、今生、未来生から取り除かれるよう命じることによって、思い込みへの働きかけのさまざまな面での実験をしました。

一部の誓約や誓いは、その人の役に立っていたり、留めておきたいと望むものかもしれませんので、振り返ってみれば、それらが取り除かれることは必ずしもよいことであるというわけではありません。すべての誓い・誓約を取り除くことは、人間性の大部分を取り除き、その代わりに空白の状態にしてしまうようなことです。ですから、どの誓い・誓約を取り除くかについて具体的にしておくことが重要です。誓約を取り除く場合に私がすることは、自分で選択して勝手に取り除く代わりに、完了して終了しなさいと命じます。

以前、私たちと交流のあった医師が、ヒーリング様式と他の人への実行にたいするかれらの役割においてのある種の責任と良心を浸透させるために、インストラクターがヒポクラテスの誓い（訳注　医師倫理の宣誓）の形式を使用するよう提案しました。シータヒーリングは、役に立っていない宣誓や誓約を取り除くことができるようにするものなので、忠誠の誓いを宣言するよう求めることは、ある点で制限と感じられると一部のインストラクターからの反論を受けました。その為、提案された誓いは、混乱と不安定さの原因となりうるということで、シータヒーリングから取り除かれました。

ここで何が言いたいのかというと、私は、宣誓や誓約自体が悪いことであるとは、これまでに言ったことはないということで、ただ、役に立っていないものもあるかもしれないということだけなのです。一部はよいものです、たとえば、結婚の誓いはよいものです。ですから、すべての宣誓や誓約を、今生からであれ過去生からであれ、取り除くべきではないのです。これらの思考パターンは、あなたが誰で、何であるかをつくり上げるものだからです。何を取り除くべきかについては、常に、創造主に尋ねましょう。

遺伝的レベルの思い込みや過去生、集合意識からの思考パターン

遺伝的レベルの思い込みは先入観念や偏見として現われる可能性もあります、たとえば、「私は、宗教、人種、変わった人、知的である、知的障がいのために、人々から偏見をもたれ怒りを買う破目に陥りました」などです。「シータヒーリング・ワールド・リレーションズ」セミナーでは、これらの思考パターンにたいして筋肉反射で確認します。

思い込みへの働きかけは、異なる時空間での課題を掘り下げることによってもおこなうことができます。掘り下げのプロセスで、問題の原因があなたを異空間や異なった時間へ連れて行くと気が付いたら、これらの経験から何を学んだかについて、あなた自身（またはあなたのクライアント）に尋ねてください。これらの問題のひとつが虐待に関係があるならば、たとえば、「私は、強いので、誰かにいじめられても平気です」という筋肉反射テストをし、それが過去生から来るのかどうかを確かめます。

過去生からと同様に、思考パターンは集合意識から来ることがあります。これらは、多数の人間によって有効なものと受け入れられている思い込みで、それゆえに、人類の総体的な意識に広がっているものです。集合意識の思い込みの例として挙げられるのは「糖尿病は不治です」があります。

ネガティブな結果を生み出すプラスの思い込み

掘り下げで重要な点は、その問題がどのようにその人に役に立っているのかを見つけることです。病気の場合にも同じことが言えます。病気がなぜその人の役に立っているのかを見つけることができないと、病気は癒えないようです。

病気は通常、プラスの思い込みによって留めおかれています。たとえば、多くの乳癌患者は、病気によって家族がより団結していると無意識のレベルで思っています。潜在意識レベルで、夫や子供との関係で愛と安全をかれらにもたらす助けになると思っているようなのです。ですから、病気を保持しなければならないわけです。

道理に合わないことですが、クライアントが、怪我をしたり、機能不全となったり、またマイナスの思考パターンが役に立っていたという例もあります。

「私の『病気または障がい』は私に貢献しています」と言わせて筋肉反射テストをして、病気または障がいに貢献する隠れた思考パターンをもっているかどうかを確認してください。

そして、創造主とつながり、もっとも深い思考パターンを探して、取り除いて置き換えることで、それがどのように起こっているかを究明しましょう。

マイナスの感覚・感情が創造するマイナスの結果

マイナスの感覚・感情の呼び覚ましをする危険

私は、思い込みへの働きかけが信じられないほど強力であるということについては、常に気が付かされます。経験のあるインストラクターの方たちですが、長年にわたって自分たちのセッションやセミナーから経験を蓄積し、思い込みに関する本を出版しています。そこからひとつの例をお話ししましょう。

実践的で、注意深いシータヒーラーばかりです。十分に直観に優れており、内容の確認をしてもらいたいと本を送ってくれました。感覚・感情の呼び覚ましと思い込みの部分を見たとき、私は矛盾を感じました。これらは、プラスの結果を生み出すための、否定的な内容を呼び覚ましていたのです。たとえば、ある人は、うつとはどのような感じがするかを呼び覚ますよう提案していました。

私たちの為に創造主の観点によるうつとは何か創造主が教えてくれるだろう、そして落ち込まない方法を教えてくれるだろうと考えることもあるのだということに気が付きました。しかし、私たちは、まさに求めるものを与えられるのです。もし、うつの感覚・感情をわかりたいと聞けば、それはまさにその通りのこと、つまり、純粋なうつの本質そのもの、を私たちは得ることになります。もし、潜在意識がマイナスの感覚・感情を求めていたら、それがまさに正確に受け入れられて、つくり上げられることになります。これが、人とすべてなるものによる共同創造の本質なのです。

ですから、私たちは、プラスの結果を生み出すための努力にマイナスの感覚・感情を呼び覚ますことは避けなければなりません、またその代わりにプラスの感覚・感情を使用しなくてはなりません。この場合なら、「私は、落ち込むことなく生きる方法をわかっています」あるいは「私は、落ち込むことなく生きるのがどのような感じがするかをわかっています」という感覚・感情を呼び覚まします。

一部のインストラクターは、マイナスの感覚・感情をあるいは思い込みを呼び覚まして、次にそれをプラスの思考パターンでそれに対処することができると主張します。しかし、マイナスの感覚・感情を溶解するには、一週間、一ヶ月、さらに一年かかるかもしれません。もし、まさにそのものが呼び覚まされるとわかっていたら、貧困や病気、うつについての創造主の定義をわかることを望むでしょうか。

…そしてプラスの感覚・感情の呼び覚ましについて

逆の面で、ストレスの原因となるかも知れないプラスの感覚・感情の呼び覚ましがあります。たとえば「私は、どうしたら争いに対処できるかをわかっています」というものです。この呼び覚ましによって、争いを呼び込むことになりえません。なぜなら、まさにあなたがそう求めたものだからです。

感情、思考または言葉に出すことの力が、変化を現実化することを忘れないでください。この変化は、通常、もと もと端的で、直接的なものです。私たちは、自分たちが求めた通りに、純粋にそのままのかたちでそれを得ることになります。

ストレスをもたらしかねないもうひとつの呼び覚ましは、完全に独立していたいと求めると同時に、あなたの人生をともにすごすソウルメイトを求める場合です。これは、二つの思考パターンが衝突している例です。

思い込みへの、また感覚・感情への働きかけを使用する前に、それについてしっかりと考えるようにしましょう。

第7章　掘り下げのセッション

掘り下げのいくつかの例が、すでに書籍『シータヒーリング』に掲載されていますが、ここでは、問題を解決するためには深いレベルでの働きかけがいかに必要かをもう少し説明しましょう。土台となる思い込みや浸透する必要のある感覚・感情を見つけるところまで到達しないプラクティショナーもいます。しかし、掘り下げを続けたほうがよいのです。

まずクライアントの向かい側に座って、何に働きかけたいかについて尋ねます。あなたの前に座るずっと前にそれが何か正確にわかっている人がほとんどです。出てくる話の大部分は、豊かさ、健康または愛に関することでしょう。素晴らしい結果を成し遂げるひとつの方法は、クライアントが望む結果が何かということから始めることです。これについてのいくつかの例をお話ししましょう。これらの例はすべて私のシータヒーリングのセミナーで受講生から得たものです。

掘り下げの例1　がん

ヴァイアナからセミナーの受講生へ

「クライアントに言う最初のことは何でしょうか。まず『どんなことを望んでいらっしゃいますか?』ですね」

クライアント役受講生（以下、クライアント）「快方に向かいたいです。私はもう病気でいることに疲れました。がんがなくなってほしいのです」

ヴァイアナ「なぜ、あなたは病気なのですか？」

クライアント「なぜかわかりません。私は、ただ快方に向かいたいのです」

ヴァイアナ「もしあなたがなぜ病気かについてすでに気がついているなら、それはどんな理由でしょうか？」

クライアント（動揺して）「そんなこと、わかりません！」

この時点で、これでは行き止まりで、違った質問のしかたに変える必要性をプラクティショナーは悟らなくてはなりません。

ヴァイアナ「あなたが病気になってから、あなたに起こった最高のことは何ですか？」

クライアント「よいことはなにもありません。私は、苦しんで、苦しんできたのです」

ヴァイアナ「それでも、もしも病気が原因で何かよいことが起こるとすれば、それは何になるでしょうか？」

クライアント「そうですね、私の家族は、前より仲良くまとまっています。母は、電話をしてきますし、父とも話をすることができます。私は、これまで父と十五年間話をしていませんでした。私たちの関係がよくなったと言えると思います。これが、私が病気になってから、起こったもっともよいことです」

ヴァイアナ「あなたが健康になったら、両親との仲はもっとよくなっていくでしょうか？」

クライアント「いいえ、まさか。絶対すべてが以前の状態に戻ってしまいます」

ヴァイアナ「なるほど、病気になることはあなたのためになっているのね」

クライアント「はい、私と両親の関係に関する限りは、おそらくそうではないかと思います」
ヴァイアナ「病気の状態になることなく、家族とのよい関係を保つことができるということがおわかりになりたいですか?」
クライアント「はい、是非!」

ここで、私は、クライアントに思考パターン「病気の状態になることなく、家族とのよい関係をもつというのがどんな感じか」を呼び覚まします。しかし、これで、思い込みへの働きかけが終わるわけではありません。病気は、通常、複数の思い込みの思考パターンによって引き起こされるので、私は、クライアントに質問を続けます。

ヴァイアナ「あなたがよくなったとして、起こるであろう最悪のことは、何ですか?」
クライアント「私は、仕事に戻らなくてはならないでしょうが、仕事がありません。私の経済状態は最悪で、支払いなどすることができません。今、私は給付金で生活しているんです」
ヴァイアナ「この問題を解決する他の方法があり、あなたが見えていない可能性があるということをおわかりになりたいですか?」
クライアント「はい、わかりたいです!」

クライアントが、どうしたら新しくチャンスや機会をつくり出せるのかを知らないので、感覚・感情への働きかけをもう一度使います。クライアントから口頭で了承を得てから、可能性があり、可能性を認識することができ、再び仕事に戻ることができるというのがどんな感じなのかを彼に呼び覚まします。これらは、土台となる思い込みの一部ではありますが、さらに掘り下げが必要かもしれません。

多くの例では、すでに述べたように、病気や他の障がいは、マイナスの思い込みの代わりにプラスの思い込みにより引き起こされます。プラスの思い込みが妨げとなる例をお話ししましょう。

掘り下げの例２　愛を求める

ヴァイアナ「どのようなことを望んでいらっしゃいますか？」

クライアント「私は、人生をともに生きる誰かを決して見つけることができないという事実について何とかしたいと思っています。私はいつも独りです。ともにすごす人を見つけることができません」

ヴァイアナ「あなたは、どうしていつも独りなのですか？」

クライアント「わかりません。私にはどうしてなんだかわかりません。私はよい人間です。私は、魅力もあると思うし、独りでいる理由がわかりません。」

ヴァイアナ「でも、あなたが、どうして独りなのか理由をすでにわかっていたなら、答えは何になると思いますか？」

この時点で、クライアントは、答えを出すことができず、彼女は肩をすくめます。

ここで、ギアを変えて、セッションの進め方を変えます。

ヴァイアナ「あなたが独りでいるとき、起こる最高のことは何ですか？」

クライアント「私が独りのとき、起こる最高のこととは、どういう意味でしょうか？」

ヴァイアナ「独りであることが、どのようにあなたのために役だっているかということです」

クライアント「そうですね、私は、自分の時間を好きなように使えることがわかっています。でも、恋愛したら、相手の望むことをしなくちゃならないわ。自分が言ったようには絶対ならないもの。他人が私の人生を操作しているような感じなのです。」

ヴァイアナ「自分が過去に経験してきたことから話してらっしゃる?」

クライアント「ええ、私の経験ではずっとそうだったんです。恋愛をしていると、絶対自分らしくいられないものなのです。他人を喜ばせるために自分を変えなくちゃならないのよ。自分らしくはなれないし」

ヴァイアナ「なるほど。そうね。独りであることがより安全なことで、それであなたがあなた自身でいることができるというわけですね? そういうことかしら?」

「独りでいることは、私にとって安全なことで、そうすれば、少なくとも私は自分らしくいられます」という思考パターンにたいする筋肉反射テストをクライアントにたいして実行します。彼女の反応は「はい」で、泣き始めます。

クライアント「誰かと一緒にいるのが恐いの。私を誰かが変えようとするのが恐いの」

ヴァイアナ「真のあなたを受け入れてくれる誰かがいることをわかりたいですか。あなたが自分ではない誰かのふりをする必要がないように、どうしたらそういった人たちと一緒にいても自分らしくいられるかをわかりたいですか?」

クライアント「はい、わかりたいです!」

私は、了承を得たうえで、創造主につながり、次の感覚・感情が呼び覚まされるのを観届けます。

「私は、私らしくいられる方法をわかっています」

「私は、他の人の感情にたいして思慮深くいられる方法をわかっています」

「私は、どうやって感覚・感情を共有するのかを理解しています」

「私は、人生を共有する方法を理解しています」

「私は、親密な関係を共有することがどのような感じがするのかを理解しています」

「私は、親密で親切であることがどのような感じがするのかをわかっています」

「私は、自分の人生に誰かが入って来てもらえる方法をわかっています。」


その後、クライアントは泣き始めます。これが幼い頃の思考パターンであることはわかっていますので、この後は二つの方法があります。ひとつ目は、クライアントに次を尋ねることです。

ヴァイアナ「人間関係についてこのように感じたのはいつでしたか?」
クライアント「父が私のもとを去ったときです」
ヴァイアナ「どうして、お父さんはあなたのもとを去ったのですか?」
クライアント「わかりません。私を愛してくれる人たちは皆、私から去っていきます」

これは土台となる思い込みでもあります。捨てられることなく、他の人を愛することが可能であると呼び覚ましをする必要があります。状況によりますが、許すということができ、より大きな視野を理解することができることがどのようなものかについても、呼び覚ましをするかもしれません。以上がこの状況でするのが可能なすべての呼び覚ましでしょう。

ヴァイアナ「父親があなたのもとを去った後、プラスのことは何でしたか？」

クライアント「男性を決して信用してはいけないこと、何でも自分ですることを学びました」

この時点で、クライアントに、「私は、人生を誰かと共有する方法をわかっています」そして「男性を信用することができます」を呼び覚まします。彼女は、高揚して幸せであると感じます、そして、セッションは終わります。

掘り下げの例3　愛、豊かさ、母親の問題

掘り下げを開始する前に、あなたは、クライアントが思い込みへの働きかけのセッションからどのような結果を必要とするのかについてよくわかっていなくてはなりません。私が、それをおこなう方法は、その人を静かに座らせ、上昇して「すべてなるものの創造主」へつながり、その人が人生で何を望むのかについて正確にイメージさせることです。あたかもその人が本当に自分たちの夢の中で生きているかのように、人生のすべての面で何を望むかについて正確にイメージさせるようにします。実際に豊かである状況、そしてその人のこころが望んでいることすべてを想像させます。これらのセッションの多くでは、クライアントは、車、素敵な家やたくさんのお金といった物質的なものを望みます。思い込みへの働きかけのセッションを、三十五歳くらいの男性とともにおこなった例をお話ししましょう。

ヴァイアナ「あなたが望んだすべてをもつことができるならば、それは何ですか?」
男性「私は、家を三軒もちたいです、そのうちの一軒は浜辺に、車が何台かあって、十分なお金がある、そんな風になりたい」
ヴァイアナ「これらのものすべてをもっていることで、起こると思われる最悪のことは何ですか?」

これは、土台となる思い込みへの道筋を見つけるためのネガティブな質問です。恐れかパニックのどちらかの反応をするのがほとんどです。恐れとパニックの後、人々はしょげ返ります。この男性の場合もそうでした。

男性「このすべてが本当に自分のものなら、私は独りぼっちでしょう。それを共有する人は誰もいません。それを共有する人は誰もいないのに、これらすべてをもつということは、おかしなことです。私は、独りになってしまうのです」
ヴァイアナ「どうして独りなのでしょうか?」
男性「女性と仲良くなる方法を知らないのです」
ヴァイアナ「どうして女性と仲良くなれないのですか?」
男性「女性は私を理解してくれません。そして、私も女性が理解できません。試す前に諦めたほうがよいのです」
ヴァイアナ「どうしてそんなふうに言うのでしょう?」
男性「なぜなら、いったん私のことがわかってしまったら、女性は私を手ひどく傷つけて、やりこめるでしょう。」
ヴァイアナ「これはいつ始まりましたか?」

男性「私が幼かったときに始まりました。母は常に私にそうしました」

この時点で、この男性の母親に関する思考パターンにはまり込んでしまわないように注意する必要があります。たとえば「母は私を拷問します」のようなことです。というのは、それが、土台となる思い込みではないからです。

ヴァイアナ「あなたの母親はあなたに何をしましたか？」

男性「私はじぶんがすごいと思う何かをして、彼女のところに走って行って、私が何をどうしたかを伝えたものでした。彼女は、何もなかったかのように、私を無視しようとしました。私は、その時点から、私は女性を喜ばせることが決してできないだろうということがわかりました。試してみる価値などないでしょう？」

ヴァイアナ「このことから何を学びましたか？」

男性「試すことすら馬鹿馬鹿しいことだということを学びました」

ヴァイアナ「これはあなたの母親が教えたことですか？」

男性「母親は誰も信用するなと私に教えました」

ヴァイアナ「もし、あなたが誰も信じないのなら、それは自分にどういう影響がありますか？」

男性「そうですね、そうすれば私が傷つかないようになりますね。私が、誰かを信用しない限りは、誰も私を傷つけることはありません。それが、母親から学んだことです。たぶん、それについては、彼女に感謝しなくてはならないと思います」

今私たちは、土台となる思い込みを見つけました。

「私が誰かを信用しなければ、誰も私を傷つけることはできません。」

最初にすべきことは、その人に、誰を信用すべきかをわかっていること、いつ信用すべきかをわかっていること、信用することが可能であることがどのような感じがするか、そして他の人を傷つけることなく信用する方法を呼び覚ますことです。置き換えの思考パターンは、「私は、他の人を裏切ったり、裏切られたりすることなく、誰かに愛される方法、そして愛する方法をわかっています」となるでしょう。

プラクティショナーにとって大変重要なことは、かれらが最終的な結果に達するまで、思い込みへの働きかけに集中することです。土台となる思い込みまで到達する前に、わきへ道をそらされてしまうことがよくあります。

しかし、思い込みへの働きかけに時間をかける必要はありません。この例では、私たちは、土台となる思い込みを瞬時に見つけました。それは、実は、ある面でこの男性を守っているものでした。もし、彼が自分の人生に誰も入れようとしなかったら、彼は信用する必要もありませんでした。信用する必要がなかったら、彼は傷つきませんでした。彼は、彼が望むすべてを現実化した暁には独りぼっちになってしまうということを深い無意識のレベルで信じていました。結局は、それが原因で、彼の顕在意識が望んでいたことを現実化するということについて気づまりに感じていたのです。これが彼を引き止めていたことがらでした。いったん、この問題が解決して、彼が、自分の人生をパートナーと共有する方法を呼び覚まされると、彼の現実化の能力は飛躍的に向上しました。

ほとんどの場合、人々は、何を望むのかを知らないために、自分が何を望むかについて現実化できません。十中八九は健康になるための計画を立てていないことが理由で、病気の人々は快方に向かうことができません。脳がひとつの目標しか意識していないという人がたくさんいますが、その目標とは、何とか一日をやり過ごすというようなことなのです。これは、誰かが重い病気である場合には、特にそうなのです。

人生の先の自分が健康になった将来について考えるように刺激することは、快方に向かうことから遠ざけるような問題を引き起こします。

いったん、これらの問題が明るみに出されると、プラクティショナーは、何らかの働きかけをすることになります。人生で豊かさを望む人の例をお話ししましょう。

掘り下げの例4　愛、豊かさ、そして母親の問題

ヴァイアナ「あなたが望むすべてをもつことができたなら、それは何ですか？」

クライアント「私の夢は、三つの家、カリフォルニア、ニューヨーク、パリに各々ひとつ所有することです。各々の家は、豪華に室内装飾されていて、美しい場所にあります。私は世界中のエキゾチックな場所への旅をしたい、そして、私は強くて健康になりたいと思います」

ヴァイアナ「このような豊かな富を得た今、あなたはどう感じますか？　このすべてがあなたの人生にもたらされている今、どう感じますか？」

クライアントは、突然、とても緊張しているように見えてきました。

クライアント「すべてを手に入れているという感じが好きではありません」

ヴァイアナ「どうして、すべてを手に入れているという感じが好きではないのですか？」

クライアント「なぜなら、私にたいして誰もが怒ると思うからです」

ヴァイアナ「どうして、あなたにたいして誰もが怒るのですか？」

クライアント「なぜなら、私は、人生で他の誰よりもたくさんのものをもつことになるからです」

ヴァイアナ「あなたは、このためにどのような感じになりますか？　あなたに何が起こりますか？」

クライアント「私は、これらの大きな家の中で孤独になります。そして、そこには私を愛してくれる誰もいないのです」
ヴァイアナ「誰かがともにいるのがどのような感じがするのか知りたいですか？」
クライアント「そんなことは無理です。私は、好かれるタイプじゃないのです。誰も私とともにいたいと思いません」

これらのことは、この人がその目標を手に入れることをできないようにしている主要な問題です。許可を得て、「私は、好感をもたれています」そして「他の人と夢を共有することができます」という感覚・感情と思考パターンを呼び覚まします。

今、このクライアントは、前よりももっと緊張しています。

ヴァイアナ「どうかしましたか？」
クライアント「私が誰かとともにいるようになるなら、かれらは、私がどんな人かがわかってしまいます。もし、かれらが本当の私を知ったら、私とともにいたいと思わないでしょう」
ヴァイアナ「では、本当のあなたとはどんな人なのでしょう」
クライアント「わかりません。でも、本当はどんな人間なのかを知ったら、かれらは私を好きになろうとしないでしょう。
ヴァイアナ「誰がそのようなことを言いましたか？　最初にそのことを聞いたのはいつでしたか？」
クライアント「はっきりとはわかりませんが、それは母親だったと思います。彼女は、私が誰にも愛されない、そして何ひとつ達成することはできない、と言いました」

これらの最後に言った言葉は、土台となる思い込みです。これらは、取り除かれ、取り消され、解決され、「すべてなるものの創造主」へ送られ、正しい思考パターンと置き換えられるべき思考パターンです。

私は、クライアントに「私は、好感をもたれます」「私は、尊敬されます」そして「私と一緒にいてくれる人がいます」という感覚・感情の呼び覚ましを受け入れたいかどうか、クライアントに尋ねるでしょう。クライアントがこれらの呼び覚ましを受け入れなければ、信じられないほど素晴らしい脳（かれらが本当に求めている人生をつくり出している）は、潜在意識のレベルで変化しません。潜在意識のレベルが変わるなら、クライアントは、望むものを現実化できます。

こころというものは素晴らしいものです。私たちがつくり出しているものは、実は、私たちの潜在意識の思い込みを現実にするということなのです。「お金がない」「なんとかやっていけているだけ」などと口にするなら、あなたの潜在意識はこれをコマンド、命令または要求として取り上げて、求められたものをそのようにつくり出します。これらは、思い込みへの働きかけで、土台となる思い込みを探しているときに最初に現われてきます。

愛されて、健康であることが可能ということだけでなく、これらを手に入れられることをわかることがクライアントにとって重要です。これが目標であるということをクライアントが受け入れることを確かめるための感覚・感情の呼び覚ましを一部次に記載します。

「私は、自分の目標に到達することができます」
「私は、自分の目標を定める方法をわかっています」、そして、
「私は、計画する方法をわかっています」（原注　394ページを参照してください）

これらの感覚・感情の呼び覚ましだけでも、人生にとって大きな違いを生み出します。

掘り下げの例５　エジプトの女神

モンタナ州、イエローストーンでインストラクター認定セミナーを開催したときのことです。デモンストレーションの時に、とある人から引き抜くことがあると創造主に告げられました。彼女は白いドレスを着た美しい、背の高いアフリカ系アメリカ人の女性で、その動きは、エジプトの女神のようでした。私は、静かに、こころの中でこう言いました。「創造主よ、あなたは間違いをしています。この女性は完璧です。明らかに、働きかけの為の問題をもっと抱えている人をもたらしてくれる必要があります」しかし、創造主は、彼女を受講生の中心に連れてくるようにと、主張しました。

ヴァイアナ「何への働きかけをしたいですか？」
女性「私は、自分がヒーラーであることを恐れています。私は、それが過去生からのものではないかと思います」

このたぐいの発言は、性的虐待、または何らかの類の虐待の結果でもありうることを、あなたはわかっていなくてはなりません。今生でそれに対処したくないがために、その問題が過去生からのものであるふりをしようとします。それが過去生からのものであるという可能性はありますが、もし、このように発言するのであれば、おそらく、それは今生で生じているものでしょう。

ヴァイアナ「どうしてヒーラーであることを恐れるのですか？」

女性「死ぬかもしれないからです」

この時点で、創造主が私に「どうして、彼女が子供だったときに隠れなくてはならなかったのか、尋ねてください」と言うのを聞きました。

ヴァイアナ「どうして子供の頃、隠れなくてはならなかったのですか？」

女性「私は、弟と妹のために食べ物を盗むため隠れなくてはなりませんでした…」

この発言の後、彼女は後から後から話し続けました。彼女の母親は、彼女と三人の小さな子供たち（そのうちの一人は二歳の女の子でした）を残して亡くなりました。父親は、子どもたちを叔母と叔父に預けましたが、十分な食べ物は与えられませんでした。子どもたちはみんな、栄養失調でした(特に、もっとも小さい女の子が)。父親が再婚して、子どもたちを連れ戻しにきましたが、新しい継母も同じでした。つまり、子供たちに食べ物をきちんと与えなかったのです。特に一番小さな女の子には。食事の間、その小さな女の子はじっと座って家族が食べるのを見ていなさいと言われることもありました。クライアント役の女性は、他の子どもたちに食べさせるために戸棚から食物を盗み出そうとしたために、ひどく殴られたと話しました。その時から、彼女は、隠れなくてはならないといつも感じるようになったとのことでした。

ある日、餓死に追い込まれ、二歳の女の子が起き上がりませんでした。彼女の継母は、彼女を起こすために、部屋の向こうへ彼女を蹴り飛ばしました。それから、その継母は、子どもを私のクライアントの腕にだかせて、車を運転して病院へ行きました。病院のスタッフは、それが餓死であること、他の子どもたちも栄養失調であることにすぐ気が付きました。病院は、子供たち全員を両親から引き離し、里子に出しました。

小さい妹は、他の子供たちが生きることができるように自分の命を捧げたのですよ、とその女性に言いなさいと、創造主が私に告げました。彼女の過去の悲しみを取り除くつもりであることも告げました。

彼女が私の前に最初に座ったとき、私は、彼女がそのような虐待を生き抜いてきたとは夢にも思いませんでした。とても自信があるように見えたので、それが私には見えませんでした。人についての判断をする前に、あなたは、虐待の最悪のケースが、完璧に見える人々にみられるということを、わかっていなくてはなりません。

虐待を受けた人々は、ふりをすることに長《た》けており、痛みを隠すことがとても上手です。いつも笑顔で笑っている人たちです。しかし、それは、偽りの笑いです。かれらは、存在していますが、本当はそこにはいないのです。あなたは、かれらの目の中にそれを観ることができます、そしてそれらの背後に何があるかを観ることができます。けれども、かれらは、本当は内側で傷ついていることを知られることを望まないので、自信のある微笑みを浮かべます。かれらはしばしば、腸に問題があることがあります。

虐待の問題では、根気強くいてください。そして、その人が愛されるということをわかっていることを確実にしてください。

この女性に、安全であることがどのような感じがするかを教えることで、ヒーラーに関連する問題を、彼女から取り除きましたが、さらに思い込みへの働きかけが必要でした。

掘り下げの例6　父親の問題

ヴァイアナ「このセッションで最終的にどのような結果を望んでいますか？　人生で何をしたいですか？　何か変えたいことがあるとしたら、それは何でしょうか？」
若い女性「自分がだめだという感情をなんとかしたいのです」
ヴァイアナ「誰がその感情をあなたに教えましたか？」
若い女性「父親がそう言ったのです。父親は、私は七十点なのだと教え込んだので、私は彼に憤っています」
ヴァイアナ「それはどういう意味ですか？」
若い女性「百点満点で、平均よりちょっとだけましであるということです。でも絶対に満足のいく結果は出せない。いつも七十点で、絶対に百点は無理なのです」
ヴァイアナ「お父さんがあなたにそう言ったとき、あなたはそれを信じましたか？」
若い女性「はい、彼を信じました。私は、どうして彼を信じたのかわかりません。今は彼に深く憤りを感じています」
ヴァイアナ「どうして彼に憤りを感じるのですか？」
若い女性「彼は、私自身を悲惨な気持ちにさせたからです」
ヴァイアナ「どんなふうに？」
若い女性「彼は、そんな感じのことを言っただけです」
ヴァイアナ「あなたの人生で、これはどのようにあなたの役にたっていますか？　あなたに何かをもたらしたのでしょうか？」

若い女性「私は、決して満足のいく結果は出せないし、そういう行動も取れないし、あるいはそういう存在ではありえないから、少しで我慢したほうがよいのだということを学びました」

ヴァイアナ「人生で少しで我慢したことはありますか？」

若い女性「ええ。人生ずっと。私は少しだけで我慢してきました」

ヴァイアナ「人生が提供してくれる最高のものを手に入れるために気持ちを傾けることをしなくてもよいというためのほとんど言い訳のように聞こえますね」

若い女性「そうだと思います。私は、そのことについては、父親に感謝することができます。私は、それができると思わない限り、やってみる必要がなくなるから」

ヴァイアナ「もしやってみたら何が起こるでしょう？」

若い女性「私は、失敗するでしょう」

ヴァイアナ「もし、あなたが失敗したら何が起こりますか？」

若い女性「私は、少しだけで我慢しなくてはなりません」

ヴァイアナ「あなたが成功したら何が起こりますか？」

若い女性「成功したら何が起こるのかわかりません。全然わからないわ。結果がわからなくて成功するより、失敗して何が起こるのかをわかっているほうがよいと思います」

ヴァイアナ「なるほど。成功することを恐れているのですね」

若い女性「そうではないかと思います。私は、そんなことを考えたことがありませんでした。父親に憤りを感じている限りは、成功する必要がないのだと思います」

ヴァイアナ「では、未知のものを発見するよりは、父親にたいして憤りを感じるほうが、より簡単ですよね」
若い女性「そうではないかと思います」
ヴァイアナ「未知のことを心配することなく生きることがどのような感じがするかおわかりになりたいですか？次のステップを踏む方法を知りそしてそれが可能であることがわかっているとはどのような感じかお知りになりたいですか？」
若い女性「はい、はい、知りたいと思います」

これらの感情の感覚・感情の呼び覚ましをして浸透させることにより、「私は、たったの七十点でしかありません」の思考パターンが取り除かれます。筋肉反射テストを使用しましょう。クライアントは彼女の指をしっかりとつけています。「私は、たったの七十点です」と彼女に言ってもらいます。この思い込みはしっかりと取り除かれていました。次に「私は、父親にたいして憤りを感じます」の思考パターンにたいする筋肉反射テストをします。これも取り除かれています。成功したことよりも父親へ憤りを感じるほうが安全だったということへの理解が、彼女のこころが前進することを許可します。この感覚・感情の呼び覚ましで、彼女がスムースに前進する助けとなりました。

これは、最高の掘り下げです。この働きかけで、あなたは、もっとも否定的な悲しい思い込みだけでなく、それがどのようにその人に貢献しているかも、見つけることになります。

土台となる思い込みへと到達しなければ、あなたは問題の一部を取り除くのみとなります。

部分的に問題を取り除いただけで、思い込みへの働きかけのセッションを去る人がたくさんいることでしょう。それでも、まったく取り除かれていないよりは、部分的でも取り除かれているほうがよいと思います。レベルでの改善がみられますが、その土台となる思い込みを見つけるというこころの平安には匹敵するものではありません。

掘り下げの例7　ヒーリング

ヴァイアナ「あなたがこのセッションで望む結果は何ですか？」

ヒロ・ミヤザキ「私は、素晴らしいヒーリングを実践することを現実化し、自分のところに来る人たちを常に癒し、お金をたくさん稼ぎ、時間をたくさんつくって、幸せな家族をもちたいのです」

ヴァイアナ「わかったわ。このすべてがあなたのものであるとイメージしてください。至るところから癒しを求めて人々があなたのところに来るのをイメージしてください。このことはどのように感じますか？」

ヒロ「いいですね。すごくよい気分になります」

ヴァイアナ「あなたのところに癒しを求めてくる、これらの何百人もの人々に対処できますか？」

ヒロ「もちろんです。私は、自分の限界を設定する方法をわかっています」

ヴァイアナ「あなたが、この状況で生活しているとイメージしてみてください。どのように感じますか？」

ヒロ「そうですね、私は、最終的に失敗してしまうだろうと感じています。誰かに働きかけをするのに失敗してめちゃくちゃにしてしまうのです。」

これは、この男性のヒーラーとしての成功を阻んでいる土台となる思い込みがあるという、初期の兆候です。

ヴァイアナ「めちゃくちゃにしてしまったら、どのようなことになってしまうのかしら？」

ヒロ「ああ、かれらは、私を追放します。かれらは、私を穴に追い込みます」

ヴァイアナ「穴とは?」
ヒロ「はい、ブラック・ホールです、そしてかれらはみんな私を忘れてしまうのです」
ヴァイアナ「この穴でどのようなことが起こりますか?」
ヒロ「私には何も起こりません。みんな私のことを忘れてしまうのです」
ヴァイアナ「どのくらいの間、忘れられてしまうのでしょうか?」
ヒロ「わかりません。おそらく永遠に。なぜなら、私が原因だからです。私がヒーリングをしたから、誰かが傷ついて病気になった。だから、わたしは、追放されるのです」
ヴァイアナ「あなたは許されるのでしょうか?」
ヒロ「いいえ、私は決して許されません」
ヒロ「私は、寂しさに耐えられません。私は、刃物を見つけて自殺します」
ヴァイアナ「あなたは、現在、この体験から解放されていますか? 光へと向かって行きますか? あなたにどのようなことが起こりますか?」
ヒロ「私は、暗闇の中にいて、そして出るのを恐れています。もう一度、堕ちることになるのを恐れています」
ヴァイアナ「どのくらいの間、暗闇の中にいるのですか?」
ヒロ「わかりません。五〇〇〇年というのがこころに浮かびます」
ヴァイアナ「そこで、どのようなことがあなたに起こりますか?」
ヒロ「光へと向かいます。私には、もう一回チャンスが与えられます」
ヴァイアナ「では実際、自分がヒーリングをすることに関連する最終的な恐れはどのようなことですか?」
ヒロ「失敗することです。自分の失敗のせいで追い出されることです。私は追放され、忘れ去られてしまうのです」

ヴァイアナからセミナーの受講生へ
「これらが、土台となる思い込みです。ヒロが、自分の本当の人生での野心について理解できないのは、それを得ることへの恐れがあるからです。

ですから、『私は、孤独になることを恐れています』と『私は、忘れられるでしょう』という思考パターンを取り除き、解放したら、『私は、覚えていてもらえるという感覚がどのようなものかをわかっています』、『私は、誰かがそばにいてくれて日々を過ごす方法をわかっています』、『私は、自分自身を許す方法をわかっています』、『私は、創造主がヒーラーであることをわかっています』そして『ヒーラーであることは安全です』と必ず置き換えましょう」

ヴァイアナからヒロへ「これらの思考パターンを解放して、それらを私が提案するものと置き換える許可をいただけますか？」

ヒロ「はい。ありがとうございます！」

ヒロの思い込みへの働きかけはこれで終わりました。彼は、輝き、明るく、喜びに満ちた様子でした。

掘り下げの例８　直観力とサイキック能力

ヴァイアナ「あなたの身体空間に入ってもよろしいですか？」

女性「はい、どうぞお入りください」

ヴァイアナ「お年は幾つですか?」

女性「五十三歳です」

ヴァイアナ「何か特にご質問はありませんか?」

女性「私は直観力を身につけ、向上させる方法が知りたいのです」

ヴァイアナからセミナーの受講生へ

「さて、では、ここから始めていきましょう。プラクティショナーがこれは必要だと思っていることから始めるのではなく、クライアントが必要とすると思われることから始めてください。クライアントのリクエストが最優先です」

ヴァイアナから女性へ「繰り返してください『私は、直観力を磨き、向上させる方法を知っています』」

女性「私は、直観力を磨いて、向上させる方法を知っています。私は、自分が直観的であることを知っています。私は、自分の直観力をコントロールする方法を知っています」

ヴァイアナからセミナーの受講生へ

「これらの思考パターンについて筋肉反射テストではすべて『いいえ』となりました。彼女は、直観力を磨きたいのですが、それをコントロールできるとは自分自身で思っていないのです」

ヴァイアナから女性へ「なぜ、あなたは直観力を身につけられないのでしょう?」

女性「私は恐れているからです」

ヴァイアナ「なぜ、恐れているのですか？」

女性「そうなったら自分の身に起こってしまうことが恐いのです。自分自身でも誰かわからないほど自分が変わってしまうのではないかと思うと恐いのです。徐々に起こることで気が付かずに変わってしまうことが恐いのです」

ヴァイアナ「もし、自分自身が誰かわからないほど変わるとしたら、次に何が起こるでしょう？」

女性「自分を失います」

ヴァイアナ「それはあなたにとって何を意味するのでしょうか？　私の言うことを、繰り返してください。『私は、自分を失うのが恐い』」

女性「私は、自分を失うのが恐い」

筋肉反射テストの結果は「はい」でした。

ヴァイアナ「どうして自分を失うのでしょう？」

女性「自分自身の本当の姿を観るのが恐いのです」

ヴァイアナ「もし、自分自身の本当の姿を見たら何が起こりますか？」

女性「自分自身を見つけると、自分の人生における使命を見つけるでしょう。そして、今生でそれに失敗するでしょう。それが恐いのです。私がしたくないことをさせられる羽目になったら、どうしたらよいのでしょう」

ヴァイアナ「私の後に続けてください。『私は、自分の人生における使命を恐れています』」

女性「私は、自分の人生における使命を恐れています」

筋肉反射テストは「はい」です。

ヴァイアナ「人生の使命を始めると、最悪何が起こりますか?」

女性「自分の評判が傷つくのが恐い、そして、失敗するのではないかと恐れています」

ヴァイアナからセミナーの受講生へ

「今の言葉は私が言わせたのでしょうか? 違いますね。私は、上昇して創造主に尋ねました。創造主はこう言いました。『彼女は自分が失敗することを恐れているのだ』。これが土台となる問題のようです。もし、その他すべての思い込みを取り除こうとすると、長い時間がかかることでしょう、それでは土台となる問題にはたどり着けません。ここから始めていきましょう。私が彼女とともに働きかけをしている間私は彼女の手に触れていますね。これは、彼女をリラックスさせ、彼女の身体空間を繋ぎ止めておくためです」

ヴァイアナから女性へ「もし毎日恐怖を感じるとしたら、それはどんな恐怖ですか?」

女性「自分が癒そうとした人たちを恐れるでしょう」

ヴァイアナ「あなたがかれらの期待に背き失敗しないかと恐れているのですか?」

女性「はい、ヒーリングを施している人たちと創造主の期待に背き、さらに自分自身の期待にも背くことになるのではないかと恐れています」

ヴァイアナからセミナーの受講生へ

「もし、彼女がヒーリングをしている人たちの期待に背くということにたいして、筋肉反射テストが『はい』で、創造主を裏切るということにたいして『いいえ』であれば、どんな意味だと思いますか？　自分がヒーリングをしている人たちの期待に背くのが恐いということですね。創造主の問題も何らかのかたちで取り上げてもよいかもしれませんが、彼女は実際には創造主ではなく他人を傷つけるのではないかと恐れています」

女性「私は、かれらを殺してしまったり、傷つけたり、期待に背くのではないかと恐れています。」

ヴァイアナからセミナーの受講生へ
「彼女は明らかにクライアントについて懸念していますね」

ヴァイアナ「あなたがかれらの期待に背くと、最悪何が起こりますか？」
女性「散々な結果になります」
ヴァイアナ「どうして？」
女性「失望させてしまうから」
ヴァイアナ「もしかれらを失望させたら、何が起こるでしょう？」
女性「わかりません。私は殺されてしまうでしょう」

ヴァイアナからセミナーの受講生へ
「皆さん、彼女は死ぬのを恐れていますか？　あるいは、他の人を傷つけるかもしれないということが重大な恐れでしょうか。そんなに単純なことでしょうか？」

ヴァイアナから女性へ「それでは、他の人を傷つけることなく癒しをおこなうというのがどんな感じなのか、また自分が何をしているかわかっているというのがどんな感じなのかおわかりになりたいですか？　何をすべきか知っているのがどんな感じで、どのように他人を助けるべきか知っているということがどんな感じかおわかりになりたいですか？　創造主につながる方法、そしてヒーリングの時に何をするのかを知っているという感じ、他人の期待に背くかもしれないという恐れなく生きる方法、そしてそれが可能であることがわかっているというのがどんな感じか。また、あなたがヒーリングをするあらゆる人々が、実際に、癒しを受け取るのだというのがどんな感じかおわかりになりたいですか。これらのエネルギーを受け入れてもいいですか？」

女性「はい」

ヴァイアナから女性へ「ヒーリングをおこなうのは創造主です。創造主が人々を失望させることがあるでしょうか？『創造主が私を失望させることを恐れています』と言ってください」

女性「私は、創造主が私を失望させるのではないかと恐れています」

彼女の筋肉反射テストは「はい」です。

ヴァイアナ「どうしてですか？」

女性「私は、それに相応しくありません」

ヴァイアナ「自分が創造主にこうしたことをお願いする価値がないとおっしゃっていますね。どうしてそう思いますか？　創造主がある日突然あなたの話を聞かなくなったらどうなるでしょう？」

女性「そうなると、何も起こらなくなると思います。」

ヴァイアナから女性へ「創造主が人々を癒すということを信じることが、大きな第一歩になりますね。その方法を知りたいですか？　次の呼び覚ましを受け入れますか？」

「私は、誰かが病気の時に何をすべきかをわかっています」

「私は、人々を助ける方法をわかっています」

「私は、ヒーラーになる方法をわかっています」

「創造主があなたを失望させたり、あなたが人々を失望させたりするという恐れなく生きる方法をお知りになりたいですか？　これらのエネルギーを受け入れてもいいですか？」

女性「はい」

ヴァイアナ「今、どのような感じがしますか？」

女性「かなりよくなりました！」

ヴァイアナからセミナーの受講生へ

「いかがでしょうか？　彼女は、次の段階にどうやって進めばよいのか、あるいは他の人を癒す方法がわからなかったのです。また、創造主を完全に信頼する方法を知らなかったのです」

ヴァイアナから女性へ「次の段階に進む方法をお知りになりたいですか？　この知識をあなたに呼び覚まして、あなたがそれに相応しく、価値があるということがおわかりになりたいですか？　これらのエネルギーを受け入れてもいいですか？」

女性「はい」

ヴァイアナ「どんな感じがしますか？」

女性「変化を少し感じます」

ヴァイアナ「より大きく変化したいですか？　誰かをヒーリングするときに心配しなくなる方法をお知りになりたいですか？　自分自身にたいして寛容になる方法をお知りになりたいですか？　自分のこころ、体、そして精神が努力せずに学んでもよいということ、自分自身への働きかけへの完了と身体が疲労した際それをお知りになりたいですか？　また、休むべきとき、身体が何と言っているかを聞いてあげるべきとき、ここでなすべきことについて重んじるべきときにはそれをお知りになりたいですか？　これらのエネルギーを受け入れてもいいですか？」

女性「はい」

ヴァイアナからセミナーの受講生へ

「彼女にとっての土台となる問題は、他の人たちを傷つけることを恐れるということでした。今回はそれよりも深くは進みませんでした。彼女は、人々をごく自然に気遣う人なのです。今後、彼女は、より自信をもっていくでしょう」

ヴァイアナから女性へ「自分のこころと創造主のこころにどうやって耳を傾けるかおわかりになりたいですか？　いつ決心をするべきか、また決心をする方法をお知りになりたいですか？　クライアントを傷つけることなく何を告げるべきなのかおわかりになりたいですか？」

女性「はい」

傾聴することは、思い込みへの働きかけでもっとも重要なことのひとつです。プラクティショナーは、自分がその思い込みをどう思っているかを人に語ろうとあまりにもしがちです。クライアントや創造主の言葉を傾聴することは技術―実践を積むことを必要とする技術なのです。なぜなら、創造主から得るすべてのメッセージを解釈するのはあなたのこころだからです。創造主から受け取ったメッセージとあなたが人に告げるものが正確に同じであるようにしましょう。

掘り下げの例９　弱い立場にいる人が自分を利用すること

ヴァイアナからセミナーの受講生へ

「私が、リーディング開始前に必ずクライアントに、何か薬やサプリ、薬草《ハーブ》などを飲んでいないかを聞きます。身体空間の中に入る前に尋ねます。というのもリーディングで出会う合成物体に、私が混乱しないようにするためです。薬やサプリは人の波動に変化を起こします。また、体との相互作用で病気や障害を隠してしまうことがあります。いったん、薬やサプリが体の中でどのような働きをするのか経験していれば、リーディングのたびに、すぐにわかります。けれども体に入る前に、かれらが何を飲んでいるのかについて尋ねれば時間の節約になります」

ヴァイアナから女性へ「あなたは、薬か薬草、サプリ等を飲んでいますか？　今朝、マグネシウムを飲みましたか？またはビタミンを飲んでいますか？」

女性「いいえ、飲んでいません」

ヴァイアナ「そして、私は体の中に入り、創造主に『見せてください！』と言います。そこで、寄生虫によりこの女性が歯ぎしりをするのを見ます。大腸内に寄生虫がいます。彼女が恋をしているのを見ます。人のこころのエネルギーを通して、かれらが恋をしているのか見えるのです。私は、彼女の脊椎の並びがずれているのが観えます。創造主に、あなたの背中をまっすぐに治してもらいたいと、お願いしてもよろしいですか？」

女性「はい、お願いします！」

ヴァイアナ「人生において大きな困難を乗り越えたのですね。喜びへの準備ができているのが見えます。膝が弱いので、動きまわることを恐れているのですね。膝はよくなることをわかっておきましょう。過去にあなたは重金属に浸されていたことがありますが、少しずつあなたが常用しているマグネシウムが、あなたの体内からそれらを排出していますよ。片方の聴力は、もう一方よりも優れています。これまでずっとそうでしたか？」

女性「事故ですこしばかり聴力を失いました」

ヴァイアナ「『寄生虫』という言葉を聞いて、どのようなものを思い浮かべますか？」

女性「私の父親です」

ヴァイアナ「お母様はご存命でいらっしゃいますか？」

女性「いいえ、いません。私は養女なのです」

ヴァイアナ「あなたの養父について話してください」

女性「私の養父、養母ともに寄生虫なのです」

ヴァイアナ「寄生虫のようにふるまうのを許してしまうのですね。どうしてでしょう？」

女性「変える方法がわかりません」

ヴァイアナ「あなたの人生において、また養父母にたいして、『イヤです』『いいえ』という方法、断る方法をお知りになりたいですか？」

女性「はい」

ヴァイアナ「かれらにたいして断ることができる今、どのようなことがあなたに起こるでしょうか？　あなたのこころに最初に浮かぶことは何ですか？」

女性「かれらは弱いのだということです」

ヴァイアナ「そうですね。自分より弱いから、助けなければならないと感じますか？　言ってください。『私は、自分より弱い立場の人が私を利用するのを許さなくてはなりません』」

女性「私は、自分より弱い立場の人が私を利用するのを許さなければなりません」

彼女の筋肉反射テストの結果は「はい」です。

ヴァイアナ「言ってください。『私は、自分より強い立場の人が私を利用するのを許さなければなりません』」

女性「私は、自分より強い立場の人が私を利用するのを許さなければなりません」

彼女の筋肉反射テストの結果は「いいえ」です。

ヴァイアナ「あなたを利用するのは弱い人だけですね。どうしてでしょう?」

女性「私は、かれらを助けなくてはなりません」

ヴァイアナ「あなたを傷つけているとしても、自分より弱い人々を助けなくてはならないのでしょうか? かれらはあなたより弱くて、あなたは断われなくなっています。つまり、あなたは、かれらがより強くなる方法を教えないで、あなたを利用させるままにしているのです。もし、あなたがかれらを助けなかったら、最悪何が起こりますか?

また、罪悪感を覚えますか?」

女性「気分がよくないと思います。そして自負心を失うでしょう」

ヴァイアナ「私の後に繰り返してください。『私は、自負心をもっています』」

彼女の筋肉反射テストの結果は「はい」です。

ヴァイアナ「どうして自分自身を過小評価するのですか?」

女性「私はこの人生に値するとは思いません。私は、存在するに値しません」

ヴァイアナ「私の後に繰り返してください。『私は、存在しています』」

筋肉反射テストの結果は「いいえ」でした。

ヴァイアナ「創造主による存在の定義がおわかりになりたいですか?」

女性「はい」

ヴァイアナ「存在意義は養父母によって破壊されてしまったのでしょうか。誰がこのように感じさせたのでしょう？」

女性「わかりません」

ヴァイアナ「自分自身の場所をこの世の中にもっているということ、自分は価値があり、輝くことができるという感覚・感情をおわかりになりたいですか？　消耗させられるという感情をもたずに両親を愛する方法、そして愛を受け取り、受け入れる方法がおわかりになりたいですか？」

女性「はい」

ヴァイアナ「今あなたは、消耗させられるという感情をもつことなく、養父母を愛することができます。どのような感じがしますか？　よくなったでしょうか？　体のどこか痛みますか？」

女性「胃が痛みます」

ヴァイアナ「他に感じる痛みはありませんか？」

女性「みぞおちのあたりに鈍痛があります」

ヴァイアナ「孤独感も感じますか？」

女性「はい、感じます」

ヴァイアナ「胃の不調は、恥、苦悩そして罪悪感に結びついています。自信を感じる必要があり、また虐待されることなく生きる必要があるときに、『いいえ』と断ることができるようになりたいですか？」

女性「はい」

ヴァイアナ「今、どのように感じますか？」

女性「胃の痛みが消えました」

ヴァイアナ「どこへ移動したのでしょうか？」
女性「私の両足と両手です」
ヴァイアナからセミナーの受講生へ
「問題を選択し取り除いても、体のどこかに移動して行くことがあります。何かを解放しても、体の他の部分に痛みがないか常に確認してください。創造主に、その痛みの場所を尋ねることができますが、あなたが働きかけをしているその人にも尋ねてください。」
女性「今、骨が痛いんですが。」
ヴァイアナ「これは大変重要なことです。体の異なる部分が痛むということは、その部分に取り付いた感情が刺激されているということを意味します。おそらく、ひどい扱いを受けたと感じており、どうして誰もあなたを守ってくれないのだろうかと思っていることでしょう。これまでに誰かに守られていると感じたことはありますか？」
女性「自分自身以外誰もいません」
ヴァイアナ「守られていると感じ、自分を守り、そして誰かに守ってもらう方法をお知りになりたいですか？」
女性「はい」
ヴァイアナからセミナーの受講生へ
「これらの思考パターンは、私が取り除き、置き換えしているわけではありません。すべてなるものの創造主から感覚・感情と知識が彼女に授けられているのです」

ヴァイアナから女性へ「今どんな感じですか？　まだ痛みはあるかしら？」
女性「はい、あります」
ヴァイアナ「どうして、まだ痛むのでしょう？」
女性「私を傷つけた他の人たちのせいです」
ヴァイアナ「繰り返してください。『私は、弱い立場の人々が私を傷つけるのを許しました』」

彼女の筋肉反射テストの結果は「はい」です。

ヴァイアナ「弱い立場の人々にあなたを傷つけるのを許す必要がないこと、またこれらの状況に対処する正しい方法が授けられてもいいですか？」
女性「はい。今、痛みが増しています」
ヴァイアナ「あなたが若いとき、神様はどこにいましたか？」
女性「神様は私を裏切りました」
ヴァイアナ「私の後に繰り返してください。『神は私を裏切りました』」

彼女の筋肉反射テストの結果は「はい」です。

ヴァイアナ「私は、掘り下げを続けることもできますが、骨に問題があることはわかっています。神様があなたを裏切ったので、神様は存在しないと信じています。それらが身体の中で矛盾を引き起こしているのですね。神様に期待する方法、人々があなたを理解しているということがわかるということを、授けてもよいでしょうか?」

女性「はい」

ヴァイアナ「『愛する人たちが私を傷つけることを許します』という思考パターンをもっています。これを取り除いてもよろしいでしょうか? 痛みを伴わない愛があること、愛することができ、創造主の正しい定義を知る方法をお知りになりたいですか?」

女性「はい。今は、右のおしり（訳注 hip 臀部と大腿部を含む）が痛みます」

ヴァイアナからセミナーの受講生へ

「少し前は、痛みは左側でした。これは、彼女が若い頃に虐待されていた、あるいは、おそらく誰かに彼女は醜いとか悪いなどと言われたことがあるということを意味しています」

ヴァイアナから女性へ「あなたの右のおしりに触れてください。どのように感じますか?」

女性「胃がむかむかします」

ヴァイアナ「今、吐かないでください。もう少しで終わりますから。あなたは、安全であることをわかりたいですか?」

女性「はい」

ヴァイアナ「あなたの胃に触れてください。どのような感じがしますか?」

女性「消えてしまいたい」

ヴァイアナ「見捨てられたと感じることなく毎日を過ごし、安全であることを知り、消えてしまいたいと望まずに生きる方法をお知りになりたいですか？　私は、あなたがまだ母親の子宮で胎児だった頃のあなたに働きかけをしてもいいですか？」

女性「はい」

ヴァイアナ「今、どのように感じますか？」

女性「背中が痛いです」

ヴァイアナ「あなたの本当の両親について何かごぞんじですか？」

女性「いいえ、何も」

ヴァイアナ「子宮にいたときから本当の母親と父親によって愛されるという感じがどのようなものか、という感覚・感情が授かってもいいですか？」

女性「はい」

ヴァイアナ「今、どのように感じますか？」

女性「私の背中がまだ痛みます。和らいだように思いますが、両膝と両足に何か違和感を覚えます」

ヴァイアナからセミナーの受講生へ「感情のレベルでは落ち着いたものの、体は痛みが続いています。これは、解離と呼ばれています。彼女は、受けるものが大きすぎる場合には感情のスイッチを切るということを学びました。ヒーラーはしばしば、解離することができます」

ヴァイアナから女性へ「感情を感じることが安全であるということがおわかりになりたいですか？」

女性「はい」
ヴァイアナから女性へ「今、どう感じますか?」
女性「私の両足が痛みます」
ヴァイアナ「エネルギーは体を支える足に移動しました。もし、ありのままのあなたを愛してもらえるとしたら、あなたに起こる最悪のことはどんなことですか?」
女性「わかりません。私には全くわからないことです」
ヴァイアナ「繰り返してください。『ありのままの私を愛されるということが、どのようなことかわかっています』」

その女性の筋肉反射テストの結果は「いいえ」です。

ヴァイアナからセミナーの受講生へ
「彼女の両親からの愛を受け入れる方法は彼女に授けられましたが、彼女の体はこれらの感情を受け入れることができません。彼女にとっては、愛にたいしてこころを開くよりは、痛みを受け入れるほうが簡単なのです。なぜなら、彼女は十分苦しみを理解しているからです。彼女は、マグネシウムとカルシウムを必要とします。もし、愛を受け入れることができなければ、マグネシウムやカルシウムを受け入れることができません。ありのままのあなたのままでいるからこそ愛されているのだと感じる方法をお知りになりたいですか?」
女性「はい」
ヴァイアナ「今、痛みはどうですか?」
女性「腰と大腿骨の間の関節のところで強い痛みを感じます」

ヴァイアナ「繰り返してください。『痛みなして生きる方法をわかっています』」

彼女の筋肉反射テストの結果は「いいえ」です。

ヴァイアナ「この感覚・感情をおわかりになりたいですか？」

女性「はい」

ヴァイアナ「今、痛みはどうですか？」

女性「消えつつあります。今、消えました」

ヴァイアナ「彼女の体は、リフレッシュされたように見えます。軽々としていますね」

掘り下げの例10　豊かさ

ヴァイアナ「どんなことにたいして働きかけをお望みですか？」

女性「豊かさに関して。シータヒーリングは、困難な状況から抜け出る助けをしてくれ、離婚にいたりました。しかし離婚した結果、経済的な問題を抱えることになりました」

ヴァイアナ「豊かさはいろいろな方法で実現可能ですね」

女性「ええ、でも助けられたことなどないですし。誰かから何かもらったことなどありません」

ヴァイアナ「なるほど。私には私なりの豊かさの解釈があります。あなたにとっては豊かさとはどのようなことでしょう？」

女性「自由で、他の人から独立していたいと思います」

ヴァイアナ「創造主が、あなたがパートナーを得ることができると考えていたら？」

女性「それはそれで構いません。でも経済的に独立していたいと思います」

ヴァイアナ「他の誰かによって助けられることは、依存というわけではありません。創造主とお金についての思考パターンをもっているのだと思います。もしたくさんのお金をもっていたら、起こりうる最悪のことは何でしょうか？」

女性「どのように使えばよいのかわからないだろうと思います」

ヴァイアナ「たくさんのお金に対処する方法が授かるようにしましょう。自分はお金持ちであるとイメージしてください。どのようなことをしますか？」

女性「したいことは何でもできます——本を読んだり、文化を学んだり、セミナーに出たり、旅行をしたり。もう問題などはなくなります」

ヴァイアナ「問題がなかったら、何をしますか？」

女性「楽しみたいと思います。人生を楽しみたいと思います」

ヴァイアナ「それから？」

女性「他の人たちを助けたいと思います」

ヴァイアナ「誰を？」

女性「助けを必要とする人たちです。私の家族や親戚」

ヴァイアナ「わかったわ。で、次にはどのようなことが起こるでしょう？」

女性「わかりません」

ヴァイアナ「もし次に何が起こるかわかっていたとしたら、何が起こるでしょうね？」

女性「請求書への支払いをするのに何の問題もないでしょう」
ヴァイアナ「もし、先にあなたが挙げたものが消えてしまったら、どのような問題が起こりますか?」
女性「何もありません！　私の子供の問題を除いて」
ヴァイアナ「あなたの子供を過剰に助けると、どのようなことが起こりますか?」
女性「かれらは私を利用しようとします。誰もが、私を愛しているふりをするでしょう」
ヴァイアナ「あなたを本当に愛しているということをどのようにして知ることができますか?」
女性「たぶん、誰も私を本当に愛することはしないでしょう」
ヴァイアナ「あなたは常に皆の面倒を観るような人でしたか?」
女性「私はいつも多くを与えても、受け取るものが少ないのです。ですから、私が豊かなら人々は私にもっと多くを求めることでしょう。かれらのおかげで私の人生は台無しです」
ヴァイアナ「では、豊かさが人生を台無しにするということでしょうか?」
女性「はっきりとは、わかりません。わたしは人生で豊かだったことはありません」
ヴァイアナ「繰り返してください。『私は、豊かさを恐れています』」

筋肉反射テストの結果は「はい」です。

ヴァイアナ「繰り返してください。『私にはお金と豊かさがありすぎます。私が与えるもののためだけに、人々は私を利用し愛するでしょう』」（彼女の筋肉反射テストの結果は、また「はい」です。）
ヴァイアナ「お金持ちになりたいですか?」

女性「はい、でも、お金持ちになるのは恐いです」

ヴァイアナ「わかりました。たくさんのお金をもつことを恐れることなく、そして他の人たち、特にあなたが愛する人たちに利用されることなく生きる方法をお知りになりたいですか？　あなたが自由を失うことなく、愛され助ける方法を学びたいと思いますか？」

女性「はい」

ヴァイアナ「たくさんのお金をもつと、起こりうる最悪のことは何でしょうか？」

女性「何もありません」

ヴァイアナ「セミナーで教えたいと思いますか？」

女性「はい、でも一度も教えたことがないのです。セミナーのためだけでなく、私の精神的な能力を向上させて、他の人と自分を助けるといったことにシータを使いたいと思います。」

ヴァイアナ「豊かさによって得られる強みを得たいですか？」

女性「はい！」

ヴァイアナ「繰り返してください。『ヒーラーは貧乏であるべきです』」

彼女の筋肉反射テストの結果は、「はい」です。

ヴァイアナ「どうして、ヒーラーは貧乏でなければならないと感じるのですか？」

女性「わかりません。おそらく、貧しければ、苦しみが何を意味するかについてわかると思います」

ヴァイアナ「ヒーラーとなるには、苦しまなければならないと、思っているのですね？」

彼女の筋肉反射テストの結果は、「はい」です。

ヴァイアナ「もうすでに十分苦しんだということ、そして貧乏になることなく前に進むことができるということをおわかりになりたいですか？　豊かさを経験する権利を得たと思いますか？」

彼女の筋肉反射テストの結果は、「いいえ」です。

「豊かになるには、どうすべきでしょうか？」

女性「自分の責任は果たし、負債は返しました。私は、豊かになる権利をもっていると思います」

ヴァイアナ「今週の金曜日までに、豊かになる権利をもう一度得ることができるか確認してみましょう」

女性「素晴らしいわ！　宝くじを買わなくちゃ！」

ヴァイアナ「もし、金曜日までにもう一度豊かさの権利が得られるとしたらどうでしょう？　次には、どうなるでしょう？」

女性「わかりません」

ヴァイアナ「あらゆる状況にはそれを解決する方法があるということ、解決法を見い出す方法が授かるようにしましょう」

「解決方法を見い出します」

「創造主が私のことを守ってくれると信じています」
「周囲の人たちが私を失望させるにちがいないという思考パターンから私を解放します」
「創造主が私を守ってくれると信頼することができます」
「人生を改善するための解決策を与えられます」

ヴァイアナ「これらの感覚・感情の呼び覚ましがあなたに授けられてもいいですか?」

女性「はい」

ヴァイアナからセミナーの受講生へ
「彼女をよく見てください。彼女は今とても静かです。彼女を神経質にしていた唯一のことは、創造主を信頼するということでした。土台となる思い込みへの掘り下げを始める出発点です。それは人間についてのもので、創造主についてのものではないでしょう」

ヴァイアナから女性へ「誰があなたを失望させたのですか?」
女性「だれもかれもがです」
ヴァイアナ「どうしてですか?」
女性「私を利用したのです。私の気前がよかったので、だれもかれも私から奪っていきました。それでも、わたしはまだ気前がよいままですけど。私はいつも与える側で、決してお返しを受け取ることがありません」

ヴァイアナからセミナーの受講生へ
「彼女の反応から見て正しい方向に向かっていることがわかります」

ヴァイアナから女性へ「あなたのこころは悲しみに満ちています。他の人たちがこのようにあなたにふるまうとき、あなたはどうしますか？」

女性「私は怒ると思います。しかし、私を利用するのが子どもたちなら、断われません。」

ヴァイアナ「愛している人たちに断わることができますか？」

女性「たぶん、できないと思います」

ヴァイアナ「子供からの愛を受け取る方法を知っていますか？」

女性「それにたいして疑念をもち始めています」

ヴァイアナ「あなたに子供たちはどのようなものを返してくれますか？」

女性「私を愛してくれてはいますが、自分勝手です。とにかく、私の子供だけではなく、皆に失望させられてきました」

ヴァイアナ「あなたの両親は、あなたを愛していますか？」

女性「かれらに愛されていると感じたことはありません、それに、私の父親は亡くなっています」

ヴァイアナ「どうして、お父さんに愛されていなかったと感じるのですか？」

女性「父と一緒にいて楽しかったなんて記憶がないからです」

ヴァイアナ「もっと話してください」

女性「私の母親は、常に私より弟をかわいがりました。私はそのことを不満に思っていました」

ヴァイアナ「繰り返してください。『私は、必要十分な存在だ。いいえ』」

彼女の筋肉反射テストの結果は、「はい（必要十分ではない）」です。

ヴァイアナ「あなたは、自分が必要十分な存在だと感じ、愛されるというのがどんな感じかをわかりながら、自分が必要十分な存在だということをわかりながら、日々を過ごせるということをおわかりになりたいですか？」

女性「はい」

ヴァイアナからセミナーの受講生へ

「私は、創造主のところへ上昇し、何が必要か尋ねました。子供たちから愛を返されるよりも失望するほうが、彼女にとっては簡単なのです。彼女が必要十分な存在であると感じる方法が彼女に授けられました。彼女の子供は彼女を深く愛しています。彼女は、孤独感を感ずることなく豊かになることができます。また、創造主の新しい定義を注入しました。それは、人は愛を受けることができ、同時に自由であることができるというものです」

ヴァイアナ「今、どのように感じますか？」

女性「大丈夫です…」

ヴァイアナ「でも…？」

女性「何かを失っているような感じがします」

ヴァイアナ「何を失っているように感じるのですか？」

女性「わかりません。おそらくそれは過去の人生で自分がした悪いことすべてにたいしての対価を真に払ってはいないという考えではないかと思います。もうすぐ支払い期限が来る過去の人生での負債や請求がまだある、という感じがします」

ヴァイアナ「負債をもたずに生きるのが、どのような感じか知りたいですか？」

女性「はい。あまりにも複雑だと思うのです」

ヴァイアナ「何についてですか？」

女性「あの…私自身が」

ヴァイアナ「女性は複雑なものですよ！　それが女性の特質で、それで男性が混乱させられるのですよ」

女性「こころの奥底に怒りがあるのです」

ヴァイアナ「なぜでしょう？　何があるいは誰があなたをそのように感じさせるのですか？」

女性「わかりません。特別なことは何もありません。ですから、私は一生懸命働きかけをしているのですけれど、ある点に到達すると何かがやってきてすべてを台無しにするのです」

ヴァイアナ「計画があるということ、その計画がたやすく成功裏に実現できるという感じ、また素晴らしい計画がどんなものか、それを理解する直観力、そして行動を起こしてやり遂げるという感じについておわかりになりたいですか？」

女性「はい」

ヴァイアナ「繰り返してください。『私は、母親を喜ばせるために、失敗する必要があります。私は、成功するのが恐い』」

彼女の筋肉反射テストの結果は、両方にたいして「はい」です。

ヴァイアナ「成功を恐れることなく毎日を過ごすのがどんな感じなのかおわかりになりたいですか？　あなたが得るのに値する成功を受け入れる方法、そしてそれを認める方法が授けられてもいいですか？」

女性「はい」

ヴァイアナからセミナーの受講生へ

「彼女へのヒーリングは、ほとんど完了していますが、まだ何かが必要みたいですね。彼女は、次の呼び覚ましが必要かもしれません」

「私は、自分自身を受け入れる必要があります」
「私は、自分自身を充足させる存在です」
「私は、人生に感謝していると感じます」
「私は、人生に興奮していると感じます」
「人生は冒険です、そしてロマンスがあります」
「私は、人生を楽しむために、こころを開く方法をわかっています」

ヴァイアナ「お金があなたの人生に持ち込まれるのを許す方法をお知りになりたいですか？　あなたのまわりにいる人たちを愛し、愛されているという喜びをもつため、かれらを近付けないためにあなたがつくった壁を壊す喜び、感情的になることから解放されて、あなたのソウルメイトをあなたの人生に入れる喜びをもつこと、その方法をお知りになりたいですか？」

女性「はい」

ヴァイアナからセミナーの受講生へ

「彼女は、豊かさを受け入れる準備ができているでしょうか？　彼女は豊かさへの経路をたどることができるということを受け入れましたので、時間が解決するでしょう。私は、彼女が豊かさをもたらされることを知っているかどうか、それがあまりにも簡単にもたらされることを恐れるかどうかを探ってみたのです。あまりにも簡単に実現すると感じると、自分がそれに十分ふさわしくないのではと思うことがあります。しかし今、彼女に豊かであることは簡単にもたらされるという知識が授けられました。彼女はもう豊かさがもたらされても変だと感じることはないでしょう」

「このセッションは終了です、彼女は多少過敏になっていますが、それについて受け入れていくことがわかります。自分の人生が急激に変化するということを知るということは、常に、新しい感情を生み出すのです」

「思い込みへの働きかけでは、創造主があなたに語りかけることに注意を払わなくてはなりません。クライアントがあなたに話すことを聞いているだけであってはなりません」

あなたは、創造主のところへ上昇して、その人が何を必要としているのか尋ねることもしなくてはならないのです。

掘り下げの例11　糖尿病

このセッションは直観的解剖学のセミナーに参加したある女性とおこないました。

ヴァイアナ「何への働きかけをしたいですか？」

女性「私は糖尿病です。父親が亡くなったときに発病しました。亡くなる前は長年彼に会っていなかったので、私は悲しくそして怒りを覚えていました。過去についてケリを付けようと、ブラジルへ行き二ヶ月間ともに過ごしました。どうして父が私と私のきょうだいをあんな風に扱ったのか説明しなければならないことを父は知っており、それを恐れているのだと私にはわかっていました。彼が私に言おうとしていたことを知りたかったのですが、その話をする前に亡くなってしまいました。父は七十二歳で、健康上の問題はなかったのですが、突然心臓発作に襲われ、この話をする機会もなく亡くなりました。こういうことがとても残念であると感じました。

そんな時です。医者に私が糖尿病に罹っていると言われました。神経障害のために、両足の感覚がなくなり苦しんでいます。私は自分の足の感覚がなく、バランス障害をかかえています。食事の前や寝る前に一日四回インスリン投与をしなくてはなりません。そして体重が増え続けています。

ヴァイアナ「あなたは、父親により打ち負かされたと感じますか？　あなたは、父親があなたと話すことを避けることができたので、彼が勝ったと思いますか？　繰り返してください。」

「私は、落胆している」

「糖尿病を治すことはできない」

「私は、戦士です」

「糖尿病は私を弱めます」

「糖尿病は私を打ち負かしています」

筋肉反射テストはすべてにおいて「はい」です。

ヴァイアナ「これらのことを言葉にするとどのような感じがしますか？」

女性「わかりません。それらの一部は考えとして私の脳が受け入れませんが、一部は感じることができます」

ヴァイアナ「あなたと、あなたの父親の間で解決すべき何かがまだありますか？」

女性「はい。父は、私が彼に言いたかったことが何かを一部しか知りません」

ヴァイアナ「それについて、どのように感じますか？」

女性「がっかりしています。私がどのように感じていたかを言うことは、私にとって大変重要なことでした」

ヴァイアナ「もしできるならば、彼に何を言いたいと思いますか？」

女性「彼は、よい父親ではありませんでした、そして彼は他人をも愛することができませんでした。彼は、利己的で、自己中心的でした。私は、彼が私や弟たちを傷つけたので、怒りを覚えていました」

ヴァイアナ「父親への怒りに働きかけをしましょう。それが肝臓にあるので、そこに働きかけをします。私たちは、あなたの父親への怒りの感情を和らげていきます。この怒りは、彼にたいするあなた自身を守るためにつくり上げられたものです。あなたは、生きるのをやめたいと思うほど、糖尿病によって打ち負かされると感じています。あなたはこれまでに打ち負かされたことがなく、糖尿病を克服する力をもっているということをおわかりになりたいですか？　自分の力を取り戻すこと、これは、あなたの父親が亡くなったときに、あなたがしようとしていたことなのです。これらすべてをおこなう許可をいただけますか？」

女性「はい」

ヴァイアナ「あなたの父親を許したいと思いますか？　私の後から繰り返してください。『私は、父親を許すことができます』」

彼女の筋肉反射テストの結果は、「いいえ」です。

ヴァイアナ「この怒りはあなたにどんな影響を与えましたか？」

女性「怒りのおかげで、父とは異なる存在となることができました。彼はお金持ちになることに自分の人生を費やしました。……私は人々を助けることに自分のエネルギーを費やしています」

ヴァイアナ「ということは、この怒りは、彼の性格と正反対になるのに役に立ちましたね。あなたは、他の人々を愛するために、それを使いました。そんなに怒ることなくあなたの人生を歩みたいと思いますか？　この感情を追い出してしまう準備ができていますか？　あなたを怒らせるという義務から父親を解放してあげましょう。『私は、父親への怒りをもつことなく生きる感じがどのようなものかをわかっています』というのがどんな感じかおわかりになりたいですか？　この感覚・感情を呼び覚ましてもいいですか？」

女性「はい」

ヴァイアナ「彼がこの義務から解放されると、あなたも解放されるでしょう。私たち自身にとってマイナスの役割を演じる人たちでも、肯定的なものに変わることがあります。今私は、あなたの父親を許す方法、すなわち新しい思考パターンを浸透させたわけではありませんが、単に、この混乱の中であなたを束縛している義務から、あなたを解放しただけです。私の後に繰り返してください。『私は、父親を許すことができます』」

女性「私は、父親を許すことができます」

彼女の筋肉反射テストの結果は、「はい」です。

ヴァイアナ「いかがでしょうか。思考パターンが、感覚・感情の注入によって、変わりましたね。わかっているかどうかにかかわらず、父親への怒りによって、あなたは今日素晴らしい人になりました。彼からひどく扱われたので、自分が尊厳をもって人を扱うことができるように自分をさせたのです。膵臓と肝臓を見させていただきましたが、前とは違うように機能しているのがわかります。今はおそらく、自分の体が快復することを許可することができます。私の後から繰り返してください。私は、父親に怒りを感じます」

彼女の筋肉反射テストの結果は、「いいえ」です。

「私は、父親が嫌いです」

彼女の筋肉反射テストの結果は、「いいえ」です。

「私は、父親を愛することができます」

彼女の筋肉反射テストの結果は、「はい」です。

ヴァイアナ「どのように食物から栄養を得るのか、おわかりになりたいですか?」
女性「はい」
ヴァイアナ「今あなたは自由です。父親を憎む代わりに、いなくてどんなに寂しいかを感じることができるでしょう。それであなたの中の父親がよい人間になるわけではありませんが、現在あなたは美しく生きることができて、他の人たちの助けを受け入れることができるのです。たぶん、もっと働きかけをすることがあると思いますよ。でも、血糖値が下がっているので、低血糖にならないように注意してください。数日間、自分の血糖値には十分注意してください。決してインスリン投与をやめるように言ってはいけません。血糖度が安定しているかどうかを確かめるのは医師の役目なのです」

掘り下げの例12　腎臓

ヴァイアナ「ご自身について教えてください」
男性「私は、音楽家です。いつも出張ばかりで、常にトップの奏者でした。二〇〇〇年のことです。ブリュッセルにいたとき、ある夜具合が悪くなりました。演奏を終えてから、排尿ができないことに気が付いたのです。すぐに病院へ行き、炎症、つまり腎炎の一種であると告げられました。
医者は、『腎臓が二つとも硬い石のようになっています』と言い、抗生物質とホメオパシーの何かをくれました。その後、回復して演奏旅行を続けたのですが、昨年、演奏ツアーのひとつから飛行機で帰る際に腎不全が再発しました。透析を受けなくてはなりませんでしたが、症状は単純でした。つまり頻尿と排尿困難です。現在まだ、透析を受けています。」

ヴァイアナ「わかりました。あなたの器官を見てみましょう。その原因が細菌なのか、ウイルスなのかわかりませんが、その感じからウイルスだと思いますね。この問題は、奥様と家にいるときによく起こりますか？」
男性「はい」
ヴァイアナ「まだ、たくさん出張をしていますか？」
男性「はい。大変になっていますが、まだ続けています。六月に病気になりましたが、同月にはイタリア、八月にはキューバに行きましたよ」
ヴァイアナ「私は、あなたが出張を止めたいと思っていると感じます。これは本当ですか？」
男性「はい、もうずっとそう望んでいました。ずっと世界中をまわってきて、常に移動するのに疲れ果てたからです」
ヴァイアナ「あなたがヒーリングを受ける準備ができているのかどうか、疑問もありますね。私が思うには、あなたは奥様と恋をしています。奥様とともにいてリラックスするために、出張を止めたいと思っている、と感じます。彼女がいないと、水から外に出された魚のようですね」
男性「病気なので旅行してまわるよりも、家にいるほうが安全と思っています」
ヴァイアナ「あなたが回復したら、起こりうる最悪のことは何ですか？」
男性「何が最悪のことになるのか、イメージできません」
ヴァイアナ「音楽の仕事に戻ったらどのように感じるのでしょうか？」
男性「音楽は私の人生であり情熱です、しかし、自分自身の仕事の予定を自由に選びたいと思います」
ヴァイアナ「特定の予定で仕事をすることを強制されていますか？」
男性「契約があったので、何年もの間出張を強制されていたのです」
ヴァイアナ「成功することができ、それと同時に、できるだけ多くの時間を奥様と過ごすことができると、わかってもよろしいでしょうか？」

男性「はい」

ヴァイアナ「どうして、あなたは病気なのですか？」

男性「私は常に演奏していました、どんなに疲れ果てていても、常に出張していました。またいろんな国へ行くためにワクチン接種を繰り返していました。それらすべてが重なったのだと思います」

ヴァイアナ「この病気はあなたがもっとリラックスしなくてはならないことを、理解させるために発症したものです。もしあなたが癒されても、そのリラックスした感情を保持できますか？」

男性「まさに、私が欲しいものです。しかしそうすることができるとは思えませんが」

ヴァイアナからセミナーの受講生へ

「皆さん、ここに葛藤があることがわかりますか？」

ヴァイアナから男性へ「病気になることなくリラックスでき、リラックスをしていても情熱をもって生きることができる、ということをおわかりになりたいですか？」

男性「はい」

ヴァイアナ「私の後から繰り返してください。『私は、病気を追い出す準備ができています』」［彼の筋肉反射テストの結果は、「はい」です。］

「『病気からはすべて学び終えました』」［彼の筋肉反射テストの結果は、再度「はい」です。］

ヴァイアナからセミナーの受講生へ
「この思い込みへの働きかけは、さまざまな点で彼を助けましたが、より多くのセッションを続ける必要があります」

ヴァイアナから男性へ「あなたは今、癒しを受け入れることができますよ」

掘り下げの例13　虐待

ヴァイアナ「何への働きをしたいですか？」
女性「父親は私を四歳の頃から虐待しました。彼は常に私を恐がらせていたので、彼を憎んでいます。彼は、だれもかれも恐がらせました。母、姉、弟、そして私。彼は、いつも私を傷つけ、それを止めるように言っても、怒り、私を部屋に閉じ込めました。彼は言葉で虐待し、私と母を殴りました」
ヴァイアナ「いいわ。彼にたいするあなたの感情は今、どうなの？」
女性「もう恨んではいないですが、そうなるのには、かなりの努力が必要でした」
ヴァイアナ「あなたの母親にたいしての感情はどのようなものですか？」
女性「彼女は、私を守ろうとしました。しかし、彼女は自分が傷つくことを望まなかったので、本当に守っているというわけではありませんでした。私は、母が泣いているのを見て、創造主に彼女を助けるよう祈りました。なぜなら、私は母を愛していたからです、また父親が彼女を殺してしまうようなことは望まなかったからです」
ヴァイアナ「で、あなたは、創造主に怒っているのね？」
女性「そうではないわ」

ヴァイアナからセミナーの受講生へ

「彼女の頭がものごとをどのように修正するのか見ましたか？　彼女は、父親への感情に本当に働きかけをしていました。しかし、母親を助けることができなかったと感じているのです」

女性「私は創造主に、母を助けるようお願いしましたが、何も起こりませんでした。私は、父が嫌いではありませんでした。単に、彼にたいして憤りを感じただけです」

ヴァイアナ「赤い斑点があなたの首にありますね」

女性「さて、今日まで父は私の母を虐待しています。どう思われますか？」

ヴァイアナ「彼を止めることはできませんか？　その状況において、あなたはまた無力と感じているように見えます」

女性「はい。そして、本当に傷ついたのは、まさに同じことを私の弟が自分の息子にしているのを目にしたときでした」

ヴァイアナ「私の後から繰り返してください」

「私には、自分の母親を助けることができません」

「誰も、私の母親を助けることができません」

「神さえ、私の母親を助けることができません」「その女性の筋肉反射テストの結果は、すべて「はい」です。」

ヴァイアナ「どうして、あなたは母親にたいしてこのような気持ちをもつのです？」

女性「なぜなら、母への虐待をさせたままにしているからです」
ヴァイアナ「このふるまいを受け入れますか？」
女性「いいえ」
ヴァイアナ「その話をするとき、あなたの母親は何と言いますか？」
女性「私に電話をしてきて、父がどのくらい狂っているか、日に二、三回くらい話します。たとえば、定時に夕食の準備ができていない、ジャガイモが煮えていない、といったことで、父は狂ったようになります」
ヴァイアナ「あなたが四歳の時から、人生がこのようであったと言いましたね。あなたが覚えている最初のことは、どのようなことですか？」
女性「ある日、仕事から帰って来て、怒っているように見えました。私は恐かったので、タンスの中に隠れました。聞こえてきたのは、私の母の悲鳴と、父の怒鳴る声でした」
ヴァイアナ「それは、あなたにとって初めての、とても恐かった感情の記憶ですか？」
女性「はい」
ヴァイアナ「母親を助けるには無力であることは別にして、今どのように感じますか？」
女性「何か囚われの身みたいです。状況はさらに悪化して、父は人前では完璧にふるまいます。結果、皆が彼を好きになります。しかし、家に帰ると彼の気分は変わるのです。過去に彼がしたこと、今もし続けていることに、私はとても腹を立てています」
ヴァイアナ「しかし、あなたは彼に、あなたにたいしてそのようにふるまわせることはしませんね？」
女性「はい。今、私は、クリスマスに母に会うために家に帰ると、なんとか彼を抱きしめることができるのです」
ヴァイアナ「あなたは、母親のことについて話をするとき、肌に赤い斑点が現われますね」

女性「母が気の毒だと思います。母は、父の元を去ることができないのですから」
ヴァイアナ「両親の人生について話してください」
女性「父はいつも怒っていて、私は母を助けることができません」
ヴァイアナ「その状況についてのあなたの話では、あたかもあなたが本当にそれを感じていないようです。あなたの母親は、彼にあなたを傷つけるのを許しましたか?」
女性「母は、父を恐れています。その状況から逃れられないので単に生きる延びるためだけ、と母は言っています」
ヴァイアナ「そのような考えは、あなたの母親の育てられ方によるものなの?」
女性「わかりません。私は、母が逃げ出せるくらい強いとは思えません」
ヴァイアナ「私の後に繰り返してください」

「私は、母親と自分自身のために強くならなければなりません」
「私は、母を傷つけられないように、父が私を傷つけるのを許さなければなりません」
「私は、自分の母親の母親です」

この女性の筋肉反射テストの結果は、すべて「はい」です。

ヴァイアナ「誰かの子供であることが、何を意味するかわかっていますか?」
女性「いいえ、わかりません」
ヴァイアナ「あなたは、小さな子供だったことはありますか?」

女性「いいえ、ありません」

ヴァイアナ「私の後に繰り返してください。『私は、すべてのもの、そして皆から隠れなくてはなりませんでした』」

彼女の筋肉反射テストの結果は、「はい」です。

ヴァイアナ「安全と感じたことがありますか？」

女性「今は安全です」

ヴァイアナ「家での安全とはどのようなものかわかっていますか？」

女性「いいえ、わかりません」

ヴァイアナ「私は母親です、ですから、私はあなたの手に触れ、あなたがこれまでに娘として愛されたことがなく、本当の家庭の温かさを感じたことがなく、あなたの人生を自分の母親を守ることに費やしてきた、ということを理解します。

私は、子供となって、温かい家庭に住んでいるということ、安全であることが、どのような感じがするのかを、あなたに授けていいですか？　これは、あなたの母親にも同じ効果がありますよ」

女性「はい」

ヴァイアナ「私の後に繰り返してください。『私は、自分の母親を救うことができます』」

彼女の筋肉反射テストの結果は、「はい」です。

「私は、自分の母親を救わなくてはなりません」

彼女の筋肉反射テストの結果は、「いいえ」です。

ヴァイアナ「母親がその状況から逃げ出すことを望まないので、逃げるようにと母親に言えませんが、あなたは、自分自身がそこから逃れることを考えることができます。通常、男性の女性への扱い方がどんなものか、彼女はわかっていると思いますか?」

女性「いいえ、知らないと思います」

ヴァイアナ「どうして、彼女に言わないのですか?」

女性「すでに、彼女はそのことをわかっている筈です」

ヴァイアナ「あなたの両親にたいしての何らかの望みがありますか?」

女性「いいえ、ありません」

ヴァイアナ「あなたは、母親にたいする望みを失いましたね」

女性「そうしなくてはなりませんでした」

ヴァイアナ「どうして?」

女性「彼女を助けるのに疲れ果てていたし、彼女は私の言うことを聞いてくれませんでした」

ヴァイアナ「あなたの言うことを決して聞かないのですか?」

女性「はい、そうです」

ヴァイアナ「どうしてですか?」

女性「彼女は聞きたくないのです」

ヴァイアナ「彼女は誰かの言葉を聞きますか？」

女性「いいえ」

ヴァイアナ「誰もあなたの言うことを聞きたくない場合、あなたは怒りますか？」

女性「はい、そうです」

ヴァイアナ「あなたの母親は教養がありますか？」

女性「いいえ」

ヴァイアナ「私の後に繰り返してください。『私は、父親が嫌いです』」［彼女の筋肉反射テストの結果は、「はい」です。］

「どうして、この思い込みがまだそこにあるのでしょう？　私は、あなたはそれを取り除いたと思っていました。

私の後に繰り返してください。『私は、父親が母親にすることが嫌いです。私は、彼女が話を聞いてくれないので、母親が嫌いです。私は、バカな人たちが嫌いです』［彼女の筋肉反射テストの結果は、「はい」です。］

ヴァイアナ「父親から、どのようなことを学びましたか？」

女性「私の父親は、そのような仕打ちにたいしては寛容になる必要はないと教えました。私は強いのです」

ヴァイアナ「あなたの父親は、あなたがそのような仕打ちに寛容になる必要はないと教えました。あなたの母親は、このメッセージを理解していませんでした。ですから、このことであなたは彼女に腹を立てています。彼女は、彼が精神的な問題を抱えていると思うことで、自分自身の中で解決しています。しかし、あなたは、その彼女の考えに不満があります。もし、彼女が、あなたに耳を傾けることができたら、彼女に何を話すのでしょうか？」

女性「父が母を大切にしないので、彼のもとを去るように言いたいと思います。彼女は、そのように扱われたいでしょうか？」

ヴァイアナ「彼女は、犠牲者でしょうか？　彼女が単に状況を受け入れないために、彼女に腹を立てているのではありませんか？」
女性「彼女は犠牲者です。私は、彼女に彼のもとを去るように言いました、しかし、彼女はそこにいなくてはいけないと言っています。父は犠牲者が嫌いです、そして私もそうです」
ヴァイアナ「私の後に繰り返してください」

「私の母親は弱者です」
「私は、犠牲者が嫌いです」
「私は、強くない人たちが嫌いです」
「私は、両親がおかしいと思います」
「私は、決して弱者ではありません」
「私は、弱い立場の人たちに私を利用させなければなりません」
「私の母親は弱者です」
「私の母親は犠牲者です」
「私の父親は虐待者です」

その女性の筋肉反射テストの結果は、すべて「はい」です。

ヴァイアナ「私は、弱い人たちがあなたを利用することができないこと、あなたがかれらを許すことができることを、あなたに授けてもいいですか？」

女性「はい」

ヴァイアナ「繰り返してください。『私は、母親を救わなくてはなりません。私は、母親と話をすることができます』」

その女性の筋肉反射テストの結果は、両方とも「はい」です。

ヴァイアナ「私は、あなたに虐待を容認せずに生きる方法、そして自由に生きる方法を、教えてもいいですか？」

女性「はい」

ヴァイアナ「あなたの父親が理由で、あなたは強い女性でいます。私の後に繰り返してください。『私は、犠牲者です』」

彼女の筋肉反射テストの結果は、「いいえ」です。

ヴァイアナ「あなたは母親が嫌いではありません、でも、あなたは彼女や他の犠牲者、そしてあなた自身に腹を立てています。これら感覚・感情の呼び覚ましのおかげで、すべての思考パターンが溶け去りましたよ」

女性「四歳の時、私は父親の前でドアを閉めました。とても恐かったです」

ヴァイアナ「まだ、その恐れの感情がありますか」

女性「はい、あります」

ヴァイアナ「あなたの父親が近づいてきたら、最悪何が起こりますか？」

女性「彼は、私を殴り怒鳴る可能性があります」

ヴァイアナ「それより悪いことは、何もありませんか？」
女性「私は、彼を憎むことを強制される可能性があります」
ヴァイアナ「彼を憎むと、どのようなことが起こりますか？」
女性「子供の頃、彼が死んでくれたらいいと思ったことがあります」
ヴァイアナ「彼が死んだら、どのようなことが起こりますか？」
女性「平和になります」
ヴァイアナ「私の後から繰り返してください。『私は父親が生きている間、平和な生活をすることがどのような感じがするかわかっています』［彼女の筋肉反射テストの結果は、「いいえ」です。］『私は父親が亡くなると、平和を知ることになるでしょう』［彼女の筋肉反射テストの結果は、「はい」です。］私はこれらの思考パターンを変えて、平和の感情を、感覚・感情の呼び覚ましをしてもいいですか？」
女性「はい」
ヴァイアナ「あなたが四歳だったとき、あなたが彼の目の前でドアを閉めたので、父親は怒りました。今それについて、どのように感じますか？」
女性「恐れは消えました、私は今、平安を感じます」

ヴァイアナからセミナーの受講生へ
「彼女は、今明るく幸せになりましたよ」

掘り下げの例14　約束を守ること

ヴァイアナ「何への働きかけをしたいですか？」

男性「私の人生の重要な部分が消えているのです。なぜなら、私は生まれた土地から連れ去られたために、その当時のことを何も覚えていないのです。自分のルーツから切り離されているような感じです。私はオーストラリアで生まれました。最近そこに戻りたいという強い願望を感じます。しかし、その理由がわかりません」

ヴァイアナ「それであなたは、何を失っているのでしょうか？」

男性「そこに住んでいる一人の友人です」

ヴァイアナ「彼の名前は何と言いますか？」

男性「わかりません。覚えていません」

ヴァイアナ「最後に会ったとき、彼の風貌はどんなでしたか？」

男性「彼は一緒に育ったアボリジニの小さな子供でした」

ヴァイアナ「家族はいましたか？」

男性「二人の姉妹がいたのを覚えています」

ヴァイアナ「あなたは、その当時のことは何も覚えていないと言いました。しかし、あなたは多くのことを覚えていますね！　あなたは、帰ってくると彼に約束しましたか？」

男性「はい、去る前にしました」

ヴァイアナ「あなたのこころはいまだにその少年と交流していますか？」

男性「はい、しています」

ヴァイアナ「あなたにとって、このことはどのような意味をもちますか?」

男性「わかりません。かれらは私を待っているように思います」

ヴァイアナ「彼と彼の家族ですか? 今、彼は幾つになっているでしょう?」

男性「彼は四十五歳くらいになっていると思います」

ヴァイアナ「彼は、あなたがいつか戻ってくると期待していますか?」

男性「私は、彼にそれが何年後になるのかは言っていません」

ヴァイアナ「もし、あなたが言っていたとしたら幾つになった頃でしょうか?」

男性「五十歳、それがこころに浮かんだ最初の数字です」

ヴァイアナ「私の後に繰り返してください。『私は、私たちが五十歳になったとき、戻るという約束をしました』「彼の筋肉反射テストの結果は、「はい」です。」その期間の魂の断片をあなたの魂に注入しました。それをその頃に戻しましょうか? あるいは、この断片をそのままもっていたいですか? それとも、戻りたい?」

男性「はい」

ヴァイアナ「私の後に繰り返してください」

「私は、約束を果たすことを強制されます」

「私は、それを果たしたいです」

「私は、生得権を回復するために、その国に戻らなければなりません」

彼の筋肉反射テストの結果は、「はい」です。

「私は、オーストラリアに戻ることなく魂の断片を取り戻したいのです」

彼の筋肉反射テストの結果は、「いいえ」です。

ヴァイアナ「あなたは、この記憶から平和を得ますか?」
男性「明るい感覚があります」
ヴァイアナ「その頃のことを考えるのは、あなたにとってよいことですか?」
男性「はい」
ヴァイアナ「これらの記憶を簡単に取り戻せるよう創造主に助けをお願いしてもよろしいですか?」
男性「はい」
ヴァイアナ「あなたのお友達の名前は何と言いますか?」
男性「ライアンだったと思いますが、はっきりとわかりません」
ヴァイアナ「そして、彼の姓は?」
男性「ブラマ Bramma? だったような……」
ヴァイアナ「戻ったら、あなたは彼を見つけると思いますか?」
男性「はい、そう思います」
ヴァイアナ「彼と会う場所をわかっていますか?」

男性「はい、わかっています」
ヴァイアナ「いったん、オーストラリアに戻ったら、どのようなことが起こりますか？　あなたはお友達を探し出しますか、それとも彼があなたを見つけますか？」
男性「私たちは、お互いに見つけ合うと思います」
ヴァイアナ「あなたは、すでにどこで、いつ会うのかに同意していると思います。今、あなたのこころは軽くなっていますか？」
男性「はい、でも胸の上のほうに痛みがあります」
ヴァイアナ「どのような感じですか？　それはどのような痛みですか？」
男性「それは鈍痛で、そして、私が戻るということを約束したということだと思います」
ヴァイアナ「あなたの父親はオーストラリアから去ることを強制しましたか？」
男性「はい、しました。私は姉妹と残れるようにいろいろと頑張ったのですが、結局、オーストラリアを去ることになりました。というのも、祖父の容態が非常に悪かったからなのです。それから、私たちはイタリアに滞在しました。その後どうしてオーストラリアに戻らなかったのかわかりません」
ヴァイアナ「私の後に繰り返してください。『私は、私をここに連れてきた父親が嫌いです』［彼の筋肉反射テストの結果は、「はい」です。］この感情を取り除きたいと思いますか？」
男性「はい、そう思います」
ヴァイアナ「私の後に繰り返してください。『私は、オーストラリアから去ることを私に強制した父親が嫌いです』」
男性「私は、私の友人への約束を守ることができます」［彼の筋肉反射テストの結果は、「はい」です。］
ヴァイアナ「あなたは、世界中をまわって働きかけをし、多くの国でたくさんの家をもつ準備ができていますか？」

男性「はい、できています」
ヴァイアナ「あなたは、たくさん旅行をしなくてはなりません。結婚していますか?」
男性「結婚しています」
ヴァイアナ「あなたの胸の上部の痛みは消えましたか?」
男性「左側の痛みは軽くなっていますが、右側に強く残っています」
ヴァイアナ「それは、あなたの父親からくるものです。私の後から繰り返してください。『私は、父親が私を傷つけることを許します』［彼の筋肉反射テストの結果は、「いいえ」です。］『父親は私の人生で足を引っ張ります』］［彼の筋肉反射テストの結果は、「はい」です。］
「これは、どういう意味ですか?」
男性「自分を守る方法です」
ヴァイアナ「あなたの父親のせいで、オーストラリアに行けないのでしょうか?」
男性「いろいろ思い出してみると、私がオーストラリアへ戻れないということと父とは何らかの関連性があるように思います」
ヴァイアナ「私の後に繰り返してください。『私は、オーストラリアに戻ることを恐れています』［彼の筋肉反射テストの結果は、「はい」です。］どうして、恐れるのですか?」
男性「おそらくオーストラリアから帰れなくなることを恐れているのだと思います」
ヴァイアナ「もしオーストラリアに行ったら、そこに留まらなくてはならないと思いますか? そこで見つけるものに失望する感覚を恐れているのですか? あなたはこの状況にたいして、創造主を非難しますか?」
男性「ええ、私は、しばしば創造主に捨て去られると感じたことがあり、自分に起こったことにたいして創造主を非難しました」

ヴァイアナ「私は、『創造主を信じる方法をわかっています』と『自分の父親を信じる方法をわかっています』という思考パターンをあなたに与え、そして、あなたが安全に帰るということを授けてもいいですか？」

男性「はい」

ヴァイアナ「今、痛みはどこにありますか？」

男性「消え去りました」

掘り下げの例15　愛

ヴァイアナ「だれかに恋をしていますか？」

女性「はい、しています」

ヴァイアナ「初めてですか？」

女性「このような恋に落ちたのは初めてです…」

ヴァイアナ「これまでに、何回恋をしましたか？」

女性「三回です」

ヴァイアナ「今回との違いは何ですか？」

女性「私は変わりました」

ヴァイアナ「この愛についてあなたが感じることを話してみて」

女性「彼は私がいつも夢見ていた男性だと思います」

ヴァイアナ「それで、問題は何ですか?」
女性「彼は私を愛してくれていますが、私は恐がりなのです。私は、この関係をうまく扱えないかもしれません。何か恐ろしいことが起こるのではないかと思ってしまいます」
ヴァイアナ「どのような恐ろしいことが起こりうるのでしょう?」
女性「私から去って行くに違いありません」
ヴァイアナ「それで、何が起こるのでしょうか?」
女性「怒り、打ちのめされると思います」
ヴァイアナ「で、それから?」
女性「私は、彼に戻ってくれるようお願いします」
ヴァイアナ「で、それから?」
女性「そこから何かを学んだはず!　と思っていません!」
ヴァイアナ「それで、あなたが恐れるのはどのようなことですか?」
女性「自暴自棄になるかもしれません」
ヴァイアナ「私の後から繰り返してください」
「私は、自暴自棄になることを恐れています」
「私は、愛することを恐れています」
「愛しすぎると、人は私のもとを去ります」

女性の筋肉反射テストの結果は、すべて「はい」です。

ヴァイアナ「これまでも、いつもこのようでしたか?」
女性「はい、そうでした」
ヴァイアナ「何も恐れることなく日々を過ごしたいですか?」
女性「はい」
ヴァイアナ「私の後に繰り返してください。『かれらがあまりに私を愛しすぎると、私はかれらのもとを去ります』」

彼女の筋肉反射テストの結果は、「はい」です。

ヴァイアナ「この思考パターンも変えましょうね。私は、あなたの許可をいただいていますか?」
女性「はい」
ヴァイアナ「あなたは、創造主の愛することとそして愛されることの定義を恐れています。この男性とともにいて、彼と次の三十年間過ごしたら、どのようなことが起こるでしょうか?」
女性「幸せになるでしょう」
ヴァイアナ「この幸せが問題ですか?」
女性「私は、捨てられるのが恐いのです。おそらく、私は彼を満足させることができないでしょう」
ヴァイアナ「どうして?」
女性「私は、彼を満足させていません」

女性「どういう意味ですか？　あなたは、これまでに男性との長い関係をもったことはありますか？」
女性「はい、あります」
ヴァイアナ「どのようなことが起こりましたか？」
女性「お互いにもう好きではなくなったので、それは終わりました」
ヴァイアナ「長い恋愛関係を続けていく方法をわかっていますか？」
女性「はい、わかっていると思います」
ヴァイアナ「あなたから去った男性を憎みますか？」
女性「いいえ。でも再会したとき、わたしはイライラすると感じました。今は、大丈夫ですが」
ヴァイアナ「今、愛している男性のもとを去ることを恐れていますか？　たとえば、十年以内に」
女性「十年だけでなく、一週間以内でも、彼のもとを去るのは恐ろしいです」
ヴァイアナ「どうして？」
女性「私は、彼を満足させていないのではないかと思います、そして私は彼を満足させることができないのではないかと思っています」
ヴァイアナ「あなた自身が満足であるという感じをもって生きる方法を学びたいですか？　あなたは、これまでに満足感をもったことがありますか？」
女性「いいえ、あんまり。私の人生では、いつもこんな感じなのです」
ヴァイアナ「あなたが満足し、そして自由に自分を表現すると感じる方法を学びたいですか？　あなたとこの男性は仲良くやっていくことができて、そしてお互いに愛し合えると、授けましょう」
女性「はい」

ヴァイアナ「今、どのように感じますか？」
女性「とてもよい気分です」
ヴァイアナ「私の後に繰り返してください」

「この関係は、私の成長に貢献することができます」
「私は、この男性を自由に愛していることができます」
「私は、彼の愛を自由に受け入れることができます」

この女性の筋肉反射テストの結果は、三つすべて「はい」です。

ヴァイアナ「ときに私たちの恐れは、愛を私たちから遠ざけます。今、どのような感じがしますか？」
女性「気持ちが軽くなった感じがします」
ヴァイアナからセミナーの受講生へ
「彼女は、まだ少し新しい感情を恐れています。しかし、それに慣れますよ」

掘り下げの例16　体型

ヴァイアナから女性へ「自分の体形について、どう思いますか？」

女性「自分自身を見たくないです。私は、太っていて、そして静脈瘤をもっているので、自分の両足を見たくありません。水泳や浜辺が好きですが、水着を着ている自分の体を想像したくないのです。私の恋人は、私が醜いかどうかを気にしませんが、私にとっては重要なことなのです」

ヴァイアナ「そのままのあなた自身を受け入れるとしたら、どのようなことが起こりますか？」

女性「それはひどいことになります」

ヴァイアナ「誰にとってですか？」

女性「私の両親にとってです。私は、父親にとって脅威でした」

ヴァイアナ「それはどういう意味ですか？」

女性「彼は、私に厳しく接したため、私は一度ならず彼から逃げました。それに、もし私がとても美しかったとしたら、母が焼きもちを焼くでしょう。私が女性らしくありすぎることは間違いなのです」

ヴァイアナ「私の後から繰り返してください」

「私は、あまりに女性的であることを恐れます」

「あまりに美しい女性であることは間違っています」

彼女の筋肉反射テストの結果は、両方とも「はい」です。

「もし、私が真の女性であるなら、安全です」

彼女の筋肉反射テストの結果は、「いいえ」です。

ヴァイアナ「生きて、女性として安全に生きることを望みますか？　美しくあり、かつ、あなたの父親からの脅威も受けないで安全でいたいですか？」

女性「はい」

ヴァイアナ「あなたは、彼から逃げました。それはどのようなことを意味しますか？」

女性「何もありません。私は彼を愛していました、そして自分がしたことのために気がとがめました」

ヴァイアナ「何をしたのですか？」

女性「何もしません」

ヴァイアナ「気がとがめることなく生きたいと思いますか？　父親のようにあなたの夫を愛していますか？」

女性「はい」

ヴァイアナ「私の後に繰り返してください」

「私が美しかったら、私は夫のもとを去るでしょう」

彼女の筋肉反射テストの結果は、「はい」です。

ヴァイアナ「選択するチャンスが欲しいと思いますか？　美しくて、愛し合っているご主人とともに暮らすことができる、ということをあなたに授けてもいいですか？」

女性「はい」
ヴァイアナ「私の後から繰り返してください。『私は夫のもとに留まるために、今の状態を自分で選んでいます。私の夫は、もし私が美しすぎると、彼のもとを私が去るのではないかと恐れています』［彼女の筋肉反射テストの結果は、両方とも「はい」です。］私は、次の感覚・感情の呼び覚ましをあなたにしてもいいですか？『私の両足は美しい』そして『私の体形は美しい』」
女性「はい」
ヴァイアナ「今、どのように感じますか？」
女性「よくなりました。しかし、まだ完全ではないですね」
ヴァイアナ「あなたは、美しいと感じることを望みますか？　新しい感情が授けられたので、あなたのこころが恐れているのです」
女性「私は、美しくなる権利があるのかどうかわかりません。いつも美しい人々たちを見てきましたので」
ヴァイアナ「美しい人たちは、賢くないと思いますか？」
女性「いいえ。いやたぶん、はい、かもしれません。あるいは、彼女たちは賢くないかもしれません。でも、人々は、彼女たちの外見に魅了されて、誰もかれらの頭の中を気にしません。美しくなれない人は、優れたヒーラーにもなれないのかもしれません」
ヴァイアナ「美しさは、あなたを恐がらせますか？　女性は、美しい女性を恐れますか？」
女性「私は生涯、他の女性と競争してきました。もし自分が自分の知性をすべてさらけ出したら、勝てないのではないかと思います」
ヴァイアナ「私の後から繰り返してください。『美しければ、人は私に優しく対応します』」［彼女の筋肉反射テストの結果は、「いいえ」です。」『私が美しければ、男性は他の理由がない限り、癒されるために私のところへ来ません』［彼女の筋肉反射テストの結果は、「はい」です。］次の思考パターンと感情をあなたに与えてもいいですか？」

「私は、自分のクライアントである男性たちに尊敬され、同時に美しくあることができます」そして「私は、隠れることなく、生きる方法をわかっています」

女性「わかりました」

ヴァイアナ「あなたは今、ストレスを感じているように思います」

女性「たぶん、それはセックスについてです。私の母親は、私を尼さんにしたいと思っていたのです」

ヴァイアナ「見てみましょう。私の後から繰り返してください。『私は、尼さんです』［彼女の筋肉反射テストの結果は、「はい」です。］、『私は、美しいのです。セックスはしてはいけないものなのです』［彼女の筋肉反射テストの結果は、「はい」です。］」

女性「セックスは私にとって、ちょっと変なものと感じさせるのです」

ヴァイアナ「どうしてセックスはそのようにあなたの邪魔をしますか？」

女性「私は拒否されるか、バカであるかと思われるのが恐いのです。セックスするためには、完全に信頼できる相手ではないとだめなのです」

ヴァイアナ「セックスでよい気分になれる方法を授けてもいいですか？」

女性「はい」

ヴァイアナからセミナーの受講生へ「彼女はまるで、妻であることとヒーラーであることのどちらかを選ばなければならないように感じていますね」

ヴァイアナから女性へ「私は妻として、そしてヒーラーとして、あなたが美しくありうるという感じを、あなたに授けてもいいですか？」

女性「はい」

ヴァイアナ「今、どんな感じがしますか？」

女性「すばらしい気分です。とても気持ちが軽くなりました！　ありがとうございます」

【読者へのコメント】セミナー中のセッションでしたので、触れることができない問題がいくつかありました。どんな問題でしょうか？

第8章　存在の七つの層

存在の七つの層は、宇宙の、眼に見える、または眼に見えない力です。物理的に既知の世界だけでなく、現代科学ではまだ解明されていない力《フォース》で構成されています。あまりにも広大なので、人間のこころが存在の層を理解するためには、観念的な状態になる必要があります。つまり、シータ波の状態です。そうなることで、「すべてなるものの創造主」を介して、荘厳な説明しがたい力をも見通すことができます。また、存在の層のおかげで、「すべてなるものの創造主」の光り輝く栄光を理解することができます。

シータヒーリングとの関わりの中で、「真実の法則」により存在の七つの層の概念が私にもたらされました。この七つの層の概念がわかると、世界が物質的かつスピリチュアルに機能するしくみと理由、そして人間とどのように関わっているのかが理解できるようになります。七つの層は人類の発展のためのしくみであり、宇宙の秩序と、まるで壮大な交響楽を奏でるように自然に一体となって機能しています。しかし、信念体系《ビリーフ・システム》によってそれが阻まれてしまうこともあります。ときには、層の「ブレイン・キャンディー（訳注　一時の知的欲求を満足させるだけのもの、知的おしゃぶり）」にたぶらかされることもあるでしょう。

各層にはそれ自体の特別なエネルギーがありますが、ここでいうエネルギーとは、バイブレーション（振動・波動）です。それ自体の条件、規則、法則、および誓約において存在しています。各層について簡単に説明し、次の章から一つ一つ考えていきましょう。

第一層

存在の第一層は、地球上に存在するあらゆる無機物で構成されています。つまり、加工されていない状態でこの地球を形成しているすべての構成成分であり、元素周期表に載っている炭素基に結合する前のすべての原子です。鉱物《ミネラル》やクリスタル、土壌や岩石がこれに含まれます。小さな水晶から最高峰の山に至るまで、無機物のかたちをとりながら、地球のあらゆる要素で構成されています。

第二層

存在の第二層は、有機物、ビタミン、植物、樹木、妖精やエレメント（四大元素）で構成されています。この層の分子構造は、炭素の基本骨格をもつ炭素化合物を含むため有機物質となります。非有機物の鉱物（ミネラル類）と有機物のビタミンは、両方とも、生命の存在に不可欠な要素です。

第三層

これは、動物と人間が存在する層です。自分たちが使うためにつくり上げてきた部分もあります。私たちは、感情、本能的な欲求、情熱の支配という困難や、物質的世界で人間の身体として存在する現実というものを、この層で抱えているのです。これはタンパク質基の生命体の層です。

第四層

存在の第四層は、霊魂の領域です。ここは、人が死後に存在する層であり、先祖たちが先に行って待っている場所

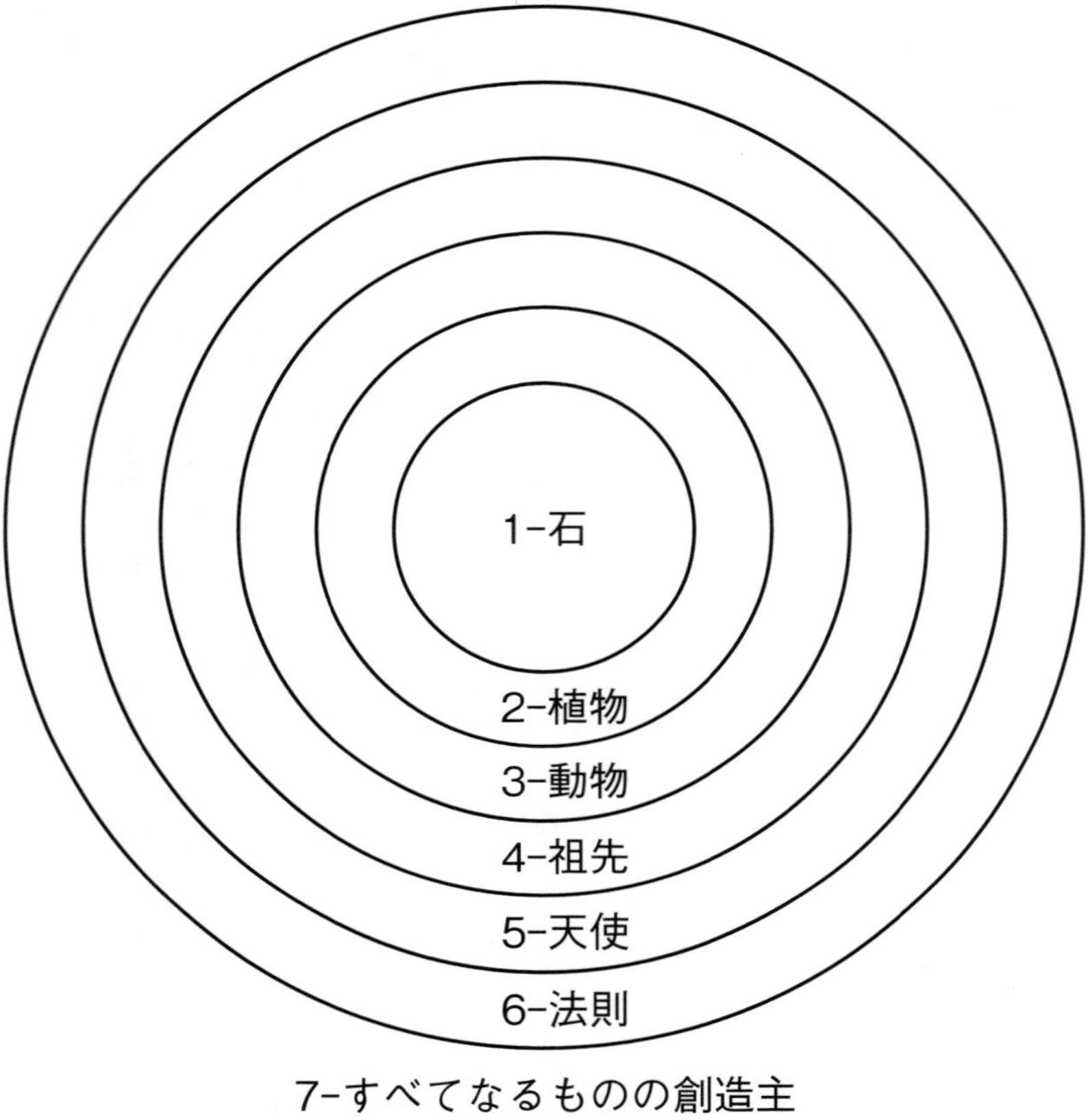
1-石
2-植物
3-動物
4-祖先
5-天使
6-法則
7-すべてなるものの創造主

です。ここがいわゆる「霊界」と考えられているものです。

第五層

この層は二元論的な精神世界では、最後に到達する層です。数百にも及ぶ階層に分かれており、低い階層には、好ましくないエネルギーを帯びたエンティティ（霊的存在）が留まっています。そして、高い階層は、天使、ソウル・ファミリーを案内する十二使徒、ソウル・ファミリー自身、マスター、聖なる神的存在の領域です。

第六層

この層は、法則の層です。時間の法則、磁気の法則、引力の法則、光の法則、その他多くの宇宙の基礎構造をつくり上げている法則から成り立っています。

第七層

これは「すべてなるものの創造主」の層です。これは、ヒーリングやリーディング、最高最善の現実化のために使用する層です。

各層へつながるには

直観力のある人たちは、能力の開花に伴って、存在の各層のエネルギーへつながり始めることでしょう。ＤＮＡ活性化の効果のひとつに、存在の層へつながり自由に行き来することが可能になる、ということがあります。ＤＮＡの活性化で新しく目覚めさせられたＤＮＡ鎖があるとしましょう。体内のＤＮＡ鎖は一万以上の機能を制御しているので、その目覚めたＤＮＡ鎖が、特定のもの（たとえば、幸福、愛、その他の感情）とだけ関係していると考えるのは不合理なことです。新たな相同染色体がつくられるたびに、「すべてなるものにつながっている」という言葉の意味を深めながら、新しい領域、層のさらなる理解が深まっていきます。

各層には、その層を通した聖なる存在のビジョンがあります。求めるものにはその層を通した見方で、聖なる存在が定義されます。私は、このようにして宗教が形成されるのだと思います。つながりは、層の意識においてなされ、その層の信念体系《ビリーフ・システム》が投射され、文章になります。各層の美しさと威厳、その信念体系《ビリーフ・システム》、力、そしてヒーリングの特性によって人は惹きつけられていくのでしょう。

私たちは、存在の層すべてに影響されます。私たちの一部分は鉱物《ミネラル》です。また植物を食べることから一部は植物とも言えます。その身体は動物と言えます。また私たちが精神（霊魂）をもつことから、精神（霊魂）領域とも言えます。さらに、宇宙の法則のもとに生きていることから、第六層につながっている存在でもあるのです。

では、ミネラル類が不足すると、病気になることもあるのでしょうか？　答えは「はい」ですね。しかし、あなたは、感情的思考パターンが原因で、ミネラルの吸収ができないために、不足しているのかもしれません。不足したミネラルを取り続ければ、感情的な思考パターンを通して機能が改善されるでしょうか？　最終的にはそうなるでしょう。しかし、私たちは、とてもたくさんのもの、先祖とさえつながっています。先祖は、過去のＤＮＡへとつなぐものですので、自分がすべてひとつだと考えることができれば、それだけで、遺伝的に受け取ってしまった思考パターンを解消できることもあるのです！

神という概念

多くの人が、神や神的な存在を信仰する素因遺伝子をもっていると言われています。これを「神の遺伝子　God

gene」と呼ぶ人もいます。この素因子によって生き残ることができる場合があることを考えると、驚くに値しません。通常は気がつかなくても、いざ困難にうちあたると、信仰あるいは、創造主と対話をすることが助けになるのではないでしょうか？　この対話の中で、私たちすべてに存在する内なる神聖なる存在へとつながり、それを物質界に引き上げることで、人生を豊かにするのです。

歴史を通して、人類は神聖なる存在を探求してきました。家庭内、外の社会、宗教やより最近の現代科学などから受けるさまざまな影響により、神聖なる存在の認識は、絶えず変化しています。科学の概念は、必ずしも、神聖なる存在に相反するものではありません、またそのようにつくられたものではありません。宗教または神聖なる存在に相反するための「謀反」などではありません。科学は単純に、説明可能な事実を通しての私たちなりの宇宙の観測であり観測結果なのです。そう考えると、神聖なる存在の概念そのものを「科学の一分野」として考えることもできます。つまり、また物理的因果関係に縛られることのない、むしろ目に見えない思考や思い込みによって動かされる精神世界の観測なのだと言えるでしょう。

神聖なる存在を信仰することは、死と来世の望みについて説明を試みるものであるという人たちがいます。いったん、私たちが死ぬと無となるという懸念が広がっているようです。もっともよく見られる恐れは、「無への恐れ」です。この思い込みは、宇宙の表面的な唯物論的な見解から発生するものでしょう。想像力や自己愛の欠如なのです。私の見解は、「無に帰すことはない」ということです。「では死んだらどこに行くのでしょう？」と思うかもしれませんね。物質界を去ると、多くは進化した、高い次元に転送されるのだと思います。高い次元の能力は、まだ第三層にいる人たちにとっては、神秘的な力のように感じられるでしょう。

セミナー中に受講生を第七層に上昇させるとき、受講生はそれぞれ自分自身の脳内で、伝達媒体、つまり神経細胞へと導かれます。伝達媒体は、各原子に存在する原子エネルギー内で移動します。こうすることによって、受講生のこころは、覚醒、つまりすべての分子・原子・亜原始粒子につながっているということへの目覚めによって刺激を受けるのです。これが上昇での最初の段階です。

この世界で起こっている途方もない競争をする必要がないということを認識させてくれるのは、この自分自身の内部での覚醒であり、それによって二元論的闘争に終わりが告げられるでしょう。宇宙の甚大な力は、私たちの内側にこそあります。私たちのしっかりした思考を通して見い出されるのを待っています。いったん、この力が自分の内部で認識されれば、それは、日常生活の全体系へと流れ出て、存在の第七層の巨大な大宇宙への、また「すべてなるものの創造主」へと、存在の層を通って広がり、共創造をなしていきます。

過去においては、一つ一つの存在の層での経験から学習し、メッセージを学びとってきていたように思います。第五層のメッセージは無条件の愛で、第六層のメッセージは、絶対的な真実と、おそらく、慈愛でしょう。今こそが、意識的に生命の共創造をなすことに目覚め、認識し意識するときなのだと思います。

各層の見え方

各層についてどう見えるのかは、スピリチュアルな進化や波動のレベルによって異なります。第一層から第六層までのエネルギーがどう認識されるかは、人によって違うでしょう。たとえば、二人の人が存在の第五層で同じ天使につながっていても、この二人には、各々違って見えます。というのも、私たち皆の波動の周波数が異なっているからです。同じ天使が人によって違うように見える理由はこの波動の違いにあります。天使の本質は同じですが、私たちが異なっているのです。ですから、二人の人たちの認識において、正しいあるいは間違っているということはないのです。異なるのは波動だけなのです。

また、すべての層には、それ自体の特定の周波数やヒーリングのエネルギーがあるということを理解してください。

力によって自分が浪費されることなく、その層の力を引き出すというのがコツです。存在の層について精通するのにクンダリーニをゆっくりと目覚めさせることが大切ですが、目覚めていることが大切です。

自分でコントロールして純粋なシータ波に深く入り込めるようになればなるほど、第七層の「すべてなるものの創造主」を通して、他の層へのアクセスが無理なくできるようになります。

第9章　存在の第七層

第七層は、すべてを内包した、創造の純粋なエネルギーです。ここは、純粋な英知、創造的なエネルギー、純粋な愛、瞬間ヒーリング、現実化、そして最高次元の真実の場なのです。また、他の層を形成するのも第七層です。というのも「すべてなるもの」の亜原子の源だからです。それは、創造における原子核であり、生命体をつくり出す電子・陽子・中性子を内包しています。これらの素粒子は、すべての生命体の源です。

第七層の「すべてなるものの創造主」を通して、瞬間ヒーリング、瞬時の理解、そして瞬間的な結果が生み出されます。ヒーリングが第七層からおこなわれる場合、最初の六つの存在の層を支配する契約や条件を守る義務はありません。

各層は、薄いベールによって分けられています。そのベールは、この惑星上のすべての男性、女性そして子供たちの潜在意識の中で思考パターンとして存在します。第七層に上昇するとき、私たちは、これらのベールをはずす方法を学びますから、すべての層は別々ではなく、つながっていることを理解することができます。いったん、こころ（潜在的なレベルの）が、（単にそれについて話すことによってではなく、そのように生きることで）躍動できたなら、それらの層が影響され、現実化、物質界における身体のヒーリングがなされるのです。これは、存在の層が同時に開かれるという点において、人類の歴史では初めてのことです。

第七層を理解する

第七層の理解に到達するには、まず、第一層から第六層までの層はただの幻想で、その幻想は各層の存在が創造したものであることを理解しましょう。純粋な真実は第七層であり、「すべてなるものの創造主」、すなわち、存在するすべてを動かし、絡み合わせて、結びつける「精神」です。私は、このエネルギー、つまり原子自体の純粋なエネルギーで陽子の粒子のことを、「すべてなるもの」と呼んでいます。「聖霊」や「源」の名で呼ぶ人たちもいます。どう呼んでもかまいません。シータ波の状態で実践された純粋無垢な意図が、純粋な愛であるこのエネルギーへアクセスする要因を決定するのです。

第七層のエネルギーを使うと、あらゆる選択肢を顕在意識レベルで認識することになります。ドラマのような劇的な出来事、混沌そして退廃のようなことは、些細で空虚なことですので、そんなことで時間を無駄にしないでください。問題になるのは、自分を非難しなくても、課題は変化することができます。思い込みは、瞬時に変えることができます。いったん、第七層を理解すると創造の智を得ることでしょう。

第七層において実践するようになると、現実化の能力が即時に向上します。よくないことまで現実化されてしまうことがないよう、マイナスな思考を避けることが重要です。

誓い、誓約、思考パターンは、どれも第七層へのアクセスを阻止し、存在の層に熟達するのを阻む可能性のあるものです。

第七層を利用するために浄化すべき宣誓や誓約

次は、多くの人がもっているとは思っていない誓いです。

「私は、創造主につながるためには、死ななければなりません」
「私は、創造主とともにいるためには、苦労しなくてはなりません」
「私は、神（創造主）にたいする愛情を証明するために、あるいは神（創造主）を喜ばせるためには、死ななければなりません」
「私は、スピリチュアルな成長のために苦労しなくてはなりません」
「私は、スピリチュアルな成長のためには、死んでから戻って来る必要があります」

第七層へのアクセスを邪魔する思考パターンと置き換え

「私は、力をもつことを恐れます」を
「私は、力をもつことがどのような感じがするかを理解しています」または
「私は、自分の力は安全だとわかっています」と置き換えます。

「私は、創造主に近づくと孤独にならなくてはなりません」を
「私は、創造主に忠実であり、かつ仲間になることができます」または
「私は、誰かを愛し、そしてかつヒーラーになることができます」に置き換えます。

「私は、創造主に近づくには、感覚器官のひとつ、つまり目や耳のようなものを犠牲に捧げなくてはなりません」を
「私の体、こころそして魂は完全に一致しています、そしてすべての感覚器官を備えています」と置き換えます。

第七層からのヒーリング

ヒーラーが第七層につながって、創造主のエネルギーでのヒーリングを観届けると、そのヒーリングがもたらされます。それくらい単純なことなのです。

第七層を使うヒーラーは、瞬間ヒーリングを実践することができます。もちろん、クライアントの自由選択権は尊重する必要もありますし、かれらの思い込みが妨げるかもしれません。けれども、第七層では、病気は単に完全な健康に転換されることができます。また、他の層を使うヒーラーは、その層の波動に疲れきっていることがありますが、第七層では、人間の波動を最高最善の状態に変えている間、ヒーラーを愛をもって抱擁しているのです。

第七層のエネルギーを用いるヒーラーは、自分自身にも最高最善なる健康をもたらします。かれらは、他の層の宣誓や誓約によって束縛されることなく、けれども、どの層も用いることができます。自分の思考を制御する方法を理解し、瞬時の現実化を体験することで、恐れによって結びつけられた思い込みという制限を取り除くことができるのです。

ヒーラーには、自分たちが、神の神のところへ行くと思い、第七層を用いることを恐れる人がいます。しかし、創造主はこう告げています。「分け隔てるものはない。単にすべてなるものの一部として、自分が生まれるときからもっている権利を使っているだけなのだ」と。

第10章　第六層

存在の第六層は、偉大なる虚無と言われてきましたが、この層は、法則を統《す》べる層なのです。私たちの宇宙、銀河、太陽系、地球、また私たちさえ支配する法則があります。他の層すべてを支配する法則もあります。これらの法則があるがゆえに、各々の存在の層の間には、想像上の境界があります。しかし、実際にはすべてはひとつです。

法則には、スピリットのような本質があります。つまり、法則は、生きて動いている意識なのです。歴史を通して、それらをスピリチュアルに媒介することができ、人類の波動を上昇させることを可能にできた人々がいます。プラトン、アリストテレス、レオナルド・ダ・ヴィンチ、ガリレオ、ニュートン、テスラ、エジソン、アインシュタインといった人々は、この能力をもって生まれてきました。たとえば、テスラは、磁気学の法則と電気の法則を導き出しました。

「法則」を呼び込む

私がリビングルームにいるときに、巨大な顔がいくつか現われたことがありました。それは「法則」が顔のかたちを取ったものでした。初めて話しかけたときは、それが何なのかわからず、恐怖におののき、気が狂ったのかと思いました。けれども数日もすると、私は好奇心をそそられ、いったい何なのか見極めようと決心できました。それが本当だったことを自分自身に証明するためにも、二人の友人に見せたいと思い、戻って来てくださいとお願いしました。それが実際、巨大な顔が私と私の友人の前に現われたとき、一人は気絶し、もう一人は、部屋を動いている明るい光の輪を見ました。

私の好奇心はさらにそそられました。私は、オフィスを建築するのをボランティアで手伝ってくれていた十七人の人たちに試してみることにしました。私たちは全員、心霊現象について話し合い、その課題は法則に向けられました。この中の多くの人たちがこの種のことにこころを十分に開いていなかったのですが、私は、かれらのために法則を呼び出すことに決めました。

法則を呼び出すと、部屋の中で浮かぶ光の球体がいくつか現われました。その時、部屋にいたほとんどの人たちは眠りに落ちてしまいましたが、眠らなかった人たちにはその光が見え、そのうちの一人が、法則に語りかけたいと考えました。実は彼は飛びまわる球体を不快に思っていたのですが、原因と結果を大切にするタイプの人でしたので、因果関係の法則に私たちの層に来ていただけるようお願いしました。

因果関係の法則は私の体に大きな力とともに入ってきました。私は、壊れていくような、途方もない重さを感じました。聞いている人々に話しかけるために私の体を使ったのでした。それが終わったと感じ取って初めて、私のまわりで起こっていることに気が付きました。

法則を試そうと、一人が「感情とはどのようなものでしょうか？」と尋ねました。すると、法則は、感情とはどのようなものかを自分はわかっているのだということを示すために私を窒息させ始めました。私は真っ青になり、親友の一人であるマークが私を助けてくれました。彼は、法則に私の体から出て行くように命じました。それは去り、私は深くあえいで再び呼吸をし始めました。

法則を自分の身体空間にもたらすことはほとんど殺されるのに近いものがありました。第六層に自分の意識を送り、第六層で法則と話をして知識を得ることは差し支えないけれども、ひとつであれ、複数であれ、法則をこの層に呼び入れることは、よい考えではないということを、身をもって理解しました。これらのエネルギーは、宇宙を動かすほどのものなのです。かれらは信じられないほど強力で、法則自体がもっている力をすべて利用することは、人間の体にとっては困難なことです。常に存在の第七層を通して話しかけるようにしましょう。

第六層からのヒーリング

ヒーリングで、トーン（音色）、色、数、磁気、神聖幾何学、地球の磁気網、占星術、数理神秘学を用いるとき、ヒーラーは常に存在の第六層を活用しています。たとえば第六層には、完全に体のバランスを取って、あらゆるウイルスの波動を変化させるトーン（音色）についての知識があります。第六層の哲学は、「壊れていたら、修復する」です。

存在の第六層を用いるヒーラーは、自分たちが幻想の中に生きていて、自身の幻想に向かっている指示を出していることを認識しています。進化するために自分自身を痛めつける必要はないことを知っています。善と悪の戦いは消滅し、純粋な真実と置き換えられる層です。

シータの実践をしているときに、活用される法則のひとつに、真実の法則があります。この法則は人生を通じてあなたを助けるでしょう。

何かの法則を活性化するには、まずは必ず第七層へ行ってください。そして、その法則のエネルギーを適用するためにエネルギーを繋ぎ止める必要があるなら、第七層で、最初にその「法則の名前」は何か尋ねてください。もたらされた名前は、その法則を活性化させるトーン（音色）あるいは波動そのものです。尋ねて待っていると、そのエネルギー、波動、情報がもたらされます。

Hall of Records（記録保管庫）と呼ばれる人のあらゆる生の経験についての情報が保管されている場へアクセスする方法を学ぶのも、第六層においてです。Hall of Recordsへアクセスしている自分たちのビジョンに適切なシータ・デルタ波を保つことでそれが可能になります。

第六層のヴォルテックス（エネルギーの渦）

私がガイと初めてデートをし始めた頃のことです。もう何年も前になりますが、当時、私はよくアイダホ州ロバーツ市のほうにドライブに行っていたものです。ロバーツの地域は、独特の奇妙な気象パターンがあり、冬はとりわけそうでした。太陽が空気を暖めると、湿気がスネーク川から生じ、それが霧になり、ときには濃霧のために運転が危険になることもあります。そしてその時に突然気温が下がると、霧は川の近くの土地を通って流れてきます。サイキック能力がある者にとって、この霧は、ありとあらゆる心霊現象への玄関口のようなものです。

そうなると、地域全体が不気味な場所になり、ガイ・スタイバルがそこに住んでいた当時は特にそうでした。ガイの家に通じる路は、「スタイバル小路」という名前で、最初にこの土地に住みついた曽祖父にちなんでつけられました。伝説によると、広い「バセット通り」から「スタイバル小路」に入るところは、先住アメリカ人の埋葬地だったと言われています。「スタイバル小路」では、昔の古い時代のままの服装をしたアメリカ先住民が歩き回っている恐い光景を見かけたことがある人たちもいました。このあたりは、他の不思議な光景もありました。特に、曲がりくねったスネーク川からの霧が立ち込めるときには。ある夜、ガイと私は興味深い光景を見ました。

ガイの語ってくれた話

一九九七年の冬、私はヴァイアナと出会い、デートが始まりました。私たちは別々の家に住んでいましたので、できる限りお互いに家を訪問していました。私は、牧場で働いていましたし、ヴァイアナはリーディングをしていました。私たちはそれぞれとても忙しかったのです。私たちは交代で、お互い訪問し合っていましたが、この霧の冬のある夜は、ヴァイアナが私の家に来る番でした。

その夜遅く、彼女は、娘のボビーのために家に帰らなくてはなりませんでした。というのもボビーは妊婦だったからです。私のほうは、芽生えたばかりの恋愛の生みの苦しみの中にいて、できる限りヴァイアナと時間を過ごしたいと感じていましたので、車までヴァイアナを見送りに出ました。夜になり、深い霧が立ち込めています。ヴァイアナが駐車していた車へ近づいて行くにつれて、私たちは、高さ十メートル弱のところに二段になったエネルギーがゆっくりと渦巻いているのを見ました。渦巻は、動きの遅い真珠色の塵旋風《つむじかぜ》のように見えました。それらのひとつは、ヴァイアナの車の近くにいて笑っていました、彼女はその中央に歩いて入り、腕でその渦巻いている動きを真似しました。そこから出てくると、この渦巻きはヴォルテックスで、次元の間に開いている入り口なのと言いました。興味のある内容でしたが、ヴァイアナは、それ以上説明する時間がありませんでした。彼女は、車に飛び乗り、アイダホ・フォールズへゆっくりと霧をぬけて出発して行きました。

家に帰ってから、彼女が電話をしてきて、ヴォルテックスについて知っていることを説明するわと言いました。その説明によると、ヴォルテックスは、次元、空間そして時間の間隙をつくり出す陽イオンと陰イオンのエネルギー場《フィールド》で、いろいろな種類のヴォルテックスがあるそうです。あるものは自然発生、または思考形式を通してつくられたり、儀式によってつくられたりするものさえあります。

ヴォルテックスは、大きな変化を起こす機会をくれることもありますが、そのエネルギーは、あなたがよい時空間にいるときしか役立つものになりません。ですから、その経験をする前に、自分が意識にしっかり集中しているかどうか確かめてください。そうでないと、あなたのエネルギーはヴォルテックスによってあちこち別の方向に引っ張られるはめになります。自分の人生の計画や使命にあなたを集中させておくには、チャロアイト（訳注　世界三大ヒーリング・ストーンのひとつで紫色の美しい石）あるいはラブラドライト（曹灰長石）のような、チャクラのバランスを取り保護するお守りを身に着けるとよいでしょう。

ヴォルテックスは、認識されているよりもたくさん私たちの周辺にあります。また、多かれ少なかれ、私たちの内部、外部にヴォルテックスがあるのです。

　身体の神経系は、ヴォルテックスのエネルギーを感じ、そしてつくることもできます。そうしたヴォルテックスは、他の人々からよいものや悪いものを引き出すこともできます。ヒーラーは、自分自身をヴォルテックスとして制御しながら、浄化すべきものを取り除きます。その浄化するものが第三者の問題であるときは、気をつけてください。その人に圧倒的なマイナスの信念体系《ビリーフ・システム》がある場合、その身体空間に入るには、存在の第七層の「すべてなるものの創造主」を通って入ることが大切です。第七層を介さず、第三の目《サード・アイ》から直観的に身体空間に入り込むと、思考パターンを引き起こしてしまいます。もしその思考パターンがクライアントにもプラクティショナーにもある場合は、その思考パターンにたいして反応してしまい、思考パターン通りのことが、クライアントとの間に起こってしまうことになりかねません。たとえば、クライアントに、「誰も自分のことを気にかけてくれない」「だからかれらは自分にとって重要じゃないのだ」という思考パターンがありそれが引き起こされたとします。プラクティショナーがしっかりとそれがプロセスだと理解していないと、プラクティショナーが忙しくなってクライアントに対応する時間がなくなり、その結果、クライアントは自分が無視されたと感じるということになるかもしれません。マイナスの思考パターンからつくられる人のヴォルテックスのエネルギーに反応しないことが大切です。

　思考パターンによってつくられるヴォルテックスのエネルギーを観るためには、自分の第三の目から直接その人の身体空間を「観る」ように命じ、その人のまわりの渦巻いて脈打つエネルギーを観届けてください。オーラを観届けるときもよく似たやり方をします。

　人の中で制御されていないヴォルテックスのエネルギーは、かれら自身のふるまいへ、また周囲の人々にも影響を与える可能性があります。直観的な人の中には、身体の電気パルス（それ自身がヴォルテックスのエネルギーそのもの）が、さまざまな方法でこころ・体・魂に影響を及ぼすことにより、神経系から複雑な色の紫外線を発することがあります。その光線は外側にいろいろなかたちを取って放射されます。たとえば、蜜蜂が寄ってきたり、電気器具が影響を受けたり、スピリットがあなたのところに現われるかもしれません。好ましくないことに対応するには、自分のエネルギーのバランスが保たれているよう、そして来るすべての浮遊霊 wayward spirits が創造主のもとへと戻るよう命じてください。

第⓫章　第五層

一九九八年に仕事を始めた頃は、毎日何時間も働きました。一日中リーディングをしていて、オフィスから一歩も外へ出ないでいると、時々ちょっとばかり憂鬱な気分になることもあったものでした。ある日、たまたま取れた休息を過ごしていました。物憂げに窓の外を眺めて、自分がしたいことすべてについて、遥か遠くの方を眺めて思いをめぐらせていました。リーディングの間に一時間の昼休みを取っていたので、別の方法で、つまり、瞑想によって少しの間だけここを離れて、それらの場所へと行くことにしました。

私は、友人のクリシーに、「クリスタル・レイアウト」をお願いしました。クリスタル・レイアウトというのは、人がこころの眼で他の時空間へ行くことを誘導するイメージの技術です。私は、この旅行のために用意したマッサージ台に横になりました。そして、クリシーは私の身体の周囲にグリッド状にクリスタルを置きました。そして、彼女は手を私の頭の上において、静かでリズミカルな声で、宇宙、過去の時空間へと導いてくれました。

突然私は、威風堂々とした素晴らしい光景の真ん中にいました。まるで、実体をもってそこに立っているようにはっきりと感じました。法廷としか表現しかできない感じの場所で、光沢のある深い色をたたえた上質の木材でそこの調度はつくられていました。それをぐるりと囲んで、光を放っているかのような崇高な様子の男女がいます。その中の一人が前へ出て「遅い。すぐに着席せよ」と、私に言うのです。「あっ、申しわけありません」と謝り、「私の体は地球上にあるのです。私は、法廷に出頭すべきことを知らなかったのです」と言いながらも、ここに来たことがあるわ、過去に経験しているシナリオだわ、と思いました。何より、なぜここにいるのかを私は一瞬にして知っていることが奇妙に思えます。

　私は法廷の真ん中から被告側弁護人の席へと案内されました。私の右側には、背が高く、長い白髪の男性が灰色の法衣を着て立っていますが、私と視線が合うと、ちらっと目で微笑んで見せました。私は彼が私の宿敵である、神オーディンであることをわかっていました。彼は微笑み、私に話しかけてきます。その声はとても美しく、生まれて初めてこころを揺さぶる音楽を聞いたときのように私のこころに届きます。

「つまり」と彼は言いました。

「君は、また人類をかばいに来たのかね。もう二度と来ないと思っていたがね。毎回、毎回、人類を救おうなんて言うのかね」

　声こそ明るく快活でしたが、声は魔性を帯びています。彼のそういったわなに陥ることなく、無視してみせました。

「オーディン、あなたの魔法の罠にはひっかかるものですか。これまでどおり、私は人類のために戦いますわ。それはごぞんじでしょう?」

　私とオーディンのやり取りは、深刻なものではありません。なぜなら、少なくとも通常のことに関しては、オーディンと私は敵同士というわけではなく、ただ、人類に関係することとなると意見の違いがあるということなのです。ここにいる者たちは、人類の番人です。この時空間では、人類の継続を許すか、人類としては消滅させてその魂を他の場に移し、別の文明を築くように再生させるべきか、その決定権が握られているのです。ある者は、破壊再生案に賛成し、私を含めてある者は人類を継続・育成・教育する案を擁護していました。

　裁判官は、木槌を打ちおろして、「開廷！　尊き神オーディン（オーディンは敬意にたいして軽く頷きます）の議論を傾聴せよ。彼は、破壊案に一票を投じておる。人類に残された種を星間にまき散らし、人類の邪悪・不正・罪悪を浄化すべきときは、今であると主張しておる。人類を擁護しておるのは、いつものことじゃが、尊きかの女神が擁護派を代表しておる。彼女は全人類の破壊にたいして抗弁する」

私は裁判長に軽く頷き、「裁判長閣下、光栄でございます」と述べました。「まずは、人類破壊策を主張する神オーディンのご意見を伺いたいと存じます。どうぞ進めてください」

オーディンは微笑んで話し始めました。彼の声は魅惑的で説得力に満ちていました。彼は、大きく手を広げて、聴衆に示しました。

「裁判長閣下、尊き天の指導者、マスターの皆さま、そして最高位の天使たちよ！　われわれは、人類の価値というものを審査するために、ここに召集されたものである。われわれは、この場における最終決定を尊び、それを遵守するものである。まずは、人類の、現在までの歴史に注意を向けられよ」

すると、法廷の中央に渦巻が立ち昇り始め、人類の歴史が立体ホログラムの中で展開し始めました。

「かれらを見よ！　農業の黎明期から戦争の始まりの中で、富、権力、資産への欲は、飽くことがない。たった一万年の間に、かれらは、自分たちを最高最善に養ってくれる土地そのものを骨までしゃぶりつくしてしまったではないか。貧欲と虚栄のために戦争という実体を次々と生み出してきたではないか」

「かれらは、すべての生態系を、ともにある何千もの種を、滅ぼすことしかしていないではないか。人類は、自分の口を糊するために、荷役のために、他の種を隷属させ、ああ、かれらは、お互いさえ隷属させてきたのだ！　天上の人々よ、統治さえも面倒がって王や女王の存在を許したのを見よ。古代の人類は無垢であった。火を使うことを覚えて鋼の時代をつくり上げてきた頃から堕落が始まったのだ。その頃からすべては狂い始めた。かれらの力が増し、技術力をもつにつれて、欲望のかぎ爪が男女のこころを毒し始め、かれらの周囲を支配し、人類の意思に地球上のあらゆる生き物を屈伏させせ始めたのだ」

「耳を傾けよ！　もっとひどいことなどたくさんある。目には見えないような陰険な罪が多くあるのだ。ごぞんじの通り、われらが使命のひとつは、天からの使いとして、人類にその時々に、哲学や宗教というかたちで神聖な知識をもたらし、この哀れむべき生物のこころを豊かにし、刺激する儀式や象徴的意義を授けることであろう。それがいったいどんなかたちで報われてきたのかごぞんじであろう。われわれがそれを人類に授けた際の純粋さ、無垢なかたちを保っている哲学、宗教、魔術から、ひとつでも名を挙げてみよ！　たったひとつでもよい、名を挙げてみよ！」

オーディンの燃えるような目と魔術的な声は、衝撃波のように聴衆の中に響き渡りました。

「われわれは、この法廷の使者として、人類の歴史のすべての系譜を見てきた。しかし、神聖な知識は、常にねじ曲げられ、手を入れられ、変えられ、修正され、また誤用されてきたのだ。元来の神聖さはかけらもなく破壊されるまで。純粋や無垢が失われてきてはいない例をどなたか示してみよ。ああ、この四〇〇〇年の間、兵として、民として、戦いに巻き込まれ命を落とした、無垢な人々の大量虐殺を忘れてはならない！　われわれは、自分自身が戦いに加担したことは認めよう。危険で暴力的な人類という『種』を減らすことに、一度は貢献しておるのだ。だが、ごぞんじのとおり、戦争ですら、今、惑星上にいる十億人に対応することはできなくなってしまった。殺人、近親相姦、レイプ、児童虐待、薬物乱用、不正について述べる必要があろうか？　飢餓や民族大虐殺について述べる必要があろうか？

これ以上、悪を暴き続ける必要もないだろう。人類のこころはすべからく悪が巣食い汚れきってしまった。それを再生させるためには、完全に破壊し再生しなおすしかないのである。裁判長閣下、皆さん、以上で人類の破壊再生案擁護における陳述を終えるものである」

陳述を終えたオーディンは私を振り返り、微笑を投げかけてきました。

「さあ、君の番だ」

３Ｄのホログラムは一瞬に消え去りました。

裁判官が言います。

「では、次は代表からの抗弁である。母なる女神の陳述を傾聴せよ」

私は、自分の内側で力が漲《みなぎ》るのを感じました。私は、あたかも何かを抱いているかのように両手を頭の上にあげました。私の両手から光の波が出て輝き始めました。その光は部屋のなかで輝き始め、私が、両手に抱いているものの輝きで目がくらむほどでした。一瞬のうちに、私は、小さな赤ちゃんを抱いていました。赤ちゃんは真珠のような光を発しています。私は、法廷全体に響き渡る強い声で話している自分自身の声を耳にしました。

「では、この小さきものをご覧くださいませ」私は、全員にこの輝く赤ちゃんを示して言いました。私は、皆の目に入るように法定の中央に移動し、

「わたくしの抱いているのは、無垢の実体なのです！」

すると、かわいらしい赤ちゃんが、小さな銀の鈴の鳴るような音で笑いました。その笑い声は、純粋性そのものであり、法廷内の各々のこころに触れながら、部屋の中に浸透していきます。

「ご覧くださいませ」と私は皆に言いました。「これほどまでに完全で純粋なものを！　私たちは皆、あらゆる祈りをもって人類を擁護していくべきと主張します」

裁判官が小槌を打ち下ろすまで、しばしの沈黙がありました。「破壊案の訴えを却下する！」という声が響きました。

「人類は、これまでどおり継続するものとする。継続の時間は与えられた。計画通りに進めよ」

その瞬間、私は、自分が人類の弁護側の一人であり、世界を救おうという何百万もの願いを代表していたことを悟るに至りました。それは、この責任を内包するすべてのヒーラーの願いであることでしょう。

そして、私は、法廷から過去の時代へと連れて行かれました――すべてが始まったときまで、つまり、存在の第五層の私たちが、子供たち、すなわち人類の子孫を見守る責任に同意したあの時まで……。

マスター（偉大なる指導者）の子供たち

自分たちが誰なのか、なぜこの惑星上にいて、どのように存在の層と関係しているのかを簡単にお話しすることから始めることにしましょう。

私たちの霊魂は、マスターの子供たちとしての、第五層のエネルギー実体として発現します。第五層のマスターは、時間、物質、素粒子を操ることを学び、悟りを開いた存在です。私たちは皆、第五層の子供として生まれたときは、すばらしい創造力をもっています。しかし、子どもというものがそうであるように、私たちはこれらの能力を適切に使用するための洞察力を学ばなくてはなりません。ですから、純粋なエネルギーの子どもたちである私たちは、時空を越えた莫大な旅へと送り出されます。第五層を去り、精神の世界である第四層へと。そこで、私たちは、教育され、育まれ、愛され、また能力によってさまざまな課題を授けられます。

それから、第一層を完全に理解するために第一層にと送られます。理解のために鉱物界の分子構造と無機物の構成要素を学び、知識が身に付くと、それを報告するために第四層へと戻されます。学んだことはすべてそこで記録されます。そして、その後、植物の領域でそれを学ぶため第二層へと送られ、私たちは第四層へ戻り、第二層での経験を報告します。まだ若い霊魂たちは、時々妖精として見間違われることもあります。

いったん、私たちがこれらの二つの層について習得すると、私たちは、第三層へと送られますが、そこで私たちは、生きた血の通った物質的な身体について学びます。命に限りのある身体で、決定を下すこと、物質的な挑戦から創造することを学びます。

物質の層で、物質的な身体を克服することや、思考を制御することを学び、私たちがすべてなるものの創造物であるという理解に至る機会を与えられるということなのです。物質的な身体による思考を投影させ、自分自身の状態を共創造者として取り戻すことをしながら、自分たちのこころを介してすべてなるものとともに創造することを学びます。古い格言に、「我思う。故に、我あり」があります。私の格言は、「我思う。故に、我はすべてなるものの一部である」または「我あり、故に、我思考する」となるでしょう。

存在の第三層は、機能不全の思考パターンを克服する場所でもあり、それが第三層に送られる理由のひとつです。

こういった思考パターンを取り除く理由としては、思考パターンは存在として現実化されてしまうことがあるからなのです。たとえば、私があることを完全に信じ込んでいれば、それは私に引き寄せられます。というのも、潜在意識が、その中にあるもっとも優勢な思考によって動かされるからです。この思考のシグナルは、外に映し出され、世間はそれに従って私たちを扱います。ですから、たとえば、「自分は強い。刑罰を引き受けよう」という思い込みをこの肉体に持ち込む人がいます。すると、その人は、他の人々のために、苦痛に耐える人生を送ることになるかもしれません。

悲しいことには、私たちは、もっていること、あるいは機能していないことに気がつかないままもっている思い込みがあり、それに慣れきってしまっていることです。最たる自己破壊的な思い込みには羊の皮を被ったオオカミのようなものがあります。こっそり平原に潜んでいるのです。

学習のサイクルは第三層まで続き、習得すると私たちは第五層へ戻る機会が与えられます。学びを終えて第五層に上昇すると、自分のスピリチュアルな実体は創造主から分離されてはいないということを既に学んでいるので、誰もが驚くべきことをおこなうことができます。身体・こころ・感情体・精神体を若返らせる方法を既に学んでいるのです。

この学習プロセスが終わると、第五層のマスターとして、スピリチュアルな両親とともにいられる自分の場所を授けられ、真の悟りを意識して創造できるようになります。両親自身も、第七層を用いて熟達すべく学び続け、進化の最上位に到達するまで、また第六層の一部になるまで、進化しつづけています。

存在の第三層は、最初は、両親たちがその子供たちの進化を見守られるようにと、つくられたものだったのです。そして最近まで、かれらは、見守る以上のことをすることは許されていませんでした。けれども、今は違います。昇天されたマスターたちは、人類を救うかれらの子供たちを助ける使命をもって第三層へいらしています。

その天に昇られたマスターが地球に降りてくるときには、人間の子供として生を受けます。子宮内の子供には、計り知れない無垢と純粋さがあります。なぜなら、それはあまりにも創造主に近いものだからです。この純粋さを通してのみ、その肉体にマスターが長期間留まることが可能なのです。自らを犠牲にして、受精卵におさまりきるように、膨大なエネルギーを凝縮して波動を低下させます。成人するにつれ、かれらの波動はゆっくりと高まっていきます。高い波動はマスターの実質なのです。第三層と第五層の間で婚姻や結合が成されるのはこのためです。

第五層の存在には、巨大なエネルギー体の場合もあります。その場合は、人間一体だけでは足らずに、複数の人間の体に入り込み、そのエネルギー体が同時に複数の人の中に存在するということが起こります。

人間の体に存在するのには弱点もあります。マスターが、人間の子どもとして生まれおちると、以前の自分が誰であったのかという記憶が抑圧されることがよくあるのです。実際、この層への使命をもって降りてくるマスターたちの多くは、自分たちが誰であったのかという記憶をすぐに思い出すことがありません。成長するに従い、抱えきれない何かに気づき、それが何かを思い出すのに悶え苦しみます。私は、かれらを「レインボー・チルドレン」と呼んでいます。

何らかの時点で、自分たちの使命を思い出すのですが、それは、

1　第七層を用い、自分たちの制限を取り除き、そしてこのプロセスを教える方法をもう一度学びなおすこと

2　導くべき徒に、思考体系とすべてなるものへとつながる方法を教えること

となります。

いったん、マスターの記憶が戻り始めると、かれらがそこに属してはいないということから認識し始めるものです。「本当の家族じゃない。いつか本当の家族が自分をみつけるのだ」、あるいは「自分は、違う惑星にいる」というような不思議な感情をもちます。かれらが慕っているのは、自分のソウル・ファミリーです。かれらは、自分が出会う人々の中で、人間の姿形をとったスピリチュアルな存在を探し始めます。多くの場合、ここでの使命をともに帯びている家族の一員であることを認識する人に出会います。これらのソウル・ファミリーは、非常に強力なもので、お互いが高波動のスピリチュアルな家族の一員であったという記憶が呼び戻されるでしょう。

これらの感情や記憶が、結婚というかたちで二人を結び付けることもありますが、これは、それを知らずに結婚している兄弟や姉妹のようなことになってしまいます。ソウル・ファミリーとソウルメイトの間には違いがあります。ソウル・ファミリーは、創造主の使命をともに果たすために引きつけられます。この第三層で、実体をもった家族として存在するために降臨してきています。一方、ソウルメイトは、時間と多くの存在の層に広がりわたる情熱的な愛の中に存在してきたものです。

シータヒーリングは、創造主の働きかけを実践するために、ソウル・ファミリーを引き合わせる場でもあります。シータヒーリングを通じて、再び一緒になれるようにと考えられているのです。

この世界の存在の各層で起こっているのと同じようなシナリオが、銀河全体の他の文明でも、繰り広げられています。そしてそれによって、ソウル・ファミリーの系譜を教える手段とされています。

第三層にいる私たちが自分たち自身とその環境により配慮をするようになるにつれて、第三層の幻想は消えて行くでしょう。これは、自分が出演する幻想映像をつくり上げているという意味ではありません。その映像は私たち自身なのです。魂のレベルでは、私たちは全員この幻想を認識しており、ともに生きています。信念体系《ビリーフ・システム》によって切り離されているだけなのです。第三層で学ぶ重要なレッスンのひとつは、自分自身にたいして、そして他の人たちにたいして敬意を払うことです。

第五層からのヒーリング

天使や預言者とつながり、心霊治療をおこなうためにスピリットを呼び込む人々は、存在の第五層につながっています。このエネルギーを使用しているヒーラーは、第五層の法則に縛られ、しばしば、自分のエネルギーを使いヒーリングをおこないます。

この層の下方レベルには、エゴがまだ存在しています。もしこの層を用いるなら、「私は、罰されていなければならない」や「自分をヒーリングするのはわがままだ」「私は、常に悪と戦わなくてはならない」といったマイナスの思考パターンは、取り除きましょう（詳細については、前著『シータヒーリング』を参照してください）。たとえば、「悪と戦わなくてはならない」という思考パターンをもっていると、自分が悪と戦うために悪のエネルギーを呼び込むことになりかねません。この思考パターンは、次と置き換えましょう。

「私は、悪に無敵です」

これは、世界に悪がいないという意味ではなく、この思考パターンをもっていれば、悪を引き寄せなくてよいということです。他の思考パターンを左記に示します。

「私は、常に安全です」

「私は、安全がどのような感じがするかをわかっています」

「私は、怒りをもたずに生きる方法をわかっています」
「私は、信頼を受け入れる方法をわかっています」
「私は、創造主の定義における『信頼』がどのような感じがするかをわかっています」
「私は、恐れることなく生きる方法をわかっています」

ヒーラーになるためには孤独になる必要がある、パワーを得るために五感のひとつを犠牲にする必要がある、あるいは他の時空間で宣誓や誓約といった契約にしばられていないか確かめてください（前著『シータヒーリング』に確認の全項目が掲載されている）。

自分自身を防衛するあるいは守るのは許されない行為だ、あるいは他の人々からのコントロール（管理）を許さねばならない、という思い込みが入っている場合があります。これらは取り除いて、適切に置き換えましょう。

前著『シータヒーリング』で説明したように、第五層につながってヒーリングを実践する場合は、まず第三層の境界をつきぬけていきます。たとえば「私は、不死ではなく死ぬ運命にあります」あるいは「私には、限界があります」という『限界』の思考パターンを利用するのです。これらの境界がなぜ存在するかは重要なことです。その境界を利用して、さらにその上に上昇することで、第五層に行くことができるからです。

また、あなたが第五層の意識とともに働きかけをしているのであれば、自分のエゴが判断に影響を及ぼす可能性があるということを覚えておきましょう。自分が間違っている可能性や、自分自身への働きかけが必要なのを見極めなくてはならないときに、それを拒否してしまうことがあります。これには、十分注意してください。

第五層の精神（霊）は、人間と「すべてなるものの創造主」の間の媒介として機能することができますが、また、これらのものがうっかりとみずからの意見をその情報の中に挿入して、それが混乱の元になる場合に警告を発することもあります。この層から学ぶべきことは、悪と善の戦いのドラマ（重大事件）に巻き込まれない、あるいは、この層の存在の意見により動きがとれなくならない、ということです。

各層は、それ自体の真実があります。しかし、第七層はそれらとは異なって、最高次元の真実があります。ですから、第五層の精神（霊）から情報を得る場合、「すべてなるものの創造主」へ上昇して、情報の検証をしてください。この第七層では、すべての情報は、尋ねるものが利用でき、創造主は常にあなたを助けます。

サイキック・アタックによるマイナスの影響

これまでにサイキック・アタックにより攻撃を受けたと感じたことがありますか？　これらの影響を受けなかったとしたら？　スピリット（霊）、マイナスの思考形態、悪のエネルギー、これらのものがあなたの人生から消えてなくなったらどうなるでしょうか？

ヒーリングや精神的（スピリチュアル）な働きかけの経験豊かな人々は、これらの影響を受ける可能性があります。ヒーラーとクライアントは両方ともに特定の存在の層で共同作業ができ、その層のヒーリングにおけるエネルギーだけを使用することができます。ヒーラーが広く使用する層のひとつは第五層で、これは、絶え間ない争いの悪にたいする善の戦いの層です。この争いは、第三層につながっていて、そこで終わっています。しかし、もし、そこでこの争いの必要性がなくて、あなたがその層を活用することができたとしたらどうでしょうか？　もし、無条件の愛をすべて活用できて、保護され、強く、健康で、すべてのものの中心にいることができるなら、どうでしょう？　怒りがどこから来ているのかを直観的に知ることができ、その理解によってそれらの怒りを拡散できるために、他の人の怒りがあなたに影響しなかったら、どうなるでしょうか？　これは、あなたがしたいことでしょうか？　これらのエネルギーは、存在の第七層にあるのです。

天使の守護とガイダンス（導き）

存在の第五層のエネルギーを使用する方法を実践するのに、他の人を保護しガイドするために天使を送ることができます。第七層から命令するなら、天使は、単にその人を守護するだけで、ヒーラーが善と悪のドラマに巻き込まれることはありません。

守護天使に命じるプロセス

1 ハート・チャクラに意識を集中します。すべてなるものの一部である母なる地球の内部へ降りて行くのをイメージします。

2 足を通して、すべてのチャクラを開きながら、エネルギーが昇って行くのをイメージしてください。エネルギーは、クラウン・チャクラに昇り、美しい光の球になって、宇宙へと昇って行きます。

3 宇宙を越え、白い光を通り過ぎ、暗い光の層も超え、その先にある白い光も超え、法の層のゼリー状の物質も超ええ、そして、真珠のように輝く白い光、存在の第七層へと入ります。

4 無条件の愛を集めて、「すべてなるものの創造主」へ命令をします。「創造主よ、守護天使は、この人を守るよう命じられました。ありがとうございます。できました。できました。できました」

5 守護天使がその人の身体空間へ入り、保護するのを観届けます。

6 浄化されるのをイメージしてください。エネルギーがあなたの身体空間に戻り、地球に降りて行くのをイメージしてください。地球のエネルギーをあなたのチャクラすべてを通して、クラウン・チャクラに引き上げてください。

7　エネルギー・ブレイクをします。

第12章　第四層

私がリーディングを仕事として始めた頃、幻視夢を観るようになりました。眠っていても、目覚めていても、はっきりと強烈に見えるのです。思い返すと、これらは存在の層への導入の夢だったのだとわかります。それぞれの夢は、各層へと私を導きました。それぞれの層のニュアンスを感知するためにあったのでした。そういう夢は、水の近くにいたときに起こりました。おそらく水は電気的エネルギーをよく通すからでしょう。リーディングでの長い一日が終わってから、温かいお風呂に入ってリラックスしているときに、そういった夢への入り口が開かれやすいようです。

これらの初期の幻視夢経験でもっとも強くこころをかき乱されるものがあり、そこからは、たいへん重要なことを学びました。まずは、私が眠っているときの夢に出てきました。

気が付くと、アリゾナの砂漠にある山の中にいるようです。夜でした。そして、私は暗闇で明るく燃えているキャンプファイヤーの近くに座っています。夢なのに、とても現実的で、風が炎でゆれるたびに肌に炎の熱を感じることができるくらいでした。

斜め向かいに先住アメリカ人の男が一人座っています。彼は強いパワーを発しており、私は思わず歯を食いしばります。変な格好をしている、と思いました。いろいろな方向に突き出ている羽に髪の毛が絡まって、一部は丸く結い上げられているように見えました。顔は、片方が黒、もう一方が白く塗られていました。彼はしばらく動かず私を見つめていました、そして、突然立ち上がり、火のまわりで歌い踊り始めました。踊りながら動物のような声を出し始めました。私は座ったまま、そこに凍りつき、動くこともできず、その太古の踊りを見ていました。

やがて、彼は古代の先住アメリカ人の言葉で語りかけてきました。古代の言葉なのに、なぜか私はそれを理解することができるのです。

「姿を変える力をそなたは望むか。さすれば、その力を授けようぞ。されど、掟あり。それを守るのじゃ」

私の答えを待たず、彼は、かたわらから奇妙なかたちの黒曜石の斧を取り上げ、私の方にやってきます。いきなり、その斧を頭上に振り上げました。まさに電光石火の動きです。避けようと立ち上がった瞬間、斧が私に襲いかかります。斧が、頭のてっぺんから胸の下あたりまで切り裂くのを感じます。胸骨まで達すると、開いた傷から、私は美しいイヌワシに変形しました。まるで卵から孵化して出てきたかのようでした。

イヌワシの姿になって、翼を広げ逃げようとしますが、空中に舞い上がる前に、その先住アメリカ人が金切り声で「見よ！」と叫び、ワシの胸が斧で引き裂かれます。すると、傷口がぱっくりと開き、そこからピューマが出てきました。ピューマの姿になると、私は、自分のかぎ爪であたりを引っ掻きながら、男にうなり声で威嚇しますが、彼は再び金切り声をあげて「見よ！」叫びます。瞬く速さで私はまた切り裂かれます。逃げることなどできないのです。なすすべもなく、自分が変身したピューマの胸を男が切り裂くのを感じていました。すると、この傷から、ハヤブサが啼きながら空に飛び出します。

ハヤブサの翼があっても、私には逃げ場がありません。もう一度、男は金切り声で「見よ！」と叫び、ハヤブサは切り裂かれます。すると、今度は、開いた傷から黒、茶色そして灰色が混じった大きなメスのオオカミが出てきました。これだとなぜか感じます。オオカミは私であり、私はオオカミでした。以前何回もオオカミになったことがあるという、奇妙な親近感があります。そして、野生動物であることからのみ生まれる自由と情熱が身体にみなぎっているのを感じるのです。瞬時に、過去生を含め、どの生でも、オオカミの群れと走り回っている夢をいつも見ていたことを思い出しました。そして、突然、今生で癌にかかっていたときの耐え難い経験を思い出しました。その頃のことを思い出すと、まるで肉食動物に自分の肉を引き裂かれる遺伝的な記憶のように、自分に激痛が戻ってきます。痛みはとても激しくなることがよくあったので、私は、体から抜け出てモンタナの山々のオオカミの群れとともに走り回っていました。最初私は、人間の姿でかれらと走り回っていましたが、後には、オオカミの体に入り込み、その群れの一部になっていました。そして、このオオカミの群れと走りまわりながら、私は「モンタナ出身の私の運命の男性」を探そうとするのでした。

こういった記憶のすべてが、強大なメスオオカミの姿で四本の足に立つ私によみがえってきました。私は瞳だけは人間の頃の緑の瞳で、先住アメリカ人の男を凝視していました。

彼は「変身能力をもてる者に、掟あり。六年の間、髪を切らぬこと。これから三年の後、我はそなたに再び導きを授けに来ようぞ。六年を経て、そなたは変身能力が授けられるであろう。私の指示に従え、さもなくば、そなたは道を見失うぞ」

はっと夢から目覚めると、胸骨に痛みを感じました。この数日後に、私はガイと自動車事故に遭うことになりました。前に投げ出されたため、シートベルトの力で胸骨が折れました。

骨折から回復しても、その夢は私を悩ませていました。その事故との間に関係があるように感じるのですが、それが何かわからないのです。しかし、これが変身能力を習得するための一種の「死」を通過儀礼《イニシエーション》として体験していることはわかっていました。けれどもこの通過儀礼《イニシエーション》は最終的には私を本物の死に追いやることになりかねません。ですから、その男は髪を切るなと言っていたのを思い出し、私はまず自分の髪を切りました。

よくもその時に髪の毛を切ったものです。完全な反抗的行為でした。

私は当時、直観力をそなえている人たちの多くが、一度にひとつの存在の層にだけ焦点を合わせており、そこに付随する規則に縛られていることに気が付き始めていました。また、これらの幻覚夢の経験を通して、すべてなるもののひとつの抱合的なエネルギー、すなわち異なる次元と世界からの特定の規則に従うことなく、ものごとを起こすために活用できるエネルギーがあるはずだということを悟り始めました。存在の第七層のすべてなるものについて、存在の第六層の法則に説明してもらい悟り始めていた頃でしたので、層の異なるエネルギーごとの規則や、どのようにしてそれらを乗り越えることができるのか質問をしていたのです。

先住アメリカ人の最初の夢から六年目のその日、私は、長い一日を終え、お風呂に浸かってリラックスしていました。ちょっとの間、目を閉じると、突然私は、再度アリゾナの山地の幻影の中にいました。その同じ焚き火から昇る火の穂が空に昇り暗闇を舐《な》めていました。そこには、あの荘厳な先住アメリカ人が、焚き火の反対側で色を塗った顔と不思議な髪型で、炎の向こうから私を凝視しているのです。

彼は前と同じ古代の言葉で話しかけました。その言葉が理解できるのが不思議です。「そなたは変身能力を授かる権利を得た。姿を変えて、過去の記憶をたどれる秘儀を授けようぞ」

私は、彼を長い間凝視しながらこう言いました。「《いいえ、辞退させていただきます。》私は、あなたに従うことも学ぶこともいたしません。私は、「すべてなるものの創造主」に従うことを選ぶのみです」と言いました。彼は苛立ったようでした。「よく考えよ！　手を延ばせば、素晴らしく偉大な力が授かるのだ。手をさし延ばすだけで手に入れられるのじゃぞ」

「お申し出はほんとうに素晴らしいことと思います」と私は言いました。「しかし、真実と素晴らしい力は、すべてなるものの創造主にあります。あなたが提案している贈り物は必要ありません。この力は創造主のものです。創造主を通せば、私は自分で創造することができるのです。感謝しておりますが、どうかお帰りください」

するると男は引き下がるかのように頭を下げました。その瞬間、静寂が支配し、パチパチという焚き火の音も静かになりました。広大な静寂が周囲にどんどん広がるように思えました。そして、この静けさの中から声がどこからともなく聞こえました。「合格です。わが子よ、イニシエーションを修了しました。よくやり遂げましたね！」

先住アメリカ人は、厳しく、精魂のこもった目で私を見て、「そなたは正しい選択をしたのじゃ。おめでとう」と言いました。

私は、浴槽の中で我に返りました。今起こったことは重要なことだとわかっていましたが、次にさらなる重大なことが起こったのです。

お湯の中に身を横たえたときのことです。神聖なる存在が姿を現わしました（このお方が存在の第五層上にまします父なる神だとわかるのは後のことです）。その方は、当時いつも意識を昇らせていた場所を示し、「上昇し、創造主を求めよ」と告げました。その通りに自分の意識を送り、その神聖なる霊気に浸っていると、神聖なる存在が「時が来ました。私とともに第七層へ行きましょう」と語りかけてきました。

私は混乱しました。自分が第七層につながっていて、創造主を感じていたと思っていたのです。それはとても神聖で、とても穏やかで美しいものでした。私はこの場所からたくさんのヒーリングを実践していました。それ以外の場所などありえません。

私の混乱を感じて、父なる神は説明しました。「存在の第七層にだけつながるように上昇しなさい。そこからヒーリングをするのです。いらっしゃい、私たちが、あなたをその層に連れていきましょう。そうすれば、あなたが自分の存在をそこに感じ、そしてそこから離れることなく真にそれを体験することができるでしょう」

すべてが私を混乱に陥らせました。私は、それ以前に何度も法則のところへ行き、たくさんの質問をしたことはありります。けれども、それらを超えた上の場所へと昇ることはとても恐かったのです。私は、純粋な光かエネルギーになってしまい、体から放出されるのを恐れたのでした。ガイが私の抜け殻のような洋服しか浴室に残されていないのを見つけたらどうなるでしょう。

私は自分の恐れを父なる神に話しました。そうすると父なる神は「大丈夫ですよ」と安心させるようにおっしゃいました。「もちろん変化を感じ取ることでしょう。でも純粋な光に変身するというわけではありません。なぜなら、あなたはもうすでに創造主の一部であり、創造の一部だからです」

自分の父なる神を信じ、次の一歩を踏み出すことに決めました。自分が法則を通り越して上昇して行くのをイメージしました。ゼリー状の膜を通り抜けて、自分が創造の場、つまりすべてなるものの創造のエネルギーそのままで上昇するのをイメージしました。

上昇した瞬間、私は、創造主から決して離れていないことがわかりました。私の人間としてのこころと体は、幻想として知覚されたもので、すべてなるもののエネルギーの一部であることを理解しました。私たちは皆、すべてなるものの一部であることを悟ったのでした。そこには、分離というものはありません。

その時から、ヒーリングがより効果的になってきました。同時に、何かしら不思議なことが私の内側で起こりました。つまり、皆を正さなくては、と感じなくなりました。他の人たちがそれぞれ自分の生をまっとうし、それぞれの学習プロセスを経験しているのを離れて観ることができるようになりました。それ以前は、どの層からかれらが学んでいるのかなど考えずに、正しい方に導くよう頑張っていました。その人が違う層につながっていたら、私が正しいと思う層へと上昇するようにさせようとしてきました。今では、「すべてなるものの創造主」のエネルギーが周囲にあり、隔てるベールを取り払う方法がわかっています。私たち人間が見方ひとつで異なって見えるということがわかったのです。

すべてなるもののエネルギーについて説明してくれる本を見たことがありません。哲学はよいものですが、あまりに観念的で、その観念の中に本質を見失いかねません。私が受け取ったメッセージは、観念的な考え方を現実にうつすこと、「意志で」物質的なこの世界で利用するというものでした。DNA3はここから始まりました。DNA3は、意志で創造する能力です。

先住アメリカ人による第四層のイニシエーション（通過儀礼）は、最終段階でした。このイニシエーションによって、意識の新しいレベルが開かれました。

存在の層は、一層から七層まであり、どの層でもいつでも起こりえます。いつどこで起こるかは、あなたのスピリチュアルな進化段階と波動によって決まります。

なぜ層に番号がついているのでしょうか。単に、私たちがそれらを理解しやすいよう、ブレイン・キャンディー（訳注 形骸的な知識、脳のおしゃぶり）としてつけられているだけです。私は、それぞれの層のイニシエーションを番号通りではなく、ぐるぐると受けてきています。最初の存在の第一層の次は、第五層、そして、第六層、第二層、そして最後が第四層へと。導かれて今、ここに私はいます。

層へのイニシエーションは、死の扉である必要性はありませんし、前進するために命をささげなくてはいけないという条件があるわけでもありません。イニシエーションを通過する秘訣は、まず何よりも先に第七層に上昇し、そのイニシエーションが何なのかをわかり、そして「すべてなるものの創造主」を通して経験することです。第四層のイニシエーションを通して、ブレイン・キャンディーにとらわれずに、すべてなるものの第七層の本質に焦点を合わせることを学びました。

そんなことがあってから、これまで以上に存在の層について教え始めました。私は、こころに焦点を合わせて、正しい場所へ行き、質問をし、ヒーリングをする――つまり疑いなく、真実のみが存在する場所へ行く、という方法を与えられました。「すべてなるものの創造主」へのロードマップを見つけることができたのが、このイニシエーションでした。

この後から、神の基本的な性質への私の見方が根本的に変化し始めました。たとえば、キリスト教の「神 God」という言葉を取り上げましょう。その言葉のまわりにある信念体系《ビリーフ・システム》について考えてみてください。多くの人が、神にまつわる人類の価値に関する命題を生み出すようです。また、人によっては、「神」という単一の言葉では、存在の第七層へ昇ることが難しいということにも気がつきました。その言葉にたいする観点が原因でした。そこで、命じる（コマンドする）というプロセスとなり、「父、母、神、すべてなるものの創造主、以下のように命じられ（コマンドが発せられ）ました…」という言葉に置き換えられました。

シータヒーリングが広がり、より多くの人たちがそれを知るようになってきています。いろいろな人に出会いました。「すべてなるものの創造主」に常につながっている人もいれば、道に迷っている人もいました。自分に結びついたエゴや思い込みに干渉されることなく、最高次元の層へと誰でもがつながるための方法を見つけなくてはならないことがわかってていました。

そうするためにも、存在の層をより詳細に説明するようにしました。そうすることで、すべての人が「すべてなるものの創造主」につながることのできる概念的経路が生成されていきました。

スピリット（霊、霊魂）の領域

第四層は、私たちがスピリット（霊）を学び、熟達するための層です。スピリットは、創造主のスピリチュアルな見え方です。生と死の間にあり、死を超えた領域の手前にあります。私たちが死ぬと、私たちの炭素基の体は、安息のために横たえられますが、細胞中のＡＴＰ（訳注　アデノシン三リン酸）は存在の第四層へと進んで行きます。そこからは、スピリット（霊）として存在することを選択し、あるいは生まれ変わりを選択し、あるいは、他の層へと移動していきます。

第四層では、スピリットとしての実体をまだもっており、感じ、聞き、味わい、そして触れることもできます。第三層とそっくりではないですが、かなり似ています。たとえば周囲を空気が走りぬけるのを感じたり、また焼きたてのパンの香りを感じたりすることもできます。感覚は第三層でのものより鋭敏になり、第三層にはない色や音が見えたり聞こえたりします。

第四層では栄養摂取も必要で、食事もします。分子が第三層よりもずっと早く動いているというだけのことで、波動が非常に高いというだけのことなのです。存在の層は一つ一つ「孤立」しているわけではありません。すべて、異なるエネルギー、波動、光の異なった組み合わせというだけのことなのです。

第四層からは、多くの非常に進化したスピリチュアル・ガイドが私たちのもとにいらっしゃいます。これは、第五層の子供たちが最初に創造を学ぶところです。

第四層からのヒーリング

この層では、スピリチュアルな祖先につながることができます。シャーマンや呪医は、しばしば、ヒーリングの際に、自分の祖先や他のスピリットを利用して、祖先の英知そのものやヒーリング術を施し、それによって得た薬草の知識を使用します。このように、存在の第二、第三、第四層をまたぐような術式（一度に複数の層を用いる）を使います。

この層のヒーリング・エネルギーを用いるヒーラーは、そこに存在する意識の義務に制限されます。それについて簡単に復習しておきましょう。

●第四層を使ってヒーリングをする人たちには、自分自身にヒーリングを実践することができないという思い込みがあります。第四層は、何かと何かを交換する層であり、病気を取り除くためには、ヒーラー自身が患者の病気を引き受けなくてはならないのです。

●第四層のエネルギーにつながっているヒーラーは、ヒーリング・セッションのためにお金を受け取ることは悪いことであるという思考パターンをもっていて、供物《くもつ》しか受け取りません。

●この層は、他の層と同じように、イニシエーションを介して学びます。この層の思い込みには、この層に熟達するために人は臨死体験を経なければならないというものがあり、死なくてはならないとさえ思いこんでいる場合があります。この層を用いることができるようになるために、死との舞踏、または通過儀礼《イニシエーション》の秘儀において一瞬でも死を体験する必要があると思っています。

●この層は、イニシエーションとして自己犠牲を強いてきます。学び、祖先の思い込みを克服し、物質世界やそれにまつわる思い込みを克服するには犠牲にならなくてはならないという考え方です。

●存在の第四層（および五層）のスピリット（霊）は、人を誤った方向へ導くことがあります。あなたは誰よりも特別なものであるとヒーラーに思い込ませることもよくあり、真のものではない力、偽りの力をこの層から得る人もいます。

●第四層との誓約をいまだにしているヒーラーたちは、自分たちへの働きかけができないと思い込んでいます。第五層でも同様で、ひとつの目安になります。

次の筋肉反射テストをしてみましょう。

「私は、学ぶために苦しむ必要がある」

「私は、苦労して学びます」

「私は、苦しむことを期待されています」

「私は、苦しむべきです」
「私は、苦しめば苦しむほど、神に近くなります」
「私は、スピリチュアルな成長のために、死ぬか、臨死を体験する必要があります」

もし「はい」だったら、次に置き換えましょう。

「私は、苦しむことなく、学びます」
「私は、創造主から学びます」
「私は、容易に自由に学びます」
「私は、すべてなるものの創造主における献身の定義をわかっています」
「私は、すべてなるものの創造主に常につながっています」
「私は、すべてなるものの創造主を通じてスピリチュアルな成長を遂げます」

スピリット（霊）と祖先

浮遊霊

制御できないエネルギーあるいは浮遊霊を創造主の光へと送り返すのがこの層です。あなたが召還する浮遊霊は、光へと昇ることを恐れて、第三層と第四層の間に一時的にとらわれているものたちです。かれらは、単にその光を信じられない、あるいは自殺をし、その他のトラウマ的な死、あるいは光になることを恐れるためにその光へと昇ることを恐れているスピリット（霊魂）という可能性もあります。創造主の光に送り返しましょう。

ウェイワード（浮遊霊）にたいするプロセス

1　ハート・チャクラに意識を集中して、すべてなるものの一部である母なる地球へと下降して行くのをイメージしましょう。

2　両足を通して、エネルギーが昇り、第一チャクラからクラウン・チャクラまで、一つ一つ開かれていく様子をイメージしてください。クラウン・チャクラが開き、美しい光の球となって、宇宙へ昇るのをイメージしましょう。

3　宇宙を越え、白い光をいくつか過ぎ、薄暗い光を抜け、白い光を通って、ゼリー状の法則の層も通り過ぎると、真珠色のように輝く白い光、第七層へと入ります。

4「すべてなるものの創造主よ！【その人の名前】の周囲にいるすべてのウェイワード（浮遊霊）は創造主の光のもとへ送られるように命じられました。ありがとうございます！　できました！　できました！　できました！」と命じてください。

5　意識をその人のクラウン・チャクラに移動してください。あなたかクライアントの創造主のつながりを利用して、創造主の光のもとへ送られるところを観届けてください。

6　そしてすぐに自分自身を浄化し、自分の身体空間に戻ります。地球に降りて、地球のエネルギーをクラウン・チャクラまで通し、エネルギー・ブレイクをしましょう。

祖先につながるには

第四層を使用すると、自分の、あるいはクライアントの祖先につながることができます。クライアントの代わりに祖先につながるような場合、クライアントが祖先の未完の思考パターンを抱えている場合も多く、このプロセスによってそれを完了させる助けともなるでしょう。

クライアントに、亡くなった話したい相手の名前を尋ねてください。そして、創造主に、クライアントが以前から知っていた誰かを呼び出して、クライアントを訪ねるよう命じ、そのスピリット（霊）に呼びかけます。このようにすれば、あなたの身体空間にそのスピリット（霊）を入れることなく、そのスピリットの代弁者となることができます。

この層にいるスピリット（霊）は、必ずしも悟りを開いた存在とは限りませんので、かれらが生きていたときの人格で現われることに留意してください。性的な魅力やその他の情熱といった物理的な属性すらあります。ですから、クライアントが好きな人を呼ぶようお勧めします。

亡くなった動物とも話すことができます。あなたのこころに浮かんだ最初の思考と声を信じてください。

そうして第四層につながるには、他の目的もあります。あなたの祖先のスピリットや友人たちと話すことができることだけでなく、異次元がどのような感じなのかをあなたは学ぶことでしょう。これらのレベルと創造の間の違いだけでなく、聖なる存在の思考形態がどのように、あなた自身あるいは他の人たちと相違しているかをあなたに示すのです。

祖先につながるためのプロセス

開始する前に、その人の祖先のスピリット（霊）に会って話す許可を得てください。そして、スピリット（霊）の名前が授けられるよう命じましょう。

1　ハート・チャクラに意識を集中します。

2　すべてなるものの一部である母なる地球へと意識を送りましょう。両足を通してエネルギーをあなたの体に上昇させ、すべてのチャクラまで通しましょう。さらにクラウン・チャクラまで上昇し、意識を美しい光の球の中に引き上げて投影し、星星を超え、宇宙《ユニバース》に達します。

3　宇宙を越え、白い光をいくつか過ぎ、薄暗い光を抜け、白い光を通って、ゼリー状の法則たちも通り過ぎると、真珠のように輝く白い光、第七層へと入ります。

4　無条件の愛をかき集め、命令をします「創造主よ、【そのスピリット（霊）の名前】に会って、話をするよう命じられました。ありがとうございます！　できました！　できました！　できました！」

5　クライアントの身体空間へ行き、かれらの肩のあたりを眺めてください。祖先のスピリット、または動物のスピリットを呼び、かれら自身が姿を見せるのを待ってください。

6　光の球が見えるかもしれません。クライアントの質問をスピリット（霊）に尋ね、受け取った返事をクライアントに告げます。最初にあなたのこころに入ってきたことを信じてください。

7　終わったら、自分自身を浄化し、自分の身体空間に戻り、エネルギー・ブレイクをしてください。

第13章　第三層

これは日々の現実の層です。その一部は、自分たちが利用するために創造したものです。この層では、人間の体の中にある感情、本能的な願望、そして情熱、現実により支配されるという挑戦《チャレンジ》を受けています。たとえすべての層と深くつながっていても、私たちの意識はほとんどがこの層にあります。

私たち自身の現実の創造においては、私たちを第三層に繋ぎ止めている思考パターン、思考形式、集合意識があります。つまり、私たちの物質的、心的、精神的な能力の一部がブロックされているということです。私たちを縛るこの鎖から自由になるためには、恐れ、怒り、憎しみではなく、意識を生の喜びに集中させなくてはなりません。第三層にはエゴがあるため、自分自身の中にある否定的なエゴを制御しなくてはなりません。感情のバランスをどのように取るかということは、すなわち、うまく第三層から解放され、他のすべての層と自由に行き来するのかということです。それによって健康になり、この現実において現実化することができるのです。

私たちは、喜びを経験するために今ここにいるということを忘れがちです。このように素晴らしい方法で呼吸し、生きていることを。肺は、呼吸をするたびに祝福します。この祝福を感じることを止めますか？　この第三層は、存在するのに素晴らしい層であるということを思い起こしましょう。体中の細胞が、この命の経験を私たちに与えるために一生懸命働いています。肝臓そしてその他の臓器は、働きすぎるくらい働いています。また、運動によって身体が第三層にしっかりとグラウンディングし、また第三層を享受することにつながります。人間の身体を祝福するためにも、規則的な運動をすることは大切なことです。

私たちはスピリチュアルな存在であることを学ぶためにここにいます。けれども、痛みと苦しみから学んでいる人たちもいます。苦しみからではなく、喜びを通じて学ぶこと、それがこの層でのスピリチュアルな学びです。人間の身体は生きるための素晴らしい場所なのだということを受け入れることが、私たちの責務なのです。

人間とは、まさに歩く奇跡と言えるでしょう！　私たちは、体を巧みに操り、脳を使い、手足を制御し、思うことを伝達し、そして思考、アイデアや夢に基づいて動くことを学びます。第三層はイメージ、問題解決、戦い、そして飛躍の層なのです。

全ての層で生きる

人間は存在の第三層において物質的に存在していると考えているかもしれませんが、実際は七つの層全てに存在しています。真なることは、すでに説明したように、第三層の人間は、第五層の子供たちなのです。このことについて意識の中に記憶として留めている人もいるでしょう。実際、多くの宗教は、この考え方に基づいています。自分たちは創造主（神）の子供であると信じている人が多いことからも説明がつきます。私たちすべてはすべてなるものにつながっている一方で、第五層の天なる父と母がいらっしゃるのです。

私たちのスピリチュアルな両親は、私たちに励まし、慈愛、そしてアドバイスを授けます。かれらは、私たち一人ひとりを悟りへの路へと導いてくれるすばらしい存在です。かれらは、第五層の高位のマスター（指導者）たちなのです。スピリチュアルな両親に出会うためには、第七層の「すべてなるものの創造主」を通じて行くのが最善の方法です。創造主の本質内で純化されると、よりよく明確にかれらと対話することができるのです。

地球上にいる人たちには、第五層のマスターたちであり、第三層の子供たちが第五層へ行くのを助けるためにここに来ている場合が多くあります。地球はあまりにも厳しく、人々が残酷で、自分は地球に属していないように感じることがよくありますか？　信じられないほどのホームシックになり、スピリチュアルなファミリーを恋しく思うことがよくあるでしょうか？　そういった場合、あなたは第五層のマスターである可能性があります。驚くべき能力と創造主への強いつながりがあることをわかっているなら、あなたは地球を救うためにいるマスターかもしれません。第五層から来ているマスターならば、自分の意識を操る方法を簡単に思い出すことができるでしょう。高位の第五層のマスターたちすべては、第七層を用いて創造をしています。

第三層からのヒーリング

第三層につながってヒーリングをするヒーラーたちは、しばしは、この層のドラマ（劇的な出来事）に巻き込まれたり、集団意識があるからものごとが癒されないのである、という思い込みをもっていたりします。かれらは、時間に束縛され、愛とすべてなるものの第七層のエネルギーではなく、第五層のエネルギーである善と悪の闘争によく巻き込まれます。

第三層では、信念体系《ビリーフ・システム》を取り除き、置き換え、感覚・感情を創造することで、他の存在の層の波動に導かれます。つまり、カルマの影響から解放されるということです。思い込みが変化するほどに、より早く、他の層へアクセスすることができるようになります。

第三層のヒーラーは、他の層を本能的に使用しています。外科医が手術でメスを使うとき、存在の第一層および第三層へアクセスしているのです。外科医が第三層であり、メスは第一層です。外科では第六層の宇宙の法則のように、他の層にもつながっています。

たとえば、外科手術の手順を考えるときがよい例です。「この腫瘍をこの器官から適切に切除すれば、患者を傷つけることなく、組織が分離され腫瘍を取り除ける。そうすれば患者の為になる」。このように手術の手順を考えているとき、外科医は、無意識のうちに原因と結果の法則へアクセスしているのです。こういった一連の作業の間、脳は、神経系を介して神経細胞《ニューロン》が外科医の両手に伝達させ、同時に体内の多くの器官系を管理しています。創造主の驚くべき巧みな技です。そして、外科医が人の命を救い、その一方でオペ室のスタッフたちは、ペニシリン投与や点滴をおこない、意識することなく第二層へのアクセスをしているのです。

他にも、動物との対話も第三層を通じてすることができます。前著『シータヒーリング』で概要を説明しています。

第三層が幻想《イリュージョン》であり、現実ではないということを覚えておくことは重要です。唯一の真実は、自分自身がそれを創り出しているということだけなのです。

第14章　第二層

存在の第二層を初めて経験したのは、シータヒーリングのまだ初期の頃、アイダホ北部でのことでした。当時は大半のセミナーを、私のリーディングを受けた人たちに手配してもらっていました。クライアントの一人、グレチェンが、アイダホ州のサンドポイントという町でのセミナーを手配してくれました。私はアイダホ州北部が、深い森、聳《そび》え立つ山々、急流、そして水晶のように透明な湖のある、息を呑むほどに美しい場所であることを知りました。この地はモンタナ州とワシントン州とに挟まれた、アイダホ州の細長い地域で、野生的で未開で、自然のエネルギーに満ち溢れたところです。この地域のちょうど真ん中にある街サンドポイントで、初期の基礎ＤＮＡセミナーが開かれました。二日間コースで、ガイと私はそこで二晩過ごしました。

グレチェンは、ペギーという受講生の家に滞在するよう手配をしてくれました。ペギーは、町を見おろす山の中腹にある、粗削りの材木でつくられた美しいログハウスに住んでいました。言うまでもなく、ガイは素朴な美しさに完全に魅了されていました。私にはこの家が、おとぎ話に出てくるジンジャークッキーでつくったお菓子の家のように思えました。

すぐにわかったことですが、ペギーは、リトル・ピープルつまり妖精の存在を信じていました。彼女は、「生きているうちに本物の妖精に会いたいと思っているのに、まだ一度も見たことがないの」と熱心に語ってきました。彼女は、個性的で活力に溢れた人で、自分はこの家のまわりの自然のスピリットを感じることができるけれども、一度も姿を現わしてくれないことに少しがっかりしていると話してくれました。

この頃、私は妖精をそれほど信じていませんでした。幽霊や亡霊を見たことはありましたが、妖精を見たことは一度もなかったのです。それで、私はスタートレックの映画に出てくるミスター・スポックのようにしかめた眉を彼女に向けました。それは、彼女が期待しすぎており、また姿を見せてくれない妖精たちにたいして少し毒気のある行動を取っているのだろうと思ったからでした。

ここが魔法のエッセンスのたっぷりかかった、特定の場所でしかお目にかかれないような、ある種の時を超越した雰囲気をもつ場所だった、ということは私も認めます。時は初夏。庭に花が咲き乱れていました。山々に暗闇が訪れ夜も歌を奏で始めた頃、私とガイは次の日から始まるセミナーに備えて眠りにつきました。

翌朝、ペギーに起こされた私は、しぶしぶベッドから這い出し、シャワーを浴びに行きました。その時はまだ、私は突風に撓《しな》る樹木のように、自分の信念体系《ビリーフ・システム》を大きく揺さぶる体験をすることになろうとは、夢にも思っていませんでした。

シャワー室で、いつものように考えごとをしながら足を剃っているとき、突然、小さな三匹の生き物が開けてあった小さな窓から飛び込んできました。最初、私はハチドリだと思いました。でもその生き物は羽のついた小さな人間の姿をしていました。かれらは、好奇心いっぱいのエネルギーでぐるぐる私のまわりを飛びまわりました。私は、シェーバーを握りしめたまま凍りついたように立ちすくんでしまいました。あまりの驚きに全く動けなくなってしまったのです。

かれらは全く衣類を身にまとっておらず、みんな女性のようでした。羽のついた九歳くらいの女の子のように見えました。肌は褐色で、色合いの異なる茶色の長い髪の毛をしていました。かれらの瞳は、飛びながらキラキラ輝いていました。羽の動きはあまりにも速くて目に見えないほどでした。そのうちの一人が、私の目線のところで静止飛行をすると、私の頭に声が響いてきました。それがその子だけではなく、すべての妖精から同時に出ている声だということが私にはなぜかわかりました。

「何をしているの？」

答えが自然に出てきました。

「私は、足の毛を剃っているのよ」

ちょっと間をおいて、その美しい声が私の頭に響きました。

「どうして、足の毛を剃っているの？」

「私は、人間の女性だからよ。私は、足の毛を剃らなくちゃいけないの」

するとその小さな生き物は、私の頭の中で鈴をリンリン掻き鳴らすような音をたて、空中をクルクル回って、私を指差して大笑いしました。そして、そのうちの一人が、パッと自分の足に長い毛を生えさせると、残りの二人は、彼女を見て笑い転げながら、円を描いてクルクルと飛びまわりました。

そして突然、窓から抜け出して森の方に飛んで行き、一瞬のうちに三人とも消えていなくなってしまいました。

私は気が動転しました！　自分は頭が変になったのだと思いました。叫びながら寝室に駆け込み、一気にガイに今あったことを話しました。私は、気が狂っていないかとガイに尋ねると、ガイは私を穏やかに見つめてこう言いました。「ヴァイアナ、君は妖精に出会ったというだけのことなのだよ」私は、彼をぼんやりと見詰めました。

「ほら、自然霊だよ。目にした人はたくさんいるけれど、それは稀なこと。かれらは、花が咲き樹木の生い茂っているところや、古い聖なる土地に住み着くのだ。形態は一様ではないけれど、世界の各地で目にされている。アメリカ先住民には、妖精に関する伝説がたくさんあるけれど、それはアイルランドのものになぜか似ている。君には直感があるから、妖精に出会うのは他の人よりも簡単なのだと思うよ。君は、人間と妖精の世界の架け橋みたいなものだからね。だから気持ちを落ち着けて！　気が狂ってなんかないよ！　君には妖精が見えるっていうだけだよ」

彼の言葉で、私は落ち着きを取り戻し始めました。少しずつ冷静さを取り戻し、洋服を着始めました。その間もずっと、見たくもない幻影が現われるのではとビクビクしながら、横目でちらちらと周囲を伺っていました。

私たちは、朝食をとるため台所へ降りていきました。そしてペギーに、今見たことを話しました。彼女がそれを聞いたら喜ぶと思ったからです。でも私は間違っていました。彼女は急に不機嫌になりました。というのも、彼女はこれまでの二十年間、ずっと妖精たちに会おうと努力してきたからです。妖精たちのために、お椀にミルクや蜂蜜を入れて出しておくというようなことをずっとしてきたのに、私が彼女の家に来て、数時間もしないうちに、妖精たちは私の前に姿を現わしてしまったのです！　彼女は少し不機嫌になり、その不機嫌は私たちが滞在した二日間ずっと続きました。

彼女の朝は、すでに別の事件でメチャクチャになっていました。夜の間に、熊が数頭やってきたようで、家の裏のテラスの鳥の餌台を荒らすという、ほぼありえないことをしでかしたようでした。この餌台は、メチャクチャに壊れて、餌が一面に散らばっていました。ペギーは、おかげで大変イライラしており、鳥の群れも幸せそうではありませんでした。空腹の熊は、テラスに臭いお土産まで残していったのです。

二日後セミナーが終わり、ペギーの家から車で帰るときに、私はその小さな妖精の家と、私をほんの瞬間驚愕させ、私の正気を失わせ、再びそれを返してくれたリトル・ピープルにお別れを言いました。

妖精にまつわるこの事件は、私の現実の概念を永遠に変えました。それは私に、存在の第二層への可能性を開いてくれました。

第二層の住人たちとの経験はそれでおしまいではありませんでした。シャワーを浴びているときに小さな妖精たちに会ってから程なくして、再びかれらの訪問を受けました。私は、ユタ州のセントジョージでのセミナーを終えて家に帰るところでした。この土地をご覧になったことがない方もいるかと思いますが、とにかくとても美しいところです。ユタ州の砂漠は、見渡す限り真っ赤な景色が続く荒野です。延々と続く杜松の森、光の加減で多様に変化する堂々たる深紅の山々、そして谷底には、砂漠の灼熱の中にそよそよと揺れるヤナギやハコヤナギの木々に縁取られた、バージン川が流れています。

この日、私は、手に入れたばかりのクリスタルを絶対洗わなくては、と思っていました。新しいクリスタルを手に入れたときには必ず、急流でそのクリスタルに付いている霊的な痕跡をすべて洗い落とすのが一種の儀式のようになっていました。私はザイオン国立公園の入り口近くに、ちょうどよい感じの場所を見つけ、クリスタルを洗い清めるために車を停めました。川へと降りて行き、体をかがめてクリスタルを洗っていると、突然、二人の妖精がブラシから現われて、私の頭のまわりを飛びまわり始めました。枯葉でつくった衣服を身にまとい、小さな羽根は、まるでハチドリのように、ほとんど目に見えない速さで羽ばたいていました。一人は男の子でもう一人は女の子でした。「あら、男の子の姿になっている!」という思いがまず私の頭に浮かびました。

小さな男の子の妖精は、私の顔の近くまで飛んで来て「それよこせ!」と私の手の中にあるクリスタルを指差しました。

私はすぐにカチンときました。「いやよ！　あげないわよ!」

その男の子の妖精は、しつこくて、攻撃的になり、私の頭のまわりを飛びまわり、髪の毛を引っ張って「それをよこせよ!」と怒鳴ります。

私も、彼の攻撃を避けて、頭を低く下げながら「だめ!」と怒鳴り返しました。

体が小さいくせに、この子は信じられないほど力が強く、私目がけて突撃してきて、私を後ろの川に押し倒そうとしました。とても小さいのにそのパワフルなことといったら!!　この子を叩き落とそうと私は手足をばたばたさせ始めました。水の中に落ちてしまうのではと恐くなりました。この季節は水深がとても深く、水が冷たいのです。

その時、私の後ろで何かが動くのがちらりと見えました。突然、流れる流体のように美しい背の高い女性が川の中から現われました。彼女は、男の子の妖精を指差し、エレクトリックブルーに輝く瞳に男の子への苛立ちを浮かべてこう言いました。「おやめなさい！」

二匹の妖精は恐れおののき、小さな悲鳴をあげると、飛び去っていきました。そしてあっという間に消えてしまいました。

救ってくれた美しい水の自然霊《エレメンタル》に感謝しながら、私はクリスタルを拾い上げ、急いで車に逃げ帰り、車のシートに身を投げて泣き始めました。夫が私を慰めてくれました。私の気持ちがおさまってから私たちは車で家路に着きました。

この事件は、すべての妖精が悪いということを意味するものではありません。かれらはいたずら好きですが、適切な敬意をもって接すれば、よき友となることができるのです。しかし、この層のエネルギーは強力で、ときとして激しくさえあります。ですから、存在の第七層の「すべてなるものの創造主」への私たちのつながりが、明確でなくてはならないのです。当時の私にはわかっていませんでしたが、私が小さい妖精の攻撃を受けたときには、創造主につながり、創造主を介して、あっちへ行ってと命ずるだけでよかったのです。

それ以来、他の精霊たちとも、また、アメリカ以外でも出会うようになりましたが、それについてはまた別の機会に譲ることにしましょう。

自然霊—エレメンタル

人類のスピリチュアルな進化に伴い、層間のベールは薄くなってきています。今まで以上に、ベールを透かして反対側を見やすくなっています。第二層と第三層の間にあるベールは特に薄くなっており、時空連続体のこの開口部によって、妖精を目撃する人の数が増えています。

私はかれらをエレメンタルと呼びますが、かれらはどこをとっても人間ではないのです。かれらは分子の振動率をコントロールできるため、地球、空気、水そして火という四大元素のいずれにもなれます。一陣の風、奔流の泡、足元の大地、または稲妻の閃光にすらなることができます。植物と合体することも液体にも固体にも形態を変化できます。かれらが固体になることを選ぶとき、いろいろなかたちや大きさの妖精として、私たちの目に見えるのです。

木や植物にたいして特別な愛情を抱く人は誰でも、エレメンタルと本質的につながっており、人間とコミュニケーションする方法を学んだエレメンタルもいます。これをうれしいと思う人も、ありがたくないと思う人もいます。妖精が人間にたいして好意的にふるまうとは限らないからです。かれらは、いちいち指図されるのが好きではありませんが、正しい方法で接すれば妖精を利用することも可能です。

オーストラリアで開催されたセミナーで、興味深い意見を伺いました。エレメンタルとつながってエレメンタルに助けを求めると必ず、エレメンタルにお返しの贈り物を期待されるということに気がついたというのです。もし、お財布に入れておいた鍵がなくなったり、何か他のものが消えてしまった場合は、妖精が取り立てに来たのかもしれませんね。

妖精をあなたの家に招き入れるのであれば、必ず存在の第七層を通してからおこなうようにしてください。そうすれば、人類とエレメンタルは、対立することなく、お互いの生活を向上させます。第七層を介して第二層と第三層のエネルギーが調和するのです。

ここにガイドラインを示してみましょう。

●エレメンタルと話をする前には、必ず第七層に行きましょう。
●第七層へまず上昇するまでは、エレメンタルと一緒にどこへも行ってはなりません。
●エレメンタルにお願いごとをしてはなりません。エレメンタルは、エネルギーの交換を期待するため、勝手にキラキラ輝く物体を取って、それが悪いことだという意識が全くないからです。
●エレメンタルは創造主ではありません。
●あなたが自分を尊べば、エレメンタルはあなたをもっと尊重してくれます。
●エレメンタルはこころが純真な人にだけ姿を現わします。
●エレメンタルの存在を信じていない人にも、エレメンタルは見えます。
●エレメンタルは危険がないとわかっているときにしか姿を現わしません。
●エレメンタルは、人間の歌や笑いに魅了されます（音痴な歌は効きません）。
●エレメンタルは芸術を愛し、人が絵を描いているのを観るのが好きです。

エレメンタルは、キラキラと輝くものを愛する傾向があります。これは、私たちが輝くダイヤモンドを賞賛するのと同じように、光の屈折で輝きを放つものを愛するからです。水晶やアメジストのような美しい結晶に惹かれるエレメンタルがいます。エネルギーは、光が結晶にぶつかるときに生み出されます。この光と結晶の融合、すなわち「発光」は、エレメンタルの肉体です。それで、かれらはクリスタルに惹かれるのでしょう。

存在の各層の間のベールがなくなり始めていることから、エレメンタルが人間の姿をして暮らし始めていると私は思います。まるで小妖精や妖精のようにふるまう人を誰しも見たことがあるでしょう。このような人は、あたかも妖精へと進化、あるいは退化しているかのようです。私は、多くのエレメンタルが、第三層をちょっと体験してみているのだと思います。ここ、第三層のエレメンタルとその居住環境を守るためにやってきているエレメンタルも多いはずです。そのようなエレメンタルは往々にして環境主義者や自然愛好者の姿をしています。

存在の第二層と調和して生きる

植物と人間は共生関係を築き上げています。食物は人間を利用して繁殖しますが、一方、人間にとっても生きていくために植物は欠かせない存在です。植物は光合成という離れ業《わざ》を演じます。それは神々しい太陽の光を人間が使える純粋なエネルギーに変えるという、神聖な創造と呼べる業です。私たちは、このエネルギーを土台として生き、地に種を蒔いて新たな循環を促します。

ほとんどの植物は光とミネラルを糧に生きている高度に進んだ生物で、他の生きた有機物を使っていません。そして、すべての植物はそれぞれ固有の意識をもっています。植物に住む妖精は、大地や大気の精霊とともに、第一層と第三層をつなぐために神聖なダンスを捧げ、生命の力を転換して動物が利用できるようにしてくれます。

神がつくった創造物の中でも、植物や樹木は最高に発達した、もっとも神聖な生き物の部類に入ります。植物は誕生と死の循環を形成しながら、母なる地球から根を通して栄養を集め、枯れてからも長い間その栄養を地球に返し続けます。

自然の聖なる循環に従っており、互いに競うのはただ生きるためであって、相手を滅ぼすためではありません。植物や木は自分の生命を維持するために自らは太陽の光と空気と土壌を使うだけですが、他の生き物たちに栄養や住処を提供してくれるのです。

愛、喜び、幸福、敬意といった感情が、植物や樹木を本当に理解するための鍵になります。ヒーリングをおこなうにあたってハーブや木を使用する場合は、家庭で栽培されたハーブでも自生のものでも、敬意をこめて、必要なものだけを採取してください。自分の身体空間から抜けて上昇し、創造主につながり、必ず収穫の許可を与えてくれるように話しかけます。そうすると、あなたに返事をしてくれ、目的に適ったものを示してくれるでしょう。植物を収穫するときは創造主につながり、時間をさかのぼって植物が種だったときに戻り、愛と祝福を種に注ぎ込みながら、それが現在の姿になるまで育つところを観るようにしてください。

エレメンタルの王国は、植物と光の純粋なエッセンスが複雑に絡み合っています。存在の第二層は、太陽の光を変化させ、生命創造のため、あらゆる層にこのエネルギーを送り出します。

太陽の光は、命のエッセンスです。地球上のすべての生き物が生きるために必要とするものです。この地球上のすべてのものは、光の炎を土台としており、私たちは、植物を消費することによりそれを吸収します。実際の命の力は植物内にある光であり、それが人間の体に大変重要なものなのです。この光の利用は、存在のすべての層へのつながりを保持するための方法です。

存在の第二層を利用するヒーラーは、健康をもたらすハーブやビタミン類の使い方を理解しています。この層からのヒーリングは、時間と忍耐を必要とします。この層で働きかけをするヒーラーには、植物と薬物への反応に関する広範囲な知識が必要です。この知識がないと、クライアントにとって危険なのです。しかし、どんな病気にもそれを癒す植物との固有の組み合わせがあります。すでに述べたように、ヒーリングのためにハーブやその他の植物を使用するときは、種として蒔かれたときから現在までを祝福するのが正しいやり方です。同様に、ハーブやビタミンや食物を購入するときには、それがあなたの最高と最善につながるかどうかを、「すべてなるものの創造主」に尋ねてください。その品物を手にしながら創造主とつながれば、それが確かめられます。

すべてのものに意識があり、それを食べればそのエッセンスを吸収することになるため、食べるものすべてを祝福するようにしてください。食べ物は、それに見合った敬意が払われなければ、効用が低下してしまいます。遺伝子が組み換えられた食べ物は、私たちにとって、最善とは言えない意識をもっているようです。ある食べ物の本質《エッセンス》に疑いを感じたときには、それが種として蒔かれたときまでさかのぼって祝福するようにしてください。

第七層から存在の第二層に出会うには

存在の第二層を経験するもっともよい方法は、まず、第七層へ昇ってから第二層へ行くことです。植物は非常に敏感ですから、あなたの思考をあまり押し付けると、文字通り死んでしまうことがあります。この演習では、植物が如何にデリケートかをお見せし、植物の空間から気づかれないようにそっと出たり入ったりする方法を学びます。あなたの身体透視などの走査能力を高める練習にもなります。これにより、あなたは自分の技術と識別力をも磨くことになります。

植物と出会う

1　ハート・チャクラに意識を集中します。

2　自分自身がすべてなるものの一部である母なる地球へと下降して行くのをイメージしましょう。両足を通してすべてなるもののエネルギーをあなたの体に引き上げ、すべてのチャクラを通しましょう。そのまま体内の上昇を続けてクラウン・チャクラから美しい光の球となって抜け出し、星を越え宇宙へと向かいます。

3　宇宙を越え、白い光をいくつか過ぎ、薄暗い光を抜け、白い光を通って、ゼリー状の法の層も過ぎると、真珠色のような虹色の白っぽい光、第七層へと入ります。

4　無条件の愛をかき集め、命じてください。「創造主よ、この植物の透視が命じられました。私が観るべきものを示してください。ありがとうございます！　できました！　できました！」

５　夏の風に舞う羽根のようにそっと直接その植物に向かいます。植物の中にそっと入り込み、ぱっと見てからその空間から抜け出す様子をイメージしてください。入るときに力が入りすぎると、植物を傷つけてしまうことがありますから、気をつけてください。

６　自分自身を浄化し、グラウンディングして、自分の身体空間に戻り、エネルギー・ブレイクを済ませます。

第15章 第一層

私が二十九歳の時のことです。ある日、石《ストーン》やクリスタルを扱う行商人が町にやってきたことを耳にしました。彼は、地元の市場の一角で店を広げていました。私は、石やミネラル、クリスタルのエッセンスや波動がたまらなく好きでした。アイダホの南東部のスピリチュアル関係の人たちは、高いエネルギーをもつクリスタルが安く手に入れられないかいつも探しています。私もこの行商人の話に興味をそそられ、完璧なクリスタルを求めて市場に足を運びました。

その石の行商人は、チャックという名の、五十五歳くらいのアメリカ先住民の血が混じった髪の長い男でした。彼の小さな荷車に並べてある品物を物色していたとき、銀の鎖にピラミッドのかたちのクリスタルがついたネックレスが目に入り、私は一目でそれが気に入りました。

私はその頃、毎月のやりくりにも苦労するほど、ギリギリの生活を送っていました。勉強をしていたので、ほんのわずかしか生活費がありませんでした。それにもかかわらず、私はネックレスを買うために十五ドルをポケットから引っ張り出しました。

チャックは私を見て言いました。「あんたが欲しいのはそのネックレスじゃないよ」

その言葉に私は戸惑い、少し気分も害しました。

私が「いいえ、私はこれが欲しいの」と言うと、彼は「いいや、違うよ。あんたが欲しいのはこれかな、いやこっちかな?」と言うのです。

彼が指差したネックレスは、私が選んだクリスタルよりももっと複雑でデザイン的には優れていました。でも私は、「どちらも欲しいとは思わないわ。私はこれが欲しいの」と言ってピラミッドのかたちをした小さなクリスタルを指差しました。

私が彼にお金を差し出すと、チャックはそれを受け取り、「じゃあ、このネックレスを買うのだったら、これももって行かなくちゃいけないよ」と言って、荷車の端の下の方から、カット面がキラキラ輝く黒い石を引っぱり出しました。

それは息を呑むほどに美しい石でした。

私は、彼を見て尋ねました。「おいくら?」

「いくらもっているんだい?」と聞かれて、「八ドルよ」と答えると、彼は私を見て、微笑みを浮かべて「じゃあ、今日だけ八ドルだ」と言って、私にその石を手渡してくれました。

その日から私の人生が変化し始めました。その石を家にもち帰った瞬間から、私は身のまわりのものに今までにもましてスピリチュアルに調和し始めたのでした。

私が完全にこの石の虜になってしまっていたことは認めなくてはならないでしょう。まるで石が私に語りかけようとしているようでした。この石を握るたびに、私は楽々と直観力を集中させることができました。

好奇心がわいて、これがどんな石なのか知りたくていろいろな人に尋ねましたが、誰にもわかりませんでした。それから一年半ほど経った頃、私は、石と鉱物の展示会に出かけました。自分のクリスタルをもって行って、そこにいた業者の一人に見せると、その人はすぐに、八十ドルで買いましょうともちかけました。でも、それが何かは言ってくれませんでした。私は彼の提案を断わり、別の業者に見せに行きました。するとその人は、これがガーネット族灰鉄ざくろ石のひとつである黒ざくろ石の結晶体だと教えてくれました。私は、その名前を聞いたことがなかったので「何ですって?」と聞き返すと、その人は、「これは業者仲間では黒ルビーと呼ばれているものなのですよ。こんなに大きいのは、生まれてこの方一度も見たことがありませんね。普通はもっと小さくて四角い面がひとつしかなくて、こんなにいっぱいつながったのはめったにないのですよ。これがどのくらいの価値があるのかわかりませんが、自分だったらこれを手放したりはしないでしょうね」と説明してくれました。

その日以来ずっと、私の小さな黒ルビーは、ずっとお気に入りのクリスタルのひとつです。いろいろ試して見た結果、この石がピラミッドの下でエネルギーを保持することができる数少ない石のひとつだということがわかりました。たいていの石は、ピラミッドの下では氷のように冷たくなってしまいます。エネルギーを保てることがわかったのは、ルチルクオーツ（金紅石入り水晶）とこの黒ルビーだけでした。

私は、自分の黒ルビーに多くの神秘的で摩訶不思議な秘密が隠されていることを知りました。この石のもっとも重要な点は、私の直観的な感覚を目覚めさせたことでした。今までに私が所有したクリスタルの中でも、この石は私がもっとも愛する、もっとも大切なもののひとつです。

このようないきさつで、私は、存在の第一層、そしてクリスタルの力と直感的に出会ったのでした。

存在の第一層の生命

第一層から私たちは非有機的な生命にも、命と意識が宿っていることを学びます。母なる地球そのものも、巨大なエネルギー界、つまり巨大なスピリットです。地球のあらゆる部分は、ごく小さな結晶から最高峰の山々に至るまで、それ自身の独特のスピリットをもちます。

人間である私たちにはこれらのスピリットの動きは見えませんが、それでもこれらにはそれ自身の命が宿っています。

科学的には、生命には炭素分子構造を構成する炭素分子が必要だとされていますが、第一層上には、炭素ベースで私たちが理解するあらゆるものを超えた命が存在しています。この層は非有機的な物質で構成されているのです。

この非有機的な命は至るところにあります。母なる地球には岩があり、岩の中にはミネラルがあります。ミネラルは、カルシウムや、マグネシウムセレンなどで構成されますが、これらが微量しかないと私たちは生存できません。実際、私たちは、これらのミネラルと水から出来上がっています。これが分子構造の基本となっているのです。

ミネラル

ミネラルには二つの大きな役割があります。形成と調節です。形成の機能は骨、歯、すべての軟組織に関わっています。調節機能は心臓の鼓動や血液の凝固、神経反応の維持、肺から組織への酸素の運搬など、さまざまな系統に関わっています。頑丈な身体をつくり、精巧な生命過程すべてを維持していくうえで、タンパク質、炭水化物、脂肪、水分、ビタミン類と並んで、ミネラルは不可欠です。私たちの骨や体組織を構成しているのは大部分がミネラルですから、ミネラルを介して第一層と常に協調できていなければ、私たち人間は水と化してしまうことでしょう。

健康に関心のある人なら誰でも、ビタミンやミネラルの適度な摂取が必要だということは知っていますが、その理由まで理解している人はそれほど多くありません。ビタミンとミネラルは全く異なるものですが、体にはその両方が必要です。一番大きな違いは、ビタミンは、炭素を含み有機物質と見なされる一方、ミネラルは炭素を含まず、無機物質に分類されるということでしょう。

どちらも重要な役割を担っています。ビタミンの摂取量が毎日の推奨摂取量を下回っても体は機能し続けることができますが、ミネラルの不足は惨憺たる結果を招きます。たとえば、赤血球のヘモグロビンの生成には鉄分が必要です。丈夫な歯や骨を形成するにはカルシウムが必要です。カルシウムは、腎臓、筋肉そして神経系を正常に機能させるためにも欠かせません。ヨウ素が不足すると、甲状腺はエネルギーを生成できません。マンガンやセレン、亜鉛には、酸化防止機能があり、傷口を癒したり、正常な骨格を形成したり、細胞膜を保護したりする作用があります。

体には、多量ミネラルと微量ミネラルという二種類のミネラルが必要です。両者の違いはその必要量です。体が正常に機能するには一日に一〇〇ミリグラム以上の多量ミネラルが必要ですが、微量ミネラルの場合一日の必要量は一〇〇ミリグラム未満です。

七つの多量ミネラル

▼カルシウム
▼塩化物
▼マグネシウム
▼リン
▼カリウム
▼ナトリウム
▼硫黄

微量ミネラル

▼クロミウム
▼銅
▼フッ化物
▼ヨウ素

▼鉄
▼マンガン
▼モリブデン
▼セレン
▼亜鉛

ミネラルが不足すると、支《サポート》えが欠如します。

ミネラルの摂取源

私たちは、食物からミネラルを摂取しますが、どのようなしくみになっているのでしょうか？　ミネラルは大地に育った食べ物や、その土地に生息した動物などを介して私たちの体内に取り込まれます。果物、野菜、牛肉や豚肉、鶏肉、乳製品、穀物や豆類は、生存に欠かせないミネラルの主要な摂取源です。加工食品にはミネラルがあまり含まれておらず、正しい食生活をしていない人たちはビタミン欠乏やミネラル欠乏によって直接引き起こされる病を患う場合が多くなります。

私がクライアントで観察してきたこのような欠乏症では、カルシウムやマグネシウムの欠乏によるものが大部分でした。私がリーディングをおこなった相手で、体内に十分なカルシウムがある人などほんの一握りしかいませんでした。

私は、ミネラル欠乏が近代病の多くを引き起こしているに違いないと思います。土が痩せてしまって昔ほどミネラルが摂取できなくなっているのです。

一部のミネラルは、摂り過ぎると健康を害することになるため、ミネラル栄養補助食品の利用に関しては論議が分かれています。食物から一日の必要量のミネラルを摂取するように努力するのがよいのですが、もしミネラル栄養補助食品を利用する場合はキレート化されたミネラルを摂取するようにしてください。キレート化されたものなら血流に乗り、細胞壁から吸収されやすくなります。キレート化されていないミネラルではなかなか吸収されません。

シータのプラクティショナーは、この層に精通すれば、体内のミネラル欠乏をスピリチュアルな能力で観ることができ、スピリチュアルな能力で体内に異なるミネラルを生成できるようになります。

ここはアルケミスト（錬金術師）が利用する層で、ミネラルをあるかたちから別のかたちへと変えられる知識のあるところです。無機物を動かすテレキネシスの能力も、第七層と第六層と連携させて、ここ、第一層で学びます。精神の電磁的な力でさまざまな物体を動かしたり、スプーンを曲げたりする能力もこの層で身につけられるものです。

ミネラルを使用するヒーラーは、この存在の層を利用しています。どの病気にも対応するミネラルがあります。クリスタルを使用したヒーリングもこの存在の層からおこなわれますが、それには時間とエネルギーが要ります。

クリスタルとヒーリング・ストーン

存在の第一層は、石や宝石用原石、ミネラル、さらに私たちが吸う空気や足元の大地とつながる方法を教えてくれます。そしてこの層では最終的に、すべてなるものの一部である惑星地球を尊敬し重んじる関係の形成を目指しています。

第一層には、それ自体の固有の意識があります。ミネラルは裸眼では固体としてしか見えず、構成要素にまで分解して観ることはできませんが、それでも非常にゆっくりと動いていることを理解してください。さきほどから、すべてのものに意識があるということをお話ししていますが、あなたや私と同じように、無機質の生命体にも意識があるのです。

世界各地で古代の人たちは、クリスタルとミネラルのエネルギーにつながり、このような力に、たとえば「ストーンピープル（石人）」などといった名前を付けていました。古代の人たちはクリスタルやミネラルのもつ異なる特性を理解し、人の能力を高めたり、存在の別の層の力に通じる扉を開けたりするのに、それをどう使えばよいのかを知っていました。他の層への入り口の多くは、クリスタルやミネラルのエネルギーを使えば到達できます。たとえば、クリスタルを利用すれば、存在の第三層を使った方程式で先祖のDNAの記憶につながることができます。

直感的な人は、ミネラルやクリスタルに隠された言葉を学び、そこに格納された知識の記録を解き明かすことができます。直感的な人がしばしば特定の石やクリスタルに惹きつけられるのは、そのためです。人生のその時その場所で、神秘的あるいは身体的な理由によってその石やクリスタルが、その人にとって相応しいから、あるいは石やクリスタルが何らかの理由でその人を必要としているから、その石が直感的な人に呼びかけているのです。

現代科学によって、体内のホルモン類が実は結晶構造をしていることが解明されたことをごぞんじでしたか？　ホルモンが放出され、体を通って送られる様子は、クリスタルの成長とほぼ同じです。

多くの宝石用の原石が二億年以上も昔に生成されたと言われるのも興味深いことです。地球の奥深くで熱水とマグマのサイクルによって誕生した石たち。私たちが大切にしている石の多くは、ヒーリングで使われたり、宝飾品になったり、部屋の置物となったりする以前に、長く壮大な旅を経験してきています。それらの石の驚異的な年代と美しさは、私たちが生きるこの世界の安らぎと神秘に、私たちを結び付けてくれます。

ほとんどの石は、半貴石かどうかにかかわらず、独自の伝統をともないます。「風水」で、負のエネルギーを変換するために使う人もいます。宝石用原石を正しく使いこなす人なら、ものごとを増進するためだけに使い、石に決断を任せてしまうようなことはしません。ごぞんじの通り、癒しを命じるのに助けや道具など必要ないのです。あなたは単に「すべてなるものの創造主」へ昇っていけばよいのです。クリスタルについて学んでいるのは、そのような道具が必要だと今でも考えている人たちとコミュニケーションが取れるようにするためです。いろいろなことを知って存在の各層がどのように協調するのか理解するのは楽しいことではありますが、このブレイン・キャンディーにとらわれすぎないでください。あなたには創造主さえいればよいのです。

クリスタル・ヒーリングでは洞察力を養います。クリスタルは単に、それを身につけ使う人のエネルギーを増強させます。これは、電気器具が電気によってうまく動くようになるのと同じです。石は実はあなた自身のこころと体の電気と反応するということをぜひ理解してください。あなたのエネルギー波動が変化すれば、異なる波動をもった別の石に惹きつけられます。

石やクリスタルを身につけたり、もち歩いたりすれば、石やクリスタルには創造主から授けられた特別な資質があることがわかるはずです。身近な石の資質を学んでみてください。あなたがすべてなるものと離れた存在ではないということを理解させてくれるはずです。

クリスタルのお手入れ方法

クリスタルをお手入れするには、日光浴、月光浴あるいは海塩浴させるか、海の水、川の水で洗浄するか、音叉やベルで調整波動を送って、浄化させます。

とても脆く、洗浄してはいけないクリスタルもあるのでご注意ください。

「すべてなるものの創造主」のところへ昇って浄化を命ずるのが、クリスタルを浄化する最善かつもっとも正確な方法です。

ヒーリング・クリスタル

石にはさまざまな効用・用途があります。ここに石とその効用を列記してみました。クリスタルとそのスピリチュアルな特質については、書籍によって内容が異なる場合があります。

◆**メノウ** Agate	感情的、身体的、精神的なバランスをもたらし、消極性、苦々しさ、内なる怒りを克服させてくれる安定《グラウンディング》の石です。
◆**青縞メノウ** Blue lace agate	穏やかで平和な癒しの効果があります。
◆**火メノウ** Fire agate	保護石です。
◆**苔メノウ** Moss agate	魂をよみがえらせて、身のまわりの美しさに気づかせてくれます。痛みを和らげ、リンパ系と免疫系の働きを高めます。
◆**琥珀**《こはく》 Amber	クリスタルではなく、石化した木の樹液、いわゆる化石です。病気を外に引き出す力があります。ストレスも取り除き、内臓によく効くヒーリング石です。また、あなた自身の記憶か人類全体の記憶かいずれにせよ、過去生の記憶を呼び覚まします。
◆**紫水晶**《アメジスト》 Amethyst	透視と神聖なる存在とのつながりを強めて、常識をもたらします。
◆**アクアマリン** Aquamarine	解放と変化を刺激し、励ましを与え、直観力と洞察力を高めます。
◆**砂金石**《アヴェンチュリン》 Aventurine	人生への冒険をもたらし、夢の創造を手助けしてくれます。
◆**アズライト** Azurite	驚くほどに直観力を向上させ、チャクラをすっきりさせます。古代

	文明においてはラピス以上に珍重されていました。
◆ブラッドストーン Bloodstone	伝説では、キリストがある石の上で血を流し、その数少ない石がブラッドストーン（血の石）と呼ばれるとされています。この石は勇気を与え、キリストのエネルギーへと目覚めさせてくれます。
◆カーネリアン Carnelian	勇気を与え、人生の前向きな選択を促し、無気力を解消し、仕事やその他の活動での成功意欲を掻き立てます。
◆チャロアイト Charoite	真の神聖なる目的に私たちをつなげてくれます。より高い精神的レベルに進む中で、私たちが変化にうまく対応できるようにしてくれます。負のエネルギーを癒しに変え、病気を健康に転換し、力強い夢をもたらします。
◆シトリン Citrine	繁栄と豊かさをもたらします。
◆ダイオプテーズ Dioptase	こころを癒し、いたわってくれます。許しをもたらします。私たちが今この瞬間に生きられるようにしてくれます。
◆エメラルド Emerald	負のエネルギーを正のエネルギーに変えて、忍耐をもたらします。主要なハートストーンで、保護と癒しをもたらします。
◆フローライト（蛍石） Fluorite	学習に最適です。感情を安定させる効果があり、感染症も防ぎます。
◆ガーネット Garnet	繁栄と情熱をもたらし、愛のインスピレーションを生み、肉体の再生をもたらします。

✦**ヘマタイト（赤鉄鉱）** Haematite	戦士やグラウンディングするのを保護します。関節炎や高血圧の治療に使用されています。
✦**翡翠《ひすい》** Jade	保護と癒し。あらゆる負のエネルギーを吸収し、それが一杯になると粉々に砕けます。浄化の必要はありません。霊的な痕跡をもたないからです。
✦**ジャスパー（碧石）** Jasper	すべての碧石に癒しの効力があります。
✦**マダガスカル・ジャスパー** Madagascar jasper	世界でたったひとつの場所でしか見られない稀有な美しい石です。
✦**カイヤナイト** Kyanite	浄化の必要のない驚くべきヒーリング・ストーンで痛みを取り除きます。負のエネルギーを溜め込まずに瞬時に変えてしまいます。慈愛を植えつけ、血圧を降下させます。
✦**ラブラドライト（曹灰長石）** Labradorite	神秘の石です。負のエネルギーを正のエネルギーに変えます。常に私たちを本当の魔法につなげてくれます。
✦**ラピスラズリ** Lapis lazuli	その昔、テレパシーでメッセージを送ったり、スピリチュアルな能力を呼び覚ましたり高めたりするのに使われていた古代の石です。
✦**ラリマー** Larimar	養育の石。明快で建設的な思考をもたらします。
✦**マラカイト（孔雀石）** Malachite	保護、勇気、意志の強化に使われます。私たちに危険が迫ると粉々に砕けます。
✦**モルダバイト** Moldavite	大変革に使われます。私たちが人生で既に創造していることをスピ

ードアップしてくれます。あなたの人生が既に高速で進んでいる場合にはこの石を避けてください。

◆**ムーンストーン（月長石）** Moonstone

ソウルメイトをもたらし、明晰夢が見られるように仕向け、スピリチュアルな能力を高め感情を落ち着かせます。

◆**黒曜石** Ohsidian

負の思考形態や呪文から守ってくれます。

◆**オニキス** Onyx

癒しと保護をもたらします。

◆**黒オニキス** Black onyx

負のエネルギーから保護します。この石を身につければ望まない関係を解消できます。

◆**オパール** Opal

オパールをつけるならば、他の石はいっさい身につけてはならない、とかつて言われたものですが、これはオパールの人気がダイヤモンドより高まっていたために、ダイヤモンド商がでっち上げたつくり話です。オパールは、本当の能力に私たちを導いてくれます。水の石で、水が好きです。お好きなものと一緒に身につけてください。

◆**珪化木《けいかぼく》** Petrified wood

新たな始まりと保護。

◆**パイライト（黄鉄鉱）** Pyrite

男性の石です。男性らしさを目覚めさせます。

◆**クオーツ** Quartz

明晰さと癒しをもたらします。

◆**ローズクオーツ** Rose quartz

愛とこころの治癒のために使われます。

◆**スモーキークオーツ（煙水晶）** Smoky quartz

負のエネルギーから保護するため、そして、グラウンディングをす

	るために使われます。
◆ロードクロサイト（菱マンガン鉱） Rhodochrosite	愛をもたらし、自らを愛し自らを育てることを教えてくれます。
◆セラフィナイト Seraphinite	チャロアイトと姉妹関係にあり、スピリチュアルなつながりをもたらしてくれます。
◆ソーダライト Sodalite	旅立ちのきっかけとなります。
◆タイガーアイ（虎目石） Tiger's eye	将来を見通せるようになります。右脳と左脳とをひとつにまとめ上げます。目標達成にこの石をお使いください。
◆トパーズ Topaz	われわれの意図を拡大し、負のエネルギーを正のエネルギーに変換します。
◆イエロートパーズ Yellow topaz	金銭が手に入ります。
◆トルマリン（電気石） Tourmaline	クオーツ結晶体のエネルギーを強化します。クオーツに比べて十倍強力です。クオーツより電導性に優れ、望遠鏡、テレビ、その他の電気器具に使われます。古代の人たちは、より明確にメッセージを受け取り、思考を送るのにこの石は有効である、またスピリチュアルな能力を高めると信じていました。こころの平穏をもたらします。
◆ブラックトルマリン Black tourmaline	体を浄化します。
◆ターコイズ（トルコ石） Turquoise	青いターコイズは癒しです。関節炎の痛みを取り除きます。

第16章　層を活用したヒーリング

シータヒーリングを始めたばかりの頃は、違う層の力とつながってしまい、自分がいったいどの層とつながっているのかよくわからないことがあります。すべての層は聖なる存在につながっていますから、混乱しやすいと思います。これらの層でのヒーリングについて学ぶ最善の方法は、それらの層につながって実際に体験してみることです。ただし、他の層の規則や契約に拘束されなくて済むように、必ず最初に第七層に行くようにしてください。

各々の層に、あらゆる感情や身体的な病気にたいする解決策があります。たとえば、第一層には、ひとつの病気につき一組の化学結合またはミネラル配合が回復法として存在します。この組み合わせは、それに貢献している思考パターンと同じ波動をもつため、置き換えが可能です。

同様に、存在の第二層では一種類の植物もしくはビタミン、場合によっては複数の植物やビタミンがあらゆる病気の解決策として機能します。人間はタンパク質の第三層で生きています。ということは、どんな病気も癒せるアミノ酸配合が一種類存在するということを意味します。存在の第四層には、体の癒しのエネルギーを生み出すための正しい炭水化物があり、シャーマンは、植物や先祖のスピリットを利用して癒しをおこなっています。存在の第五層では、天使や天なる父と母があなたの肉体を癒します。癒しを起こすために何らかの交換条件が必要になったり、何らかの変更が求められたりするかもしれませんが、その過程で信念体系《ビリーフ・システム》が解消できます。第四層と第五層の霊的実在は、通常、何かをする代償にあなたに約束をさせますが、それによってあなたの波動が変わってしまいます。

いったん、存在の第六層につながると、音楽や音が聞こえてきますが、それからこの層では波動を活用して癒しを起こすことがわかります。

結局のところ突き詰めていくと、すべての層は光と波動なのです。正しいミネラルには正しい波動があり、正しい植物には正しい波動があります。ヒーリングに用いられるこのような物質的なものにも、思い込みへの働きかけと同じ波動があり、肉体を癒してくれます。

抗生物質としての働きをもつ薬草《ハーブ》には、たとえば、細菌によって引き起こされた病気を癒すための正しい波動があります。ということは、ハーブの波動は、細菌を引き寄せる罪の意識の解消にも適していることになります。存在のすべての層が解決にふさわしい答えをもっているからです。それぞれに適切なミネラル、適切なビタミン、適切なタンパク質、適切な思考パターン、適切な感情・感覚というものがあるのです。

思い込みへの働きかけが、存在の各層での解決策と同じ結果をもたらすことも可能です。では、思い込みへの働きかけを全く信じていないクライアントがやってきたらあなたはどうしますか？　いや、そのようなことはないはずです。あなたのクライアントは思い込みへの働きかけをしてもらいに、あなたのもとにやってくるのですから！　そのような人にはまず、本書の感覚・感情への働きかけ（20～23ページ参照）に挙げてあるすべての思考パターンの呼び覚ましをしてみてください。その人にとって役に立たないものは、その後ですぐに、簡単に捨てることができます。

愛とともにあるということがどのような感じがするのかを最終的に学んだすべての人に、本物の癒しが訪れます。恐れと愛の摩擦は、第五層と、ここ第三層に存在します。いったん恐れがなくなれば、第七層におけるように「ただそうある」ことだけが問題になります。その答えは、存在の各層のしくみがわかったあなたなら、ご自分で探し出せるはずです。

各層の生命の構造

前著『シータヒーリング』に記載した内容をかいつまんで説明すると、人の体は、五つの異なる化合物からできています。脂質、炭水化物、タンパク質、アデノシン三リン酸（ＡＴＰ、すなわちエネルギー）、そしてＤＮＡである核酸です。これらの五つの構成要素が、あなたを各層につなげ、あなたを第七層の存在にしている生命の糧です。

不足状態

ここでは、以下の要素が肉体に不足すると、どのような状態が生み出されるのかを説明しましょう。

	不足要素	生み出される結果
第一層	ミネラル	支えの欠如
第二層	ビタミン	愛の欠如
第三層	タンパク質	養育の欠如
第四層	炭水化物	エネルギーの欠如
第五層	脂質	スピリチュアルなアンバランス
第六層	核酸	スピリチュアルな構造の欠如
第七層	ＡＴＰ	スピリチュアルな本質の欠乏、欠如

❖ 第一層――肉体にミネラルが不足すると感情面での支えが欠如し、支えの欠如に関連した病気、たとえば関節

炎などにかかりやすくなります。

❖第二層――ビタミンが不足すると、いくつかのレベルで愛が欠如します。逆に、愛が欠如していると正しくビタミンが吸収されません。

❖第三層――タンパク質が不足すると、養育の欠如が引き起こされます。

❖第四層――炭水化物が不足すると、エネルギーの欠如が引き起こされます。

❖第五層――脂質が不足すると、身体系統のバランスが崩れホルモンが放出されなくなります。ホルモンは、体のバランスを整えます。

❖第六層――核酸が不足すると、生命の構造が欠如します。

❖第七層――ＡＴＰが不足すると、スピリチュアルな本質が人生で欠如してしまいます。ＡＴＰ（アデノシン三リン酸）は、体の代謝のために重要な物質です。分解されるときに膨大なエネルギーを放出し、そのエネルギーが細胞や体組織の機能維持に利用されます。ＡＴＰはエネルギー通貨と呼ばれることもあります。細胞を機能させているのは、ミトコンドリアにたくわえられたこの純粋なエネルギーなのです。ミトコンドリアは、母親のＤＮＡから受け継いだエッセンスです。スピリットはＤＮＡ上にではなく、このミトコンドリアに宿っています。ＤＮＡはコンピュータ・プログラムですが、ミトコンドリアは、意識のある電気です。人が死ぬとエネルギーが肉体を離れるのが見えますが、これはミトコンドリアがこの物質的な次元を去り始めているのです。ＡＴＰの不足によりスピリチュアルなエネルギーが低下している場合は、いろいろなところにあまりにも多くの魂の欠片を置き忘れてしまっているため、消耗してしまったエネルギーを補填する必要があるのでしょう。

思考の力

思考は実在します。実体があります。思考によって、存在の層のあらゆるものを創造することができます。私たちがこの事実を知っているのは、ハワイで開催したインチュイティブアナトミーのセミナーで、受講生の問題をほとんど解消したところ、三週間のセミナー終了時には全員のpH（アルカリ性・酸性度を測る値）のバランスが七・二のアルカリ性になったということがあったからです。基本的に体をpH七・二のアルカリ性に保っておけば絶対に病気にかかることはなく、それにはアルカリ性の食品を摂る必要があるのですが、これは通常なかなか困難なプロセスです。アルカリ性食品しか与えられていないのに、何ヶ月も酸性のまま変わらないクライアントを私は今までに経験してきました。

このような人は、体がアルカリ化するときに、癒しで大きな問題に直面したり、その他の大事件を経験したりします。一方、思い込みへの働きかけは、私の受講生全員を短期間にpH七・二のアルカリ性にしてしまったのです。チョコレート・ケーキを食べていた人もいるというのに！　思い込みは、ビタミンやミネラル、栄養分とまったく同じエネルギーを創造することができます。

一ヵ月間欠乏状態にした後でアミノ酸やビタミンを摂取すると、感情的な問題や無意識の問題を多く取り除けるということをごぞんじですか？　アミノ酸やビタミンが安定して、栄養補助食品の摂取が必要なくなる場合もあります。また、あなたは人生のあらゆる問題に対処できるようにつくられていることをごぞんじですか？　精巧な機械のようにあなたは設計されているのです。十代の反抗期の子供の子育てをうまく乗り切ることができるようにあなたが設計されていることをごぞんじですか？　本当ですよ！

母親が乳児にキスするとき、次の授乳にぴったりの栄養素が直感的につくられることをごぞんじでしょうか？　私は哺乳瓶で育てられました。母は妊娠中、病気だったので子宮にいた私には栄養素が届きませんでした。母は胆嚢をひどく病んでおり、度重なる感染症により、医者は彼女がまだ生きていることに驚いているという有様でした。手術の必要があり医者が患部を切開したとき、私を妊娠していることが判明しました。医者から母は、出産は無理だろう、中絶しなくてはならなくなるだろうと言われたのでした。母が最近私に何と言ったと思いますか？　「私の目を見なさい、ヴァイアナ。私とこころの絆を築いてちょうだい。あなたが生まれたとき、あなたとこころの絆を感じられなかったの。それはあなたを絶対に生めないと思っていたから」。長年の間、母がこのような思いをもち続けていたのは悲しいことでした。しかし、そのような思い込みを解消するチャンスが得られたのは、素晴らしいことでした。

各層をヒーリングに使用するには

存在の層の方程式

ヒーラーは一度に必ずひとつ以上の存在の層を利用します。これは、「方程式」と呼ばれます。ヒーラーはこの方程式において、観届けるという重要な役割を担っています。

創造主 ＋ ヒーリングを受ける人 ＋ 観届ける人 ＝ 結果

あなたが存在の層を使っているときには必ず、一度に二つ以上の層を使っています。たとえば、第一層のエネルギーを使うときには必ず、第六層を自動的に使うことになります。第一層のミネラルが電気の法則と関わり合ってさらに強力になるため、これは便利です。

ヒーリング様式

いずれのヒーリング様式にも、よく利用する存在の層というものがあります。たとえば、鍼治療は存在の第六層、第三層、第二層そして第一層を使い、素晴らしい効果を発揮します。

シータヒーリングは、他のヒーリング様式、特に現代医療と競合しません。

あなたがいろいろなヒーリング形式から習得したすべて、さまざまな宗教から学んだすべてのことを集大成させて、「私は、自分の問題を早く取り除きたいのです」「私には、ここでやるべきことを成し遂げる力があります」と言えるようになります。あなたはすべての方法から経験を積んできたのです。

各層のイニシエーション

かつては、進歩を遂げる度、または各層を習得する度に、人は大きな精神的転換となるイニシエーション（通過儀礼）を経験しなくてはなりませんでした。各層が抱えるドラマのために、これがトラウマとなる可能性がありました。シータヒーリングにおいては、層に束縛を受けないことを学んでいるため、こころを解放することができ、トラウマになるほど衝撃的な経験をすることなく前進することができます。

私たちはとにかく前進します。上昇して創造主に癒しを求めるとき、上昇して地球への恵みを求めるときはいつでも、新しい可能性や新しいレベルにこころや精神を開き、それぞれのイニシエーションを体験します。イニシエーションを経験したとあなたに告げるサイキックな声を感じたり聞いたりしたことはありませんか？　これまでに死に瀕した経験はありませんか？　臨死体験、あるいは死への扉というものは、ヒーラーが成長過程で体験するイニシエーションと言えます。「小さな死」と呼ばれるこの体験は別の存在の層へのサイキックな入り口です。

思い込みの働きかけにより、犠牲を払ったり、死を代償としたりすることなく、楽々とイニシエーションを通過できます。実際、「思い込みへの働きかけ」は一種の「イニシエーション」なのです。

層への執着

私は、ヒーリングのセッションでは第七層につながるようにしていますが、その一方で、セッションの相手が、特定の層のエネルギーしか受け入れない場合もあります。たとえば、高位の天使がヒーリングを手伝いに来ているのが見えた場合は、その人が第五層の隠れた信念体系《ビリーフ・システム》をもっていることがわかります。このことは、その人が存在の第五層にたいして誓い、誓約、つながりなどをもっていることを示しています。天使がヒーリングを手伝っていて、第五層のエネルギーだけが使われている場合、その天使は、その層内でのみ、その人に働きかけます。なぜなら、それしか許されていないからです。

他のいろいろな層と複雑に絡み合っているため、個別の層への約束や義務から、最初に創造主へと昇って行かないことがしばしばあります。特定の層だけを使うのに慣れてしまうと、層の法則に縛られることになります。しかし、何かをするときには、上昇して「すべてなるものの創造主」に尋ねれば、エネルギーが各層をまとめ上げて、異なる方程式で働きかけをしてくれます。

さらに古い魂には、過去生や先祖の記憶だけでなく、集合意識に発する力の直感的な要素があり、特定の存在の層に関する深い知識をこの時空にもち込んでいる可能性があるということは、こころに留めておいてください。

たとえば、ある人のスピリットが第四層の秘密に通じており、それがもつシャーマニズム（巫術）的なエネルギーの力を理解していたとしましょう。シャーマニズム・エネルギーと併せて、その人には、自らの思い込みによる制約や、またはその術を教えてくれた達人が使ったスピリチュアルなエネルギーの思い込みによる限界、あるいはその時の状況の意識による限界が課せられています。これは、シャーマニズムが発展していないと言っているのでもなければ発展してこなかったと言っているのでもありません。また、特定の個人の意識が発展しない、あるいは発展しなかったと言っているのでもありません。おそらく、その時空でのその人の能力は、特定の存在の層の命令によって制約を受けていたのだろう、当時縛られていた集合意識の制約を受けていたのだろうと言っているに過ぎません。

そのような人は過去の制約をしっかり学び、おそらくあまりにもしっかり学びすぎているがために、そのエネルギーをこの時空にもち込む際に「限界がある」という思い込みも一緒にもち込んできています。

そのため、かれらはこの時空でもこれらの法則や制約の影響を受けます。

別の例では、ヒーラーが、首の痛みを抱えている人とひとつの部屋にいるとしましょう。突然、ヒーラーが首に痛みを感じて、もう一方の人の痛みは消え去ったとします。これもシャーマニズムであり、ヒーラーが過去からこの人生にもち込んだ義務、誓い、誓約によって引き起こされます。

また、別の時空で自分がもっていた力の要素を覚えていて、それを再度獲得しようと試みるけれども、イニシエーションによって現在に再生成しなくてはならない要素があるとわかってがっかりする人もいる、ということを覚えておいてください。

第五層に昇ったマスターは、たとえば、人間の体の限界を絶えず思い知らされ、この世の他の住人の集合的な信念体系《ビリーフ・システム》にも直面することになります。過去のものに執着せず、今生で力の要素を再構築することは古い魂が直面するイニシエーションのひとつといえるでしょう。

送り出しと呼び込み

ヒーリングにおいては、まずは上昇して創造主とつながり、その後であなたが利用したい力が存在する特定の存在の層へ行くようにしてください。

第七層の知識とエネルギーは、常にその状況にとって最高最善の答えを与えてくれ、原因と結果の法則の制約を越えたところにあなたを高めてくれます。この方法で、あなたは存在のすべての層との調和を探求し操り、それを極めます。すべてなるもののエネルギーを利用したい場合には、もちろん、第七層へ昇るために正しい意識をもつことが必要です。

「すべてなるものの創造主」、と呼びかけてください。あなた自身の空間から第七層に送られるのだというはっきりとした理解のもとに、生きている思考形態として創造されたこの言葉が、あなたを適切なエネルギーへと導いてくれます。

第七層に行って病気の「非創造」を観届けなさいと私からアドバイスすることがありますが、これは、あなたが病気のない現実を創造しなくてはならないことを意味します。肉体に向かって、病気が否定されたこと、新しい筋書きがもたらされたことを告げてください。これをおこなうには、そのような創造は無理だと告げる制約の思い込みを解消する必要があります。

エネルギー・ヒーリングを実行するとき、自分の身体空間から上昇して、エネルギーに自分の体を通って、手から出るように命ずる人がいます。たとえこのエネルギーが第七層から来ているとしても、相手の空間に入る前に、エネルギーがヒーラーの体を通過し、ヒーラーは完全に神聖な存在ではないため、この過程でエネルギーが変化してしまう可能性があります。癒しのエネルギーとして出てきますが、ヒーラーのもつ第三層の思い込みによってろ過されてしまい、癒しの効果が上がらない場合があります。

第17章　浮遊記憶

シータヒーリング応用DNAセミナーの演習のうちのいくつかを、この章で紹介します。

＊＊＊

浮遊記憶の演習は『シータヒーリング』で既に紹介されていますが、ここで繰り返し説明する価値は十分あるでしょう。浮遊記憶に関する演習は、しばしば自分を襲う発作について心配して、私に電話をかけてきたある女性によって生まれました。彼女は、子供を欲しがっていましたが、処方されていた発作止めの薬が胎児に先天性欠損症を引き起こす危険があったため妊娠できませんでした。それで私がリーディング中に創造主に、彼女の発作を止めるにはどうしたらよいかを尋ねたところ、ストレートな回答が返ってきました。「ヴァイアナ、彼女の浮遊記憶すべてを引き抜きなさい」

私はずっと昔に前夫に聞いて、浮遊記憶についてある程度の知識がありました。浮遊記録は、私たちの意識がもうろうとしている状態で起きた、トラウマを引き起こすような事柄その他によって刻み込まれた脳内の記録です。手術の最中や事故に遭ったとき、あるいは戦時中に悲惨な体験をした場合や過酷な虐待を経験した場合、もしくはアルコールや薬物を過剰に摂取したときに起こります。

脳は常に覚醒していることをごぞんじですか？　あなたが寝ている間もまわりで起きていることすべてに気づいています。無意識の時も、周囲で起きていることがすべて聞こえているのです。手術を受けている人や意識を失ってしまった人のことを考えてみてください。その時口にされた言葉はすべて、その人たちの脳に記録されています。特に、癌性腫瘍の手術中、あるいは癌性でない腫瘍でも医師が「癌だと思う」というようなことを言った場合の手術中にはしっかりと脳に記録されます。

重要な点は、意識のあるときには、こころはその出来事をちゃんと処理する方法をわかっているけれども、無意識の時にはその場で適切に処理できず、出来事が浮遊記憶となってしまう場合があるということです。意識がもうろうとした状態の時に受け入れた特定の言葉や音、状況が繰り返されると、現在の目覚めている世界でトラウマを再現してしまうのです。

ですから、ヒーリングに抵抗するクライアントの場合、こうした浮遊記憶の有無を調べるようにしましょう。

このクライアントに対して、私は創造主に指示されたとおりにしました。彼女に貢献していないすべての浮遊記憶が彼女から開放されるのを観届けました。実際、彼女が無意識の間に起こった過去の状況が発作の原因となっていました。その状況に似た臭いを嗅いだり、聴いたり、経験したりする度に、発作が引き起こされていたのです。

次の日、彼女の夫から、彼女がまた発作を起こしたと電話がありました。私はもう一度彼女への働きかけをおこない、同じプロセスを観届けました。今度は、彼女の発作は完全に止まりました。

私から数回セッションを受けた後は、発作の薬は必要がなくなりました。

そして翌年には、赤ちゃんを授かりました。彼女は、カリフォルニアで開かれた私のセミナーにやってきて、その赤ちゃんを見せてくれました。

私たちの多くに浮遊記憶があり、それによって全潜在能力の発揮が妨げられている可能性があります。

シータヒーリングで浮遊記憶を取り除くには、次の手順に従ってください。

浮遊記憶を取り除くプロセス

1　ハート・チャクラに意識を集中して、自分自身がすべてなるものの一部である、母なる地球へと下降して行くのをイメージしましょう。

2　両足を通してエネルギーが昇って来て、クラウン・チャクラまでのすべてのチャクラを開いていくのをイメージしましょう。美しい光の球となって、宇宙へと飛び出します。

3　宇宙を越え、白い光をいくつか過ぎ、薄暗い光を抜け、白い光を通って、法則であるゼリー状の物質も超えます。これは法則です。そして真珠のように輝く白い光、存在の第七層へと入って行きます。

4　「すべてなるものの創造主よ！　この方へ何の貢献も果たさない不必要な浮遊記憶を、最高最善の方法で引き抜き、取り消し、創造主の光のもとへ送り、創造主の愛と置き換えるよう命じられました。ありがとうございます！　できました。できました。できました」と命じましょう。

5　意識をクライアントへ移動させて、ヒーリングがおこなわれるのを観届けましょう。古い記憶が創造主の光のもとに送られ、「すべてなるものの創造主」からの新しいエネルギーが古いエネルギーに置き換えられるのを観届けましょう。

6　このプロセスが終わったらすぐに浄化をしてください。そして、自分自身の身体空間に戻りましょう。地球にグラウンディングして、地球のエネルギーをすべてのチャクラを通してクラウン・チャクラまで引き上げ、エネルギー・ブレイクを済ませましょう。

しばらく病気だった人、手術をした人、または医者から病状が末期だと言われた人に、このプロセスは有効です。特に否定的なことを聞いたり、意識がもうろうとしているときに辛いトラウマを経験したりした場合に効果的です。これらの浮遊記憶を取り除くことで、こころは健康な新しい思考パターンのシナリオをつくられるようになります。

私が末期患者への働きかけをおこなうときにはいつでも、「胎内の赤ちゃんに愛を送る」と「傷ついた魂《ブロークン・ソウル》を癒す」という演習（次の二つの章を参照）と併せて、この演習を使用します。

私の経験から言って、この演習を一度きりでなく、複数回おこなわなくてはならない場合もあります。

脳は、一度にできる限りたくさんの浮遊記憶を取り除きますが、必ずしもすべてが取り除かれるわけではありません。たとえば何度も手術を受けている人の場合は、このセッションを何回かおこなう必要があるでしょう。

第18章　胎内の赤ちゃんに愛を送る

この演習は、『シータヒーリング』に記載されていますが、大変重要なことなので、ここで再度説明したいと思います。

受胎

ヒトはどのように受胎されるのでしょう？　望まれて生まれてきたのでしょうか？　今のように避妊具が使われていなかったときに生まれた人もいるでしょう。あなたの誕生を、あなたの母親は喜んでくれましたか？　それとも打ちのめされた気分になっていたのでしょうか？　あなたはどのように迎えられたのでしょうか？

妊娠中の女性のいるところでは決して汚い言葉を口にしないというのは、古代ハワイの習慣でした。女性の妊娠中に夫婦喧嘩などすれば、出生後に罰が当たると考えられていました。キリスト教徒が島にやってくるまでは、赤ん坊が生き残れるチャンスをできるだけ高める必要があり、それには赤ん坊はよいエネルギーとよい波動に囲まれて生まれ、育てられなくてはならないと人々は信じていました。

生まれたとき、あなたの両親はどんな会話をしていたのでしょうか？　興奮と歓迎のエネルギーがあったのか、口論していたのか、どちらでしょう？　両親はあなたの出生を喜んでいましたか？　生まれたとき、暖かかったですか？

母親から引き離されましたか？　母乳で育てられましたか？　こういった記憶はすべて、あなたの体にいつまでも残ります。その時口にされたあらゆる言葉は吸収されているのです。どんな言葉が、あなたを無力だと感じさせましたか？

自分が価値のない存在であると感じさせたり、罪悪感を感じさせたりした言葉は？　逆に、自分のことを素晴らしいと感じた言葉、自分を誇らしく感じさせてくれた言葉は何でしたか？

受胎の瞬間から、人間は身のまわりのすべてを感じ取っています。母親が抱く感情、感覚、思い込みは、子宮にいる胎児にも伝わっている場合が多いのです。胎児には母親のトラウマ的な思考や子供が欲しくないという感情、自分の手に負えないのではという恐怖心やその他のストレスが伝わります。それが、胎児のノルアドレナリンとセロトニン濃度に影響を及ぼします。アルコールの摂取や薬物の使用も、胎児のこころの健康と身体的な発育に影響を与えます。

「胎内の赤ちゃんに愛を送る」演習

この演習は、絶大な効果を発揮するヒーリングプロセスです。胎児性アルコール症候群、双極性障害、注意力欠如、自閉症など、多くの病気に作用し、問題を簡単に取り除くことができます。また、胎児の発育に関連があるてんかん、喘息その他の心理的影響にも効果があるようです。

双子として無事生まれてくる子もいますが、受精した双子のうち、実際に出生にまでこぎつけるのは約三分の一にすぎません。このため、生まれてきた子供が、深い孤独感を覚えることがあります。この孤独感は一生引きずるものですが、この演習でおさまります。またこの演習は生まれてくることができなかった子供のエネルギーを光のもとに送ります。

このセッションを自分自身や子供、そして、ご両親におこなってみてください——もちろん、それを受け入れるかどうかに関しては、相手には自由選択権があるということをこころに留めておきましょう。これは、血縁関係なら言葉による承諾なくおこなえる数少ない演習のひとつです。それは、あなたが遺伝的につながっている人ならば、無意識のうちに送られてきた癒しを受け入れるか、拒否することができるからです。

この演習は、母と私との関係に絶大な効果をもたらしました。長年口論を続け軋轢が続いていた父親、母親や子供たちと、この演習のお陰で仲直りができています。この演習を、クライアントや自分自身に使ってみてください。ただし、クライアントにたいしておこなう場合には、言葉による承諾が必要です。

胎内の赤ちゃんに愛を送るプロセス

1　ハート・チャクラに意識を集中して、自分自身がすべてなるものの一部である、母なる地球へと下降して行くのをイメージしましょう。

2　両足を通してエネルギーが昇って来て、クラウン・チャクラまでのすべてのチャクラを開いていくのをイメージしましょう。美しい光の球となって、宇宙へと達します。

3　宇宙を越え、白い光をいくつか過ぎ、薄暗い光を抜け、白い光を通って、ゼリー状の法則の層を過ぎると、真珠のように輝く白い光、存在の第七層へ入ります。

4　「すべてなるものの創造主よ！　この人が胎内にいる時のその胎児（赤ちゃん）に愛が送られるように命じられました。ありがとうございます。できました。できました。できました」と命じましょう。

5　次に上昇して、創造主の無条件の愛が（あなたやご両親、子供の）赤ちゃんを包む様子を観届けてください。愛で胎内が満たされ、胎児を包みこむ様子を眺め、あらゆる毒や有害物質とマイナスの感覚・感情が消し去られるところを観届けましょう。

6　このプロセスが終わったら、浄化をおこない、自分自身の身体空間に戻りましょう。地球に入って行って引き上げたエネルギーをすべてのチャクラを通してクラウン・チャクラまで引き上げ、エネルギー・ブレイクを済ませましょう。

第19章　傷ついた魂《ブロークン・ソウル》を癒す

私に伝えられる情報の多くは、私がクラスで教えているときにもたらされます。「傷ついた魂《ブロークン・ソウル》を癒す」のプロセスがもたらされたのは、オーストラリアで第一回目の「インチュイティブアナトミー」のセミナーを教えていたときでした。愛娘を失って精神的に打ちのめされている受講生がいました。あまりにも打撃が大きすぎて立ち直ることができないでいました。授業中も悲しんでいて元気がなく、どんなに私が彼女に思い込みへの働きかけをしても、「私は傷ついています」と痛ましい言葉を繰り返すばかりです。

その夜、私はどうしたら彼女を助けられるか創造主に尋ねました。すると「ヴァイアナ、彼女の傷ついた魂《ブロークン・ソウル》を癒しなさい。彼女は人生のすべての悲しみで、魂が傷ついてしまっているのです」と言う声が聞こえてきました。

自分にも傷ついた魂《ブロークン・ソウル》があるのでしょうか、と創造主に尋ねると、「もちろん」という答えが返ってきました。これに対して「でも、自分の魂の欠片をいままでずっと引き戻してきたのです。私に傷ついた魂《ブロークン・ソウル》があるはずがありません」と私は言いました。

その時、私は、自分の魂を構成しているエネルギーの泡の中に、亀裂としか表現しようのないものを、こころの目に見せられました。私は、創造主に自分の傷ついた魂《ブロークン・ソウル》を癒してくれるようにお願いしました。そして、その亀裂が癒され、私の魂が再創造し始めていく様を観届けました。これまでに取り除くことが決してできなかった古傷や、昔の悲しみ、そしてこれまでずっと嘆き続けてきた痛みなどが癒されていくのを観届けたのです。

私は解決された内容に驚きました。

それが虐待だという確信はありましたが、自分では既に対処済みのことだったのです。ここで現われたことは、まったく予想外のことでした。

子供たちの父親と私の間がぎくしゃくしかけていた頃のことですが、私は他の車と衝突して、よその家の前庭に突っ込んでしまいました。夫に電話して迎えに来てもらおうと、その家の電話を借りて夫に連絡しました。車がひどく破損したと言う私に、彼はなんとサッカーの試合が終わったら迎えに行くよ、と返事をしました。怪我をして、恐怖におびえ、気弱になっていた私に向かって、彼は、サッカーの試合を最後まで観るのが先だと言うのです！　その瞬間、私は、この人と普通に子供たちを育てていくことはできない、もう終わりだと悟ったのでした。創造主が私の傷ついた魂《ブロークン・ソウル》を癒したとき取り除かれたのは、この出来事による痛みでした。

翌朝の私は、気分が全く違いました。その日、クラスでその女性に同じ働きかけをおこないました。私は、創造主が傷ついた魂《ブロークン・ソウル》を癒すのを観届け、彼女もずいぶん気分が晴れたようでした。プロセスはこうして生まれました。私は、魂が、人生のさまざまな、おかしな経験やつらい出来事によって傷ついてしまうものだと悟りました。立ち直れないほどに感情が傷ついた場合や、十分な嘆きの時間が取れていないときに、魂のエネルギーに亀裂が入る場合があります。

私は癌を患っているクライアントの多くに共通したパターンがあることに気づいていたのですが、これでようやく説明がつきました。あらゆる種類のエネルギーでかれらを一杯に満たしても、エネルギーを持ち続けることができないのです。癒しがかれらの中で「消失」してしまうのです。今ようやく、魂が傷ついていたことによるものだと、私にも理解できました。

このプロセスが私に示されたすぐ後、ワシントン州のシアトルに、当時まだ新しかった応用クラスを教えに出かけました。インチュイティブアナトミー（超感覚的解剖学セミナー）の卒業生が数名出席しており、かれらに傷ついた魂《ブロークン・ソウル》への働きかけをおこないました。皆うまくやったのですが、一人だけ苦労している人がいました。彼女はそれまでにもなかなか手を焼かせる人で、思うに私に競争心を抱いていたのではと思います。受講生からこれほどまでの怒りや嫉妬を感じるのはめったにないことでした。

プロセスで、彼女の魂がひとつにまとまるのに少し時間がかかっていたため、彼女は自分の身体空間から上昇して、プロセスを取り消してしまいました。このため、ほとんどすべてのレベルで彼女は未完了状態となり、たいへん不安定な行動を取り始めました。彼女はその夜、バランスを崩し、仲間のインチュイティブアナトミーの卒業生たちと大事件を引き起こしました。しばらくして幸いにも、彼女は同級生の助けにより冷静さを取り戻しました。他の人の傷ついた魂《ブロークン・ソウル》を癒そうとするときは必ず、その人が精神的に安定していることを確かめるのが賢明です。

この受講生には、私に対する感情を乗り越えて欲しいとずっと望んできましたが、まだ今でも乗り越えられていないようです。そして残念なことに、「傷ついた魂《ブロークン・ソウル》を癒す」演習への嫌悪感を克服したとも思えません。これは、プラクティショナーがプロセスの終了を観届けること、そしてクライアントからその許可を得ることが如何に重要かを示す好例です。

この大事件の後、この技術を教えることに少しためらいを感じるようになりました。それでも、アイダホ・フォールズで開催された、その次の応用ＤＮＡセミナー当日に、創造主から「今日、かれらに傷ついた魂《ブロークン・ソウル》を癒す方法を教えることになります」と告げられました。そして、次のように詳しく説明してもらいました。

「ヴァイアナ、あなたは、多重人格障害をすっかり把握していませんね。あなたは、かれらの傷ついた**脳**を癒すのではなく、**魂**の一部を癒すのですよ。プロセスが完了する前に決して去ってはなりません。その人の魂を現わす回転する球が時計まわりに回転し出すまで必ず観届けるようにしてください。エネルギーが反時計まわりになっているま

まで去ってしまうと、昔の傷が全部あふれ出してきて、それらの問題に対処してからでないと、魂を癒せなくなるのです。そうなると、二、三日ジレンマが残ります。あなたがちゃんと最後まで完了させておけば問題ありません」

それで、私はためらいを捨て、この技術を教えることにしました。しかし、何人かは、プロセスを少し恐れたようで、創造主が働きかけをするのを単に観届けるのではなく、あまりにもそれを「飾り立て」てしまっていました。それが、かれらにトラウマを起こしました。働きかけで邪魔が入るために、三十秒で終わるところが完了に三日かかってしまったのです。

人が死ぬと、その人の魂が創造主のところへ行き、創造主を通して修復されるのだと真実の法則が私に告げました。今、真実の法則は（真実は常に、私たちに代替案を用意してくれます）、「ヴァイアナ、まず魂を癒しなさい。そうすれば後はすべてうまくいきます」という代替案を示してくれました。

私は「それが真実ならば、どうして魂の前に肉体を癒すことを私に教えたのですか？」と尋ねました。

「ヴァイアナ、あなたが必要とする順に教えたのです。あなたは、まず肉体を癒す方法を学ぶ必要がありました。また、魂を癒すことを学ぶ前にこころを癒す方法を教えられなくてはなりませんでした。これは、あなたが準備できていなかったからです。あなたのこころにその時受け入れられることが教えられたのです。一回にひとつずつクリアにしていく必要がありました」

それは真実でした。私は深いシータ波で肉体を癒すことを最初に学びました。次に、こころが癒しを邪魔しかねないことを理解しました。それで、思い込みの働きかけを与えられました。その後ようやく私は、魂も同様に癒される必要があることを教えられたのでした。

傷ついた魂《ブロークン・ソウル》を癒す

魂とは素晴らしいものです！　人々は、魂が肉体より神聖で広がりをもつものであるということを理解していません。魂は素晴らしく広がりをもつものであるために、一度に複数次元に存在することも、複数の場所に存在することもできます。

どの人生にも、魂に紐が一本付いていています。これが存在のすべての層につながっています。私たちは同時にすべての層の一部であるに違いないと思います。そして私たちのエネルギーはなんとも驚くべきものです。創造主の一部である私たちは、それなりに完全であるのです。

しかし、私たちが傷つく可能性のある人間の肉体をもっているために、感情の問題がたまり過ぎて、それが魂のエネルギー界に亀裂を生じさせることがあります。ときには、幻想である現実があまりに過酷で、これまで起きた困難な出来事が、あまりにも無慈悲だったためにこころが押し潰《つぶ》される人がいます。この沈んだ気持ちから、人は自分の内部を完全に空虚に感じてしまいます。これは「悲しみを超えた悲しみ」です。

過度の身体的な病気や精神的な病気はスピリットをも傷つけることがあり、それがひいては魂を傷つけることになりかねません。スピリットは魂とは別物です。スピリットは私たちの肉体の内側にありますが、魂は私たちのすべてなのです。

エネルギーにあまりに亀裂が増えると、魂を修復するために死ぬことになります。より偉大な存在においては、死など取るに足らない事柄であり、魂への修復を受け入れる様式です。魂にとっては、死などたいしたことではないのです。

ここ第三層では、死の概念は実に特殊で、死があたかも終焉のように私たちは行動しますが、実は単に次への一歩なのです。

それで、魂を癒すためにこの世を去るという、古いやり方があるわけですが、今は別のやり方があります。人によっては、魂があまりにも傷ついているため、死ぬことによって魂を癒すことを選ぶ人もいますが、「傷ついた魂《ブロークン・ソウル》を癒す」プロセスでも効果をあげることができます。

誰かに働きかけをするには、「すべてなるものの創造主」に、その人の魂が傷ついていないか、まず尋ねるようにしてください。筋肉反射テストをしてはなりません。この特別な問題に関しては正確な答えを引き出せないからです。人の身体空間に傷ついた魂《ブロークン・ソウル》を観るには、その人の身体空間に入り、エネルギーの球の中に、亀裂や裂け目がないかを視覚化することです。

「私は、あまりに傷ついています」と誰かが言う場合は、その傷ついた魂を癒す必要があることの兆候でもあります。**その人の信念体系《ビリーフ・システム》への働きかけを最初におこなうようお勧めします。そうすれば、その人はあなたを信頼し、あなたによる魂の癒しを受け入れるでしょう。信頼は、すべてのヒーリングにおいて大変重要です。**

また、「すべてなるものの創造主」に対して、この人のためにスピリットの面で何をすればよいか尋ねてみましょう。ヒーリングの基準が人ごとに異なるからです。ただし、ひとつだけ明白な真実があります。傷ついた魂《ブロークン・ソウル》を修復することは不可能で、それは再創造するしかないということです。すべてなるものの創造主が傷ついた魂《ブロークン・ソウル》を再創造すると、その人は傷ついた経験によって以前より強くなります。不死鳥が死の灰からよみがえるように蘇生するのです。蘇生を通じて創造されるのです。

傷ついた魂《ブロークン・ソウル》の癒し方

最初にその人の目をしっかり見てください。目は魂への窓です。あなたは人生のすべての場面をこの目で見てきています。これは魂の世界でもあなたの目が同じように働いているということなのです。

1　ハート・チャクラに意識を集中します。
2　すべてなるものの一部分である母なる地球の中心に向かって意識を集中して送り始めます。
3　両足から身体へそしてすべてのチャクラへエネルギーを引き上げます。
4　クラウン・チャクラを通り抜け、美しい光の球となり、星を超えて宇宙へと進みます。
5　宇宙を超え、白い光をいくつか過ぎ、薄暗い光を抜け、白い光を通ってゼリー状の層も過ぎると、真珠色のような虹色の白っぽい光の存在の第七層へと入ります。
6　無条件の愛を集め命じます。「すべてなるものの創造主よ、（人の名前）の傷ついた魂《ブロークン・ソウル》が癒され今再び完全なものとなるよう命じられました。ありがとうございます！　できました。できました。できました」
7　あなたの意識をその人のクラウン・チャクラへ移動し、上方から癒しを観届けます。光の球を観るかもしれませんし、涙や亀裂の入った玉を観るかもしれません。創造主がその球を時計と反対周りに回転させて速度を緩めて完全に止めるまでよく見ます。それから球が再び今度は時計回りに回転し始め、涙や亀裂が完全になるまで見ます。時折、ただ宇宙にある場合もありますが、球が出現するまで待ちます。決して目にしたことに疑いをもってはいけません。それはあなたの仕事ではありません。あなたの仕事は見守ることだけです。人によっては他の人たちよりも時間がかかることもあります。あなたが働きかけている人が落ち込んでいる場合創造主のもとへ戻り、その人のプロセスが終わったかどうかを聞きます。途中で止めるのは避けましょう。すべてのヒーリングにおいて、終了したと見えるまで待ち、それから聞きます。「創造主よ、終わりましたか？」そして回答を待ちます。
8　終わったらすべてなるもののエネルギーへ再び接続し、深く息を吸い、そうしたかったらエネルギー・ブレイクをします。

魂が癒されることに直面すると、最初にあなたが目にすることは魂が時計回りに回り出すことです。それから次に時計回りとは逆に回り出すことです。蓮の花のように開くこともあります。麻薬中毒の精神エネルギーがその魂から飛び出し離れて行くのを見られるかもしれません。そこには特有のしるしがあるかもしれません。もしエネルギーが外から飛び込んで戻ってくるのが見えれば、それらは魂のかけら《ソウル・フラグメント》のようなものでしょう。私たちが魂の破片を引っ張り戻すと、追加したエネルギーが魂に加えられます。

魂が癒されるにつれ、エネルギーはその人の肉体に向かいます。ハートのチャクラへ降りて来てその周りを回転します。そうすると、そのエネルギーが巨大な光の球になるのが見えます。この光の球が時計回りにまわるまでまだ終わりではありません。ここまで見ないで止めてしまうと、その人は何時間、何日間、何週間、時には何ヶ月も自分の感情を処理するために費やすことになります。癒しはときとしてかなりの時間を要することがあります。我慢強く待ちましょう。私の経験では一番長いもので十五分間かかりました。

傷ついた魂《ブロークン・ソウル》が癒されるとすぐに、その人はしばらく経験していなかったエネルギーを感じるようになります。癒しによりエネルギーがミトコンドリアに注ぎ込まれ、アデノシン三リン酸を活性化して細胞に戻すからです。魂が元に戻ると、今まで見つけるのが大変だったプログラムや身体の病気を見つけて、治療することができるようになります。

魂は「宇宙の軸 Axis Mundi」つまり「世界樹」のようなものなのです。創造主は樹全体であり、地球であり、その他のすべてのものです。大きな枝は魂であり、小枝はハイヤーセルフであり、葉っぱは肉体なのです。

第20章　ハート・ソング

二〇〇六年の七月、私は非常に疲れるようになりました。肺の問題だと考えて、ヒーリングを始めました。ヒーリングの作業をおこなう中、創造主の声が頭の中に聴こえ、その声が尋ねました。「おまえは何をしているのですか」

私は「肺を治そうとしているのです」と答えました。

すると創造主は「肺ではありません。うっ血性の心不全です」と言いました。

失望のどん底で私は「そんなことはありえません。私はまだ若過ぎます」と叫びました。

このことを確認するために私は医者に予約を入れました。いくつかの検査の後で医者は「うっ血性の心不全ですね、残念ですが」と言いました。

私は「何をしたらよいのでしょう？　どうやって治すのでしょうか？」と聞きました。

医者は「この薬を使って有効かどうか様子を見ましょう」と言いました。「まだ若いし病院としてもあなたの名前を心臓移植者リストに載せることはしたくありませんから」

突き放された気がして私は自分自身に叫んでいました。「嘘でしょう？　また医者が私に死の宣告をしている」。私は「かわいそうな私」モードに落ち込みました。私を一番がっかりさせたことは、今まで多くの思い込みへの働きかけをしたけれど、これからはもっとしなければならないということでした。

私は「さて、もう既に次のシータヒーリングの実践会をおこなうと約束してしまったし……」と思いながら薬を飲み始めました。「約束は守らなくてはならないし」

二週間後、ローマへ発ってそこでセミナーをおこなうことになっていました。数名の客人が自宅へ来ました。かれらはニューヨークから来たプロの音楽家で、私の「インテュイティブ・アナトミー（超感覚的解剖学セミナー）」を受けているところでした。ディナーをともにし、音楽を演奏してくれました。そのうちの一人は素晴らしいヴィオラ奏者でその調べはもの悲しさが一杯でこころの琴線に触れました。

その後、他の音楽家が私に、彼の作曲を手伝ってくれないかと頼んできました。その人たちは私にこころの中にある音楽を歌うようにと言いました。私は上昇して第七層につながり、私のこころから湧き出る不思議な感情に気づきながら、悲しい音色で歌い出しました。歌うにつれ、その音色を通して私からエネルギーの上昇を感じたとき、私は突然不幸な理由や病気の原因がすべてわかりました。私は心臓細胞の分子に昔の悲しみを抱えたままでいたことに気づいたのです。今までずっと、自分の心臓細胞が抱え込んでいた大昔の痛みを解放せずに、信念のセッションをおこなってきていました。これが何か動かしがたい苦しみをこころに感じ続けていた理由だったのです。私は目を閉じてこの悲しみを私のこころから湧き出る音色に乗せて解き放ちました。息が切れるまでこの音を出し続け、途切れたらもう一度繰り返しました。

すべてを終えて音楽が止まってから、私が目を開けると部屋にいる人たちが泣いていました。その瞬間、私は自分が人々の痛みやかれらのこころの中にある苦しみを溶かす方法も見つけたことがわかりました。

私たちはこの惑星に生命を受けたとき、誰でも、特に直観の強い人ほど、この惑星のもつ悲しみの震動を少し吸収します。多くのヒーラーは、こころの中に悲しくて沈むような感情が常に横たわっていることを知っています。第七層へ行き、こころの音色に耳を傾けるとすぐに気持ちが軽くなります。それは何世代も昔からの痛みを溶かすからなのです。私は悲しみを手放す一番よい方法は、低音でほとんどつぶやきでしかないような音であることに気づきました。大声で叫ぶことからは同じような効果は得られません。

初めてのハート・ソングの時に私がわかっていなかったのは、これにより自分自身のこころが癒されたということでした。今では応用DNAセミナーで参加者の悲しみを晴らすために、これを使っています。

こころからの音色：ハート・ソング

この訓練は過去や現在の悲しみや怒りをこころから発せられる音色に乗せて解放するよう設計されています。連綿と続く歌によって解放されるのです。それぞれの臓器は自分自身の歌をもっており、私たちはこの悲しみの歌を歌うことによってそれぞれの臓器への悪影響を解き放つことができます。

これをおこなうためには、私たちは宇宙の外へ出て行き、悲しみがわれわれのこころから解き放された、と命じなければなりません。次に述べるようにおこないます。自分だけが自分のこころの悲しみや傷みを解き放つことができます。他の誰にも代わりはできません。プラクティショナーはクライアントの代わりにクライアントの悲しみや傷みを解放することはできません。クライアントがその音色をつくり出せるように手伝うことしかできないのです。

この一連の作業は人類の集団意識に直接つながっています。この作業をおこなうと、私たちは宇宙におけるすべての人類の苦しみを解放することになります。この訓練をおこなう私たちの仲間の多くは、宇宙における怒り、嫌悪、悲しみを解き放つ宇宙の音色に直接つながります。

肉体には魂とともにどこへでも行く三つの分子があることを覚えておいてください。まず松果体。これは感情や肉体のプログラムを解放します。次に心臓。これは昔の悲しみや怒りを解放します。最後に背骨の付け根。これは心臓の分子を活性化させます。プラクティショナーは次のような手順でクライアントを導くとよいです。

「ハート・ソング」のプロセス

1　ハート・チャクラに意識を集中し、すべてなるものの一部である母なる地球の内側へと降りて行くようイメージします。

2　両足から、エネルギーが上昇して来るところをイメージし、クラウン・チャクラまでのすべてのチャクラを順番に開いていきます。美しい光の球をイメージし、宇宙へ出ます。

3　宇宙を超えて、白い光を通り過ぎ、暗い光、そしてまた白い光を超え、法則の世界であるゼリー状の物質も通り超えて、真珠色に光り輝く中へ入り、存在の第七層へ入り込みます。

4　以下のように命じます。《「すべてなるものの創造主」よ、悲しみが私の声の音色を通してハート・ソングにより解き放たれるよう命じられました。ありがとうございます。できました。できました。できました。》

5　音楽の方へ行きこころの悲しみや怒りを解き放つ音色をもらえるように頼むのをイメージします。あなたのこころの奥深くまで降りて行く自分を描きます。自分のこころが歌う悲しい歌に耳を傾けます。あなたの声となってその歌が出てくるようにし、それがあなたの歌う調べとなるようにします。

6　こころが歌う音色に耳を澄ませ、あらゆる恨み、戦いへのフラストレーション、飢餓、嫌悪、そして怒りなどこころに鍵をかけて閉じ込めていたものに耳を傾けます。こころに閉じ込められていた音をあなたの口から外へ出してやり解放します。それができたらあなたの身体のすべての臓器に同じことをしてやります。

7　すべてを終えたら、すべてなるもののエネルギーに再びつながり、深く息を吸い込み、そうしたかったらエネルギー・ブレイクします。

キー・ポイント

●プラクティショナーは、クライアントがその調べを自分自身の口から出し、すべてのマイナスの思考がこころから解き放たれるまで続けるように励まします。
●クライアントが終わった、と感じるときが作業終了を告げるときです。クライアントはこころに詰まっていた悲しみや怒りがすべてこころから解き放たれたかのように感じます。
●クライアントが何層にも重なっている感情をこころから解放する必要がある場合、この作業は一回といわず繰り返しおこなってもよいでしょう。
●クライアントは溜め込まれた悲しみを他の人がいる場所では完全に解放できるとは信じられないかもしれません。その場合、クライアントはこの作業を独りでいるときに使えます。
●こころが歌う歌は大きな音ではありませんが、落ち着いていて感情のない音色です。

ハート・ソングのセッション

あるセミナーでおこなわれた例を紹介します。

ヴァイアナから男性へ「上昇して創造主とつながりましょう。そうしたら自分の心臓に意識を戻します。心臓の音楽に耳を澄ましてください。心拍音に隠れてほんのかすかにしか聴こえない音です。その音が奏でる調べを歌ってください」

《男性は物悲しい調べを歌い出します》

ヴァイアナ「あなたは今、昔のエネルギーを解き放っています。どんな感じですか」
男性「何かが開いていく感じがします」
ヴァイアナ「これからあなたが安全で、何かを変えられると感じるとはどういうものなのかをおわかりになりたいですか？　これらの概念はあなたのこころとつながっています。これらの感覚・感情を受け入れてもいいですか？」
男性「はい」
（彼は十五分間歌い、終了したように見えました。）
ヴァイアナ「これで終了したと思います。どんな感じですか？」
男性「元気が出てきた感じです」
ヴァイアナ「大げさに言っているのですか？」
男性「いいえ。私は自分のこころから話しているのです！」
ヴァイアナ「エネルギーの観点からはどんな感じですか？」
男性「生きている感じです」

ヴァイアナから受講生へ「この作業をおこなっているときは、あなたの手を相手の心臓部に置いてください」

ヴァイアナ「どのくらいの間《あいだ》こころの中でこのように感じてきましたか？」
男性「いつもこの悲しみを感じていました。でも今は自由に感じます。この悲しみを抱えてずっと大変でした。十五分間で、自分の口からあのようなおかしな音が出てくるとは思ってもいませんでした。でも、どこかであの音を私は知っていました。自分の過去の人生を宇宙の上から見たのです」

ヴァイアナから受講生へ「私たちは一人ひとり違います。これは二分の人もいれば十分かかる人もいます。人によるのです。この方法を使うときは、辛抱強く完全にクライアントが終わるまで調べを出し続けられるように手助けすることです。それからかれらが安全でこの世界に居場所があるという感覚・感情を呼び覚ましましょう。

もしあなたが耳にする調べが幸福な調べであったら、クライアントにもっと深くこころの中を掘り下げるように伝えます。

私の母がハート・ソングを試みましたが、出てきた音楽は彼女を非常に悲しませ、彼女は二度とやらないと決めました。私のしたの娘も試みましたが、彼女が歌えたのは愉しい調べだけでした。実際その時の彼女のこころの中を反映したのだと思います」

ハート・ソングのための呼び覚まし

「私が経験したすべてのことは大事なことです」

「今、私は、人の潜在能力を呼び覚ます方法を知っています」

第21章　無機物の浄化《クリアリング》と思い込みへの働きかけ

皆さんもごぞんじのように物体には記憶、感情、そしてそれらの物体のまわりを通り過ぎたものや中にあったものすべての微かなしるしがあります。

ですから、家屋にたいして家庭とはどういうものかを実際に授けることができるのです。家の中をよく見て家屋にたいして思い込みへの働きかけが必要かどうかを判断してください。もし家が古くて長い歴史をもつようなら、以前住んでいた人々の残したエネルギーをもっているかもしれません。家屋に怨念を見つけたらすぐに引っ張り出し光へ向かって出て行くよう道筋をたてます。あなたの家はあなたの魂やエネルギーに共鳴する必要があります。

あなたの家に、愉しみや情熱をもつとはどういうことか、そして家を訪れたり家に住んだりする人々を癒すように教えてあげます。

家の居心地が悪い場合、居心地をよくします。後悔や悲しみを含む記憶はすべて創造主の光へ送ります。噴水を使ったり、鏡で飾ります。家はあなた自身を映し出しています。あなたが嫌いな所有物はすべて衣類も含めて手放します。あなたの世界はあなたがやりたいように飾ります。無機物は考えや感情を集めるので、それらにもって欲しい考えや感情を取り込ませます。

思い込みへの働きかけで土地から怨念を取り除き、魂のかけら《ソウル・フラグメント》を戻してやることもできます。人間にたいしておこなうのと同じようにできます。

これもシータヒーリングで扱っていますが、ここで繰り返す価値があります。あなたが創造したいと望む環境があなた自身に最終的に反映されるように、考えや感情を物体に染み込ませるためにおこないます。その応用変化したものはどのような物質にも使えます。

1　ハート・チャクラに意識を集中させます。
2　母なる地球の中心へと降りて行き、すべてなるもののエネルギーへと意識を集中させます。
3　そのエネルギーを足から吸い上げ、体内のあらゆるチャクラを通して引きあげていきます。
4　クラウン・チャクラを通って意識を上昇させ、星々を超えて宇宙へ投げ出します。
5　宇宙を超え、白い光、暗い光、そしてまた白い光の層を超えて行き、法則の世界であるゼリー状の物質を超えて真珠のように光り輝く白い光を通って、存在の第七層へと入って行きます。
6　無条件の愛を集め、命じます。「すべてなるものの創造主よ、この物体へ（あなたがその物体に教えたい）感覚・感情を最高最善の方法で授けるよう命じられました。ありがとうございます。できました。できました。できました」
7　ヒーリングを観届けます。
8　完了したら、すべてなるものへとつながっているエネルギーを自分へと戻し、深呼吸して、必要ならばエネルギー・ブレイクをしてください。

第22章　時間を曲げる

《古代ギリシャの謎々：前にあるものも後ろにあるものもそれを見ている人々もすべてを飲み込んでしまうものは何か？　答え：「時間」。時間は過去も未来も飲み込み、観客も然りです。》

シータヒーリングにおける共同創造においては、時間は存在しません。「すべてなるものの創造主」を通して行なわれるヒーリングの間、時間はのろのろと進むか完全に停止します。こうしたことが起こるのは、おこなわれている大量の作業がクライアントに身体的、心理的、精神的レベルにおける苦痛を引き起こさないように時間を使うからです。命令が出されて頭脳がヒーリングを認識し受け入れたら、すぐにヒーリングは現在という時間以外ですでに達成され、それを事実であると自覚しなければなりません。観届けることを通してヒーリングがこのような時間や現実性を帯びてきます。ヒーリングが達成されたことを観届ける必要があります。そうすることでヒーリングが現実の世界で実体化します。束の間のヒーリングを観届け、証人となるのは時間を曲げることの例です。

時間は錯覚です。重力の法則でなじみのある、曲がりの法則のひとつです。ある日、車で職場へ行くときにすでに遅れていた私はこのことに気づいたのです。私は上昇して時計を思い描きました。時計を見ながら、私は自分が時計よりも速く進む自分を観る、と命じました。ですから職場へ着いたときもう一度時間が元に戻るように思い描かなければなりませんでした！　この方法で九時間分の睡眠を一分間で取ることもできます。でもこれは覚えておいていただきたいのですが、この方法を使っても疲れは取れないかもしれません！

時間の法則を曲げる能力で意識的世界における出来事を変更する方法は、次のやり方で習得できます。

「時間」のためのプロセス

1　ハートに意識を集中させ、すべてなるものの一部である母なる地球へと降りて行く自分自身を思い描きます。

2　地球のエネルギーを足から吸い上げ、体内のあらゆるチャクラを開いて引き上げていく姿を描きます。クラウン・チャクラまで昇り、美しい光の球となり、宇宙へ飛び出します。

3　宇宙を超え、白い光、暗い光、そしてまた白い光の層を超えて行き、法則の世界であるゼリー状の物質を超えて真珠のように光り輝く白い光を通って、存在の第七層の世界へと入って行きます。

4　以下のように命じます。「すべてなるものの創造主よ、時間の法則により存在の第六層から【変わるべき状況を言います】へと、この月、日、年、時間が変えられるよう命じられました。ありがとうございます。できました。できました。できました」

5　存在の第六層へ行き、時間の法則につながり、望まれた変更を法がおこなうのを観届けます。

6　完了したら、すべてなるものへとつながっているエネルギーを自分へと戻し、深呼吸して、必要ならばエネルギー・ブレイクをしてください。

この訓練ができるようになるのはよい兆候です。あなたはＤＮＡ３への準備が整ったことになるからです。

第23章　あなたの未来を思い出す

民間伝承のひとつに直観力のある人々は自分の将来を観ることができない、というのがあります。これは真実ではありません。直観力のある人間は将来を観ることができるだけではなく、将来をつくり上げることもできるのです。

現実を機械的な目で見ても、将来を観ることはできません。なぜなら単にまだ起こっていないからです。私は過去、現在、未来はどれも同じことだと思います。ひとつが他の二つなくしては独立して存在できないと思います。私たちはこれら三つをすべて同時に生きていると思うのです。そして自分の過去を思い出せるように、私たちは将来も思い出せるのです。思うに私たちの意識の一部に過去、現在、未来を超える部分があり、それこそが創造主そのものであり、その創造の一筋の光は私たち全員の中にあり現実を変えることができるものなのです。

あなたが第七層の創造主につながり、あなたの将来を思い出すように頼めば、あなたは将来を非常に明確に観ることができます。これには訓練が必要です。よく直観力のある人々が自分の望むような将来を、周囲の人々や神聖なる《デバイン》タイミング（次章を参照のこと）を考慮せずにつくろうとします。有能な直観力者であれば、自分が自分の人生のすべてをつくり出していることがわかると、他の人々の人生や権利にも気づくようになるでしょう。

自分の将来を思い出す方法はいくつかありますが、ひとつは創造主のところまで昇って行き、時間の規則に則ってアカシック・レコードまで連れて行ってもらう方法です。私は「すべてなるものの創造主」のところまで昇って行き、宇宙の縁《ふち》に立つ方法のほうが好きです。そこでは過去、現在、未来を同時に観ることができます。これにはさらに利点があります。それは第七層につながるやいなや、もし見ている自分の将来が気に入らなければ、簡単に変えられるのです……たとえば、もっとよいように、新たにつくり出せるのです。

あなたの将来を思い出す方法

1　第七層へ昇って行く姿をイメージします。

2　以下のように命じます。「すべてなるものの創造主よ、私が今、自分の未来を見、そして思い出すよう、命じられました。ありがとうございます。できました。できました。できました」

自分自身の将来を変えることについてですが、遺伝的な連鎖は過去を現在と、そして現在を将来とつなげている鎖なので、現在の思考パターンが変えられると、先祖だけでなく現在の親戚にも影響が及ぼされます。このようにして未来が変わっていくのです。

第24章　神聖《デバイン》なるタイミング

私の意味する神聖《デバイン》なるタイミングとは何でしょう？

●私たちはこの層の神聖な存在で、創造主の力で導かれていると信じています。
●いくつかのことはすでに予定されており私たちはこの世界でそれをおこなうと信じています。なぜなら私たちはそうしたいからです。
●私たちはひとつの魂の家族に属していると信じています。
●私たちが発展するにつれて、神聖《デバイン》なるタイミングで魂の家族たちと寄り添うと信じています。
●私たちの神聖な真実は集約しつつあり、私たちの信念体系《ビリーフ・システム》に働きかけていると信じています。
●私たちがここに存在するのはすべてなるものである創造主のエネルギーにつながり習得するためだと信じています。これは非常に重要なことです。何か素晴らしいことを今回の存在から学ぶのです。

人はそれぞれの神聖《デバイン》なるタイミングをもっています。このタイミングは創造主から授けられたもので、存在の第三層にいるすべての他の人々のタイミングと関連しています。神聖《デバイン》なるタイミングは私たち全員が自分たちのためにも尊重しなければなりません。創造主のわずかな火花として、私たちは自由な行為を取れますが、自己本位の成功や頑固さのために神聖《デバイン》なるタイミングの流れに反して歩むことがあります。そういう時私たちは なぜものごとは「私たちの思うように」いかないのかと悩むのです。

大宇宙的にみると、地球そのものは自身の神聖《デバイン》なるタイミングをもっています。そのため、命令を出して大きな視点から地球の神聖《デバイン》なるタイミングは何かを知ることが最善です。このように神聖で大きな次元から気づきを得ると、新しい理解への扉を開き、それは読書やヒーリングやあなたが自分の人生で何が欲しいかを実現することに使えるのです。あなたが物事の壮大な計画を理解すると、その知識を使って、いつ、何を、どのように実現するかがわかるでしょう。

神聖《デバイン》なるタイミングによって、読書中や誰かにヒーリングをおこなっているときに何が起こっているかをよりよく理解できるようになるでしょう。場合によっては、かれらの神聖《デバイン》なるタイミングはいつなのか尋ねるのも有効でしょう。

神聖《デバイン》なるタイミングとはすでに予定されているものであることを忘れないでください。理解できないとしても常に私たちにとって最高最善なのです。思い込みへの働きかけは私たち自身の神聖《デバイン》なるタイミングを理解したり、実行したりするのを助けてくれます。

「私の神聖《デバイン》なるタイミングを変えることは可能ですか」という質問が出るかもしれません。何らかのものごとなら変更することは可能かもしれませんが、神聖《デバイン》なるタイミングは私たちがここに存在する理由や何をするためにやってきたかの一部なので、それを変更することはこれらの「すでに決められたこと」に反します。たとえば私が教えなくては、と感じる意欲は私自身の神聖《デバイン》なるタイミングと関連しています。誤解しないでいただきたいのですが、もしあなたが将来起こることを観ることができれば、その将来をより良くすることはいつでも可能です。しかし、神聖《デバイン》なるタイミングはあなたの人生の重要な出来事と関連しており、その中のいくつかは変更することはできません。これらのいくつかは赤ちゃんでありソウルメイトです。

神聖《デバイン》なるタイミングの訓練として、「すべてなるものの創造主」につながり、あなたの神聖《デバイン》なるタイミングを見せなさい、理解できるようにしなさいと命じます。これは前にも述べたように、あなたの将来を知ることとは同じではありません。もしあなたが自分の将来と神聖《デバイン》なるタイミングを正確に観ることができるのならば、これはあなたがDNA3へ行く準備が整っているというしるしです。これには訓練が必要であることを忘れないでください。

これらの取り込む情報をあなた自身に染み込ませます。

私は、神聖《デバイン》なるタイミングが何であるかをすべてのレベルで理解しています。

私は、どのように将来を設計するかを知っています。

私は、チャンスが何かを知っています。

私は、チャンスを有利に使う方法を知っています。

私は、最後までやり抜くことがどのような感じがするのかを知っています。

私は、将来を計画することがどのような感じがするのかを知っています。

私は、どのようにして未来を理解するのかを知っています。

イニシエーション（通過儀礼）と死の扉

直観力が拓《ひら》かれてくると、「すべてなるものの創造主」からささやかなイニシエーションを経験すると告げられるかもしれません。これはあなたが順調に進歩していてあなたの進化における次のステップへと進むチャンスを与えられているということです。自由の意志を使って、この上昇ステップを受け入れるか断わるかを決めるのはあなた自身です。私たちは変化に抵抗し物事を複雑にすることが多すぎます。通過儀礼《イニシエーション》が感謝をもって受け入れられると、それは簡単な作業になります。思考パターンの「通過儀礼《イニシエーション》は難しい」を取り除いてください。通過儀礼《イニシエーション》はまさに「すべてなるものの創造主」の神聖な光である私たちの進歩のしるしでしかないのです。

死の扉は通過儀礼《イニシエーション》のひとつのかたちです。扉はただそこにあり、あなたがすべきことを達成してやってきたことを告げ、次の層へ行く選択を与えています。もしあなたが留まることを選んでも、別の従うべき目的が与えられます。死の扉へと進む機会が与えられたからといって進まねばならない、ということではありません。ただ、ときには他に選択がない場合もあります。たとえば創造主があなたに帰って来るように呼びかけているときです。私たちには生きている間に数百もの死の扉が与えられていますが、殆どの場合気づきません。選択はハイヤーセルフに与えられており、それは魂に与えられているのです。

もし誰かが死の扉を断わると、その人たちは人生が変わり精神的に成長します。この移行で新たな守護霊が指名されます。これは進化の通過儀礼《イニシエーション》なのです。

否定的な死の扉の思考パターンを変えるには思い込みへの働きかけを使います。その人に筋肉反射テストをおこない、許可を得て、最高最善ではない思考パターンを光に返して、新しい思考パターンに置き換えます。「私は、精神的成長のために死の扉が必要です」をテストしてみてください。「私にとってドラマのような出来事がなくとも精神的に成長し学ぶことは容易にできます」で置き換えてみてもよいでしょう。

「自由の意志」があるので、歩き回って他人の死の扉を閉じてあげることはできません。本人のみが閉じることを選べるのです。深いレベルでは、この選択は本人にしかできません。あなたにできるのは、その人々に思い込みや感覚・感情への働きかけを使うように授けることだけです。もしあなたがかれらに幸せで愉しい人生とはどのようなものかを授けることができれば、かれらも生きたくなるでしょう。たとえば、乳癌の女性と作業するときは次の思い込みや感情をその女性に与えることから始めれば、身体は癒され始めます。

「幸せになって大丈夫です」
「生きてよいのです」
「私は、重要です」
「私は、可愛がられています」
「私は、聞いてもらっています」
「私は、耳を傾けてもらっています」
「私は、通じ合えます」

常に、死は次の始まりに過ぎないことを忘れないでください。

臨死体験

臨死体験は成長のための通過儀礼《イニシエーション》です。精神的に昇華し、臨死体験の必要性を乗り越えてしまえばよいのです。殆どの人は成長のために何らかの通過儀礼《イニシエーション》を通らねばなりません。通過儀礼《イニシエーション》はたいてい私たちの神聖《デバイン》なるタイミングと直接つながっています。どちらも「すべてなるものの創造主」とより深い関係をもたらし、私たちの魂のエネルギーのかたちを変えます。これらの変化が起こることを自分が受け入れるのは重要です。痛みを伴う必要はありません。こころを開いて「すべてなるものの創造主よ、私は次のステップへの準備ができました」と言います。そして創造主から来る新たなエネルギーを描きます。四つの信念のレベルで身体全体に染み込んでくるのを、そしてあなたの魂の場、つまりすべてなるものの中へ送り出されて行くのを描きます。この作業で通過儀礼《イニシエーション》は数ヶ月かかるところが数分で終わります。

通過儀礼《イニシエーション》においては、ネガティブな自我《エゴ》が人生に入り込んでくることに気をつけてください！　自我と不仲になると、通過儀礼《イニシエーション》は《困難》になるかもしれません。

また課題を自分に強制しようとしないでください。準備が整えば昇華します。私たちには一人ひとりにそれぞれの神聖《デバイン》なるタイミングがあり、正しい時に上昇するのです。「すべてなるものの創造主」のところまで上昇したときは、正しく目を据えて観えるものごとを受容してください。あなたはもうすぐそこまで来ているのです。

第25章　思い込み、呼び覚まし、そして感覚・感情

私が過去九年間の思い込みへの働きかけをやってみて、みなさんの役に立つと考える呼び覚ましと感覚・感情を記載します。これらの感覚・感情が当てはまれば、それらの呼び覚ましをお勧めします。

能　力

「私は、創造主による自分の『能力』を開発することの定義を理解しています」
「私は、自分の能力を使うとは、どのような感じがするのかを理解しています」
「私は、自分の能力をフルに使って日々を過ごす方法をわかっています」
「私は、私の能力にたいして創造主の描いているものを知っています」
「私は、私の能力の最大の可能性を自覚することが可能だと知っています」

吸　収

「私は、創造主による生命力の『吸収』の定義を理解しています」
「私は、創造主による情報の『吸収』の定義を理解しています」
「私は、情報の『吸収』がどのような感じがするのかを理解しています」

「私は、どの情報を吸収するのかを知っています」
「私は、どのように情報を吸収するのか、最高最善の方法をわかっています」
「私は、情報を吸収しながら日々を過ごす方法をわかっています」
「私は、情報の吸収は可能であることを知っています」

達　成

「私は、創造主による『達成』の定義を理解しています」
「私は、ゴールを達成することがどのような感じがするのかを理解しています」

正確さ

「私は、創造主による『正確さ』の定義を理解しています」
「私は、正確であることがどのような感じがするのかを理解しています」
「私は、どのように正確であるか、最高最善の方法をわかっています」
「私は、日々の暮らしを正確に営むことを知っています」
「私は、創造主の描いている『正確さ』を知っています」

最大潜在能力に到達する

「私は、創造主による私の最大潜在能力の定義を理解しています」
「私は、『最大潜在能力に到達する』ことがどのような感じがするのかを理解しています」

「私は、どのように最大潜在能力に到達するかをわかっています」
「私は、最大潜在能力に到達しながら日々を過ごす方法をわかっています」
「私は、創造主の描いている私の最大潜在能力を知っています」
「私は、『最大潜在能力に到達する』ことが可能であることを知っています」

行動

「私は、創造主による『行動』の定義を理解しています」
「私は、行動に移すとはどのような感じがするのかを理解しています」
「私は、いつ行動するのかを知っています」
「私は、どのように行動するのか、最高最善の方法をわかっています」
「私は、行動しながら日々を過ごす方法をわかっています」
「私は、創造主の描いている最善の『行動』を知っています」
「私は、行動に移すことが可能であることを知っています」

中毒

「私は、中毒なしで生きることがどのような感じがするのかを理解しています」
「私は、中毒なしで生きる方法を知っています」
「私は、中毒なしで日々を過ごす方法をわかっています」
「私は、創造主の描いている中毒なしの生活を知っています」

「私は、中毒なしで生きられることを知っています」

適　性

「私は、創造主による『適性』の定義を理解しています」
「私は、適性があるということがどのような感じがするのかを理解しています」
「私は、どのように適性をもつか、最高最善の方法をわかっています」
「私は、適切であることが可能であると知っています」

憧　憬

「私は、創造主による『憧憬』の定義を理解しています」
「私は、騙すのではなく自分自身を憧憬するとはどのような感じがするのかを理解しています」
「私は、どのように他人を憧憬するか、最高最善の方法をわかっています」
「私は、私を取り巻く世界を憧憬の念をもちながら日々を過ごす方法をわかっています」
「私は、創造主の描いている『憧憬』を知っています」

苦　痛

「私は、苦痛なく生きることがどのような感じがするのかを理解しています」
「私は、苦痛なく生きるすべを知っています」
「私は、苦痛なく日々を過ごす方法をわかっています」

「私は、創造主の描いている苦痛のない生活を知っています」
「私は、苦痛なしで生きられることを知っています」

アルコール中毒症

「私は、アル中でなく暮らすことがどのような感じがするのかを理解しています」
「私は、アル中ではなく生きる方法を知っています」
「私は、アル中とならずに日々を過ごす方法をわかっています」
「私は、創造主の描いているアル中でない暮らしを知っています」
「私は、酒なしで生きる方法を知っています」
「私は、最高最善の方法で生きていけます」

天使たち

「私は、創造主による光の天使の定義を理解しています」
「私は、天使のようであることがどのような感じがするのかを理解しています」
「私は、どのように天使のようになるのか、最高最善の方法をわかっています」
「私は、天使のように日々を過ごす方法をわかっています」
「私は、創造主の描いている天使のようであることを知っています」
「私は、天使のようになることが可能であることを知っています」

回答

「私は、たやすく回答を手にします」
「私は、創造主による質問への『回答』の定義を理解しています」
「私は、創造主を通して回答を受け取るのがどのような感じがするのかを理解しています」
「私は、『回答』を知っています」
「私は、いつ回答を手にするのかを知っています」
「私は、もっとも高貴で最善な回答を手に入れる方法を知っています」
「私は、創造主の描いている『回答』を知っています」
「私は、創造主を通して回答を受け取れることを知っています」

不安

「私は、不安になることなく、人生を送る方法を知っています」
「私は、健全な人生観をもっています」
「私は、幸せで周りの人たちに落ち込ませられることなく生きる方法を知っています」
「私は、決して挫折しないし、諦めません」
「人生は楽しく実りのある挑戦です」
「私の人生において善は常に勝ちます」
「私の人生は美徳と希望に満ちています」
「私は、責任感のある人物で、自分自身を信じています」

「他の人たちは私の強さを尊敬しています」
「私の感覚は肯定的な感情を求めます」
「私は、自分の将来に輝かしいチャンスをもたらすことができます」
「私は、肯定的な思考によって私のこころをコントロールしています」
「私は、決して恐れないし、一人ではありません」
「私は、過去、現在、未来の人生と一体化しています」
「私は、自分の運命をコントロールしています」
「私は、不安がないというのが、どのような感じがするのかを理解しています」
「私は、不安なく生きる方法を知っています」
「私は、不安なく日々を過ごす方法をわかっています」
「私は、創造主による人生を楽しむことの定義を理解しています」
「私は、人生を楽しむことがどのような感じがするのかを理解しています」
「私は、人生を楽しむ方法を知っています」
「私は、自分の思考をコントロールすることが、どのような感じがするのかを理解しています」
「私は、自分の思考をコントロールする方法を知っています」
「私は、自分の思考をコントロールしながら日々を過ごす方法をわかっています」
「私は、自分の思考をコントロールすることが可能であると知っています」
「私は、創造主による美徳と希望の定義を理解しています」
「私は、創造主の観点において、美徳と希望とはどのようなものかをわかっています」

「私は、美徳と希望をもつことが可能であると知っています」
「私は、自分を信じることがどのような感じがするのかを理解しています」
「私は、自分を信じる方法を知っています」
「私は、自分を信じながら日々を過ごす方法をわかっています」
「私は、創造主の観点において、自分を信じることとはどのようなものかをわかっています」
「私は、自分を信じることが可能であると知っています」
「私は、他人と自分の感情を区別する方法を知っています」

無関心

「私は、創造主による無関心にならずに生きることの定義を理解しています」
「私は、無関心にならずに生きることとはどのような感じがするのかを理解しています」
「私は、最高最善の方法で無関心にならずに生きることを知っています」
「私は、無関心にならずに日々を過ごす方法をわかっています」
「私は、創造主の観点において、無関心にならない人生とはどのようなものかをわかっています」
「私は、無関心にならずに生きることが可能であると知っています」

好意的評価

「私は、創造主による『好意的評価』の定義を理解しています」
「私は、他人から好意的な評価を受けています」

「私は、他人を好意的に評価することが、どのような感じがするのかを理解しています」
「私は、どのように好意的に評価されるか、最高最善の方法をわかっています」
「私は、好意的評価をしながら日々を過ごす方法をわかっています」
「私は、創造主の観点から見た『好意的評価』とはどのようなものかをわかっています」
「私は、好意的評価をされることが可能であると知っています」

富を引き寄せる

「私は、肯定的な人々や状況を引き寄せる方法を知っています」
「私は、創造主による『富を引き寄せる』ことの定義を理解しています」
「私は、『富を引き寄せる』ことがどのような感じがするのかを理解しています」
「私は、どのように富を引き寄せるか、最高最善の方法をわかっています」
「私は、富を引き寄せながら日々を過ごす方法をわかっています」
「私は、創造主の観点において、『富を引き寄せること』とはどのようなものかをわかっています」
「私は、富を引き寄せることが可能であると知っています」

見捨てられる

「私は、見捨てられることなく、人生を送る方法を知っています」
「私は、見捨てられることなく生きるとはどのような感じがするのかを理解しています」

イライラする

「私は、イライラせずに人生を送るとはどのような感じがするのかを理解しています」

愛らしくある

「私は、他人に対して愛らしくいられます」
「私は、創造主による『愛らしくある』ことの定義を理解しています」
「私は、『愛らしくある』ことがどのような感じがするのかを理解しています」
「私は、どのように愛らしくなるか、最高最善の方法をわかっています」
「私は、創造主の観点において、『愛らしくある』こととはどのようなものかをわかっています」
「私は、愛らしくなることが可能であると知っています」

魅力的である

「私は、魅力的に見られます」
「私は、自分を魅力的だと思います」
「私は、創造主による『魅力的である』ことの定義を理解しています」
「私は、私は、『魅力的である』ことがどのような感じがするのかを理解しています」
「私は、どのように魅力的になるか、最高最善の方法をわかっています」
「私は、創造主の観点において、『魅力的である』こととはどのようなものかをわかっています」
「私は、魅力的になることが可能であると知っています」

最善の状態である

「私は、創造主による『最善の状態である』ことの定義を理解しています」
「私は、『最善の状態である』ことがどのような感じがするのかを理解しています」
「私は、どのように最善の状態であるか、最高最善の方法をわかっています」
「私は、最善の状態で日々を過ごす方法をわかっています」
「私は、創造主の観点において、『最善の状態である』とはどのようなものかをわかっています」
「私は、最善の状態であることが可能であると知っています」

有能

「私は、有能です」
「私は、創造主による『有能である』ことの定義を理解しています」
「私は、『有能である』ことがどのような感じがするのかを理解しています」
「私は、どのように有能になるか、最高最善の方法をわかっています」
「私は、有能になって日々を過ごす方法をわかっています」
「私は、創造主の観点において、『有能である』こととはどのようなものかをわかっています」
「私は、有能になることが可能であると知っています」

不恰好・不器用である

「私は、不格好・不器用にならずに生きることがどのような感じがするのかを理解しています」
「私は、不格好・不器用にならずに日々を過ごす方法をわかっています」
「私は、不格好・不器用にならずに日々を過ごすことが可能であると知っています」

平常心である

「私は、常に平常心です」
「私は、創造主による『平常心である』ことの定義を理解しています」
「私は、『平常心である』ことがどのような感じがするのかを理解しています」
「私は、いつ平常心になるべきかを知っています」
「私は、どのように平常心になるか、最高最善の方法をわかっています」
「私は、平常心になることが可能であると知っています」

うっとりする

「私は、創造主による『うっとりする』ことの定義を理解しています」
「私は、『うっとりする』ことがどのような感じがするのかを理解しています」
「私は、最高最善の方法でうっとりすることを知っています」
「私は、世界にうっとりして、日々の生活を送る方法を知っています」
「私は、創造主の観点において、『うっとりする』こととはどのようなものかをわかっています」
「私は、うっとりすることが可能であると知っています」

エネルギッシュである

「私は、創造主による『エネルギッシュである』ことの定義を理解しています」
「私は、『エネルギッシュである』ことがどのような感じがするのかを理解しています」
「私は、いつエネルギッシュになり、いつ休むべきなのかを知っています」
「私は、どのようにエネルギッシュになるか、最高最善の方法をわかっています」
「私は、エネルギッシュに日々を過ごす方法を知っています」
「私は、創造主の観点において、『エネルギッシュである』こととはどのようなものかをわかっています」

倫理的である

「私は、創造主による『倫理的である』ことの定義を理解しています」
「私は、『倫理的である』ことがどのような感じがするのかを理解しています」
「私は、どのように倫理的になるか、最高最善の方法をわかっています」
「私は、倫理的に日々を過ごす方法をわかっています」
「私は、創造主の観点において、『倫理的である』こととはどのようなものかをわかっています」
「私は、倫理的になることが可能であると知っています」

天才である

「私は、創造主による『天才である』ことの定義を理解しています」

「私は、『天才である』ことがどのような感じがするのかを理解しています」
「私は、どのように天才になるか、最高最善の方法をわかっています」
「私は、天才になることが可能であると知っています」

優しくある

「私は、創造主による『優しくある』ことの定義を理解しています」
「私は、『優しくある』ことがどのような感じがするのかを理解しています」
「私は、いつ優しく、しかも毅然とすべきかを知っています」
「私は、創造主の観点において、『優しくある』こととはどのようなものかをわかっています」
「私は、優しくなることが可能であると知っています」

本物である

「私は、創造主による『本物である』ことの定義を理解しています」
「私は、『本物である』ことがどのような感じがするのかを理解しています」
「私は、いつ本物になるのかを知っています」
「私は、本物になる方法を知っています」
「私は、本物になることが可能であると知っています」

グラウンディングしている

「私は、創造主による『グラウンディングしている』ことの定義を理解しています」
「私は、『グラウンディングしている』ことがどのような感じがするのかを理解しています」
「私は、いつグラウンディングすべきかを知っています」
「私は、どのようにグラウンディングするか、最高最善の方法をわかっています」
「私は、創造主の観点において、『グラウンディングしている』こととはどのようなものかをわかっています」
「私は、グラウンディングすることが可能であると知っています」

今、ここにいる

「私は、創造主による『今、ここにいる』ことの定義を理解しています」
「私は、『今、ここにいる』ことがどのような感じがするのかを理解しています」
「私は、いつここにいるべきかを知っています」
「私は、今、ここにいる方法を知っています」
「私は、今、ここにいながら日々の生活を送る方法を知っています」
「私は、創造主の観点において、『今、ここにいる』こととはどのようなものかをわかっています」
「私は、今、ここにいることが可能であると知っています」

尊敬される

「私は、創造主による、友人たちに『尊敬される』ことの定義を理解しています」
「私は、友人たちに『尊敬される』ことがどのような感じがするのかを理解しています」

「私は、友人たちに尊敬される方法を知っています」
「私は、友人たちに尊敬されることが可能であると知っています」
「私は、創造主によるインストラクターやティーチャーから『尊敬される』ことの定義を理解しています」
「私は、インストラクターやティーチャーから『尊敬される』ことがどのような感じがするのかを理解しています」
「私は、インストラクターやティーチャーから尊敬される方法を知っています」
「私は、インストラクターやティーチャーから尊敬されることが可能であると知っています」
「私は、創造主による、受講生から『尊敬される』ことの定義を理解しています」
「私は、受講生から『尊敬される』ことがどのような感じがするのかを理解しています」
「私は、受講生から尊敬される方法を知っています」
「私は、受講生から尊敬されることが可能であると知っています」

博識である

「私は、創造主による、『博識である』ことの定義を理解しています」
「私は、『博識である』こととはどのような感じがするのかを理解しています」
「私は、博識になる方法を知っています」
「私は、博識になることが可能であると知っています」

賢明である

「私は、創造主による『賢明である』ことの定義を理解しています」

「私は、『賢明である』ことがどのような感じがするのかを理解しています」
「私は、いつどのように賢明になるべきか、最高最善の方法をわかっています」
「私は、賢明になる方法を知っています」
「私は、創造主の観点において、『賢明である』こととはどのようなものかをわかっています」
「私は、賢明になることが可能であると知っています」

自分を信じる

「私は、自分を信じています」
「私は、肯定的な人間です」
「私は、気立てがよく、まわりの人たちは私の自信を賞賛してくれます」
「私は、大変強い信念をもっています」
「私は、希望と夢とを考えると気分がよくなります」
「私は、成功者なので自信をもっています」
「私は、毎日あらゆる面でさらに成功します」
「私は、明確に自分の存在を主張します」
「私は、自分を信頼しているので、正しい決定を下します」
「自信があることは、気分のよいことです」

輝き

「私は、創造主による自分の魂の『輝き』の定義を理解しています」
「私は、輝くことが、どのような感じがするのかを理解しています」
「私は、輝く方法を知っています」
「私は、創造主の観点において、『輝き』とはどのようなものかをわかっています」

仕　事

「私は、仕事をすることがどのような感じがするのかを理解しています」
「私は、仕事をする方法を知っています」
「私は、仕事をすることが可能であると知っています」
「私は、どのように自分の事業を営むか、最高最善の方法をわかっています」

躊躇なく変化する

「私は、躊躇なく変化することが、どのような感じがするのかを理解しています」
「私は、いつ躊躇なく変化を経験すべきなのかを知っています」
「私は、躊躇なく変化を経験する方法を知っています」
「私は、躊躇なく変化を経験することが可能であると知っています」

協　力

「私は、創造主による『協力』の定義を理解しています」

「私は、他人と協力することが、どのような感じがするのかを理解しています」
「私は、いつ他人と協力するのかを知っています」
「私は、他人と協力する方法を知っています」
「私は、協力しながら日々を過ごす方法をわかっています」
「私は、創造主の観点において、『協力』とはどのようなものかをわかっています」
「私は、協力することが可能であると知っています」

コミュニケーション

「私は、他人と上手にコミュニケーションを取ることができます」
「私は、創造主による『コミュニケーション』の定義を理解しています」
「私は、コミュニケーションを取ることが、どのような感じがするのかを理解しています」
「私は、どのようにコミュニケーションを取るか、最高最善の方法をわかっています」
「私は、創造主の観点において、『コミュニケーション』とはどのようなものかをわかっています」
「私は、コミュニケーションを取ることが可能であると知っています」

理　解

「私は、概念を容易に理解します」
「私は、理解することが、どのような感じがするのかを理解しています」
「私は、どのように理解するか、最高最善の方法をわかっています」

「私は、理解しながら日々を過ごす方法をわかっています」
「私は、創造主の観点において、他人を理解するとはどのようなものかをわかっています」
「私は、理解することが可能であると知っています」

気遣い

「私は、どのように他人を気遣うか、最高最善の方法をわかっています」
「私は、創造主による他人への『気遣い』の定義を理解しています」
「私は、他人を気遣うことが、どのような感じがするのかを理解しています」
「私は、いつ気遣うべきなのかを知っています」
「私は、どのように気遣うか、最高最善の方法をわかっています」
「私は、創造主の観点において、他人への『気遣い』とはどのようなものかをわかっています」
「私は、他人への気遣いが可能であると知っています」

混　乱

「私は、混乱せずに生きるとは、どのような感じがするのかを理解しています」
「私は、どのように混乱せずに生きるか、最高最善の方法をわかっています」
「私は、混乱せずに日々を過ごす方法を知っています」
「私は、混乱せずに生きることが可能であると知っています」

思いやり

「私は、創造主による他人への思いやりを理解しています」
「私は、思いやることが、どのような感じがするのかを理解しています」
「私は、いつ思いやるのかを知っています」
「私は、思いやる方法を知っています」
「私は、思いやりをもって日々を過ごす方法を知っています」
「私は、創造主の観点において、『思いやり』とはどのようなものかをわかっています」
「私は、思いやりが可能であると知っています」

感情を抑える

「私は、『感情を抑える』ことが、どのような感じがするのかを理解しています」
「私は、いつ感情を抑えるべきかを知っています」
「私は、感情を抑える方法を知っています」
「私は、感情を抑えて日々の生活を送る方法を知っています」
「私は、感情を抑えることが可能であると知っています」

協　調

「私は、協調的な人間です」
「私は、創造主による『協調』の定義を理解しています」

「私は、協調的であることが、どのような感じがするのかを理解しています」
「私は、最高最善の方法で協調する方法を知っています」
「私は、創造主と協調して日々を過ごす方法をわかっています」
「私は、創造主の観点において、『協調』とはどのようなものかをわかっています」
「私は、協調することが可能であると知っています」

創造性

「私は、美しいものを創造します」
「私は、素晴らしい見解を考えます」
「私は、素晴らしい夢を見ます」
「私は、創造的な人間です」
「私は、とても興味深いアイデアをもっています」
「私は、毎日あらゆる面で、より創造的になります」
「私は、あらゆる面で創造力があります」
「私は、創造的であることを楽しんでいます」
「私は、創造的な解決策を見つけます」
「私は、創造性の新しいビジョンを見ます」
「私は、行動するための新たな方法を見つけます」
「私は、素晴らしいことの夢を見ます」

「私は、寝て、創造力を目覚めさせます」
「私は、創造主による『創造性』の定義を理解しています」
「私は、創造力があることがどのような感じがするのかを理解しています」
「私は、創造的になる方法を知っています」
「私は、創造主の観点において、『創造性』とはどのようなものかをわかっています」
「私は、創造的になることが可能であると知っています」
「私は、何を創造するかを理解しています」
「私は、素晴らしい見解を考えることが、どのような感じがするのかを理解しています」
「私は、素晴らしい夢を観ることがどのような感じがするのかを理解しています」
「私は、創造力のある人間になる方法を理解しています」
「私は、創造主から、とても興味深いアイデアの呼び覚ましをすることがどのような感じがするのかを理解しています」
「私は、創造主からとても興味深いアイデアを呼び覚ます方法を理解しています」
「私は、創造的な解決策で難しい問題を解決することが、どのような感じがするのかを理解しています」
「私は創造的な助言を与えることがどのような感じがするのかを理解しています」
「私は、ビジョンを創造することがどのような感じがするのかを理解しています」
「私は、知的で聡明であることがどのような感じがするのかを理解しています」
「私は、自分の存在のすべてのレベル（霊的《スピリチュアル》、精神的、肉体的、感情的）において、創造力があるというのが、どのような感じがするのかを理解しています」

創造主の声

「私は、創造主による『創造主の声』の定義を理解しています」
「私は、創造主の声を聞くことがどのような感じがするのかを理解しています」
「私は、創造主の声がどのようなものかを知っています」
「私は、創造主の声を聞く方法を知っています」

好奇心

「私は、創造主による『好奇心』の定義を理解しています」
「私は、好奇心をもつことがどのような感じがするのかを理解しています」
「私は、いつ好奇心をもつのかを知っています」
「私は、最高最善の方法で好奇心をもつ方法を知っています」
「私は、周囲の状況について、好奇心をもって日々の生活を送る方法を知っています」
「私は、創造主の観点において、『好奇心』とはどのようなものかをわかっています」

騙す

「私は、騙されずに生きることがどのような感じがするのかを理解しています」
「私は、騙されずに日々の生活を送る方法を知っています」
「私は、騙されずに生きることが可能であると知っています」

信頼性

「私は、創造主による『信頼性』の定義を理解しています」
「私は、信頼があることがどのような感じがするのかを理解しています」
「私は、どのように信頼できる人間になるか、最高最善の方法をわかっています」
「私は、創造主の観点において、『信頼性』とはどのようなものかをわかっています」
「私は、信頼できる人間になることが可能であると知っています」

威厳

「私は、創造主による『威厳』の定義を理解しています」
「私は、威厳をもつことがどのような感じがするのかを理解しています」
「私は、いつ威厳をもつのかを知っています」
「私は、威厳をもって日々を過ごす方法をわかっています」
「私は、創造主の観点において、『威厳』とはどのようなものかをわかっています」
「私は、威厳をもつことが可能であると知っています」

規律

「私は、創造主による規律をもって目標を達成することの定義を理解しています」
「私は、規律をもって目標を達成することがどのような感じがするのかを理解しています」

「私は、いつ規律をもって目標を達成するかを知っています」
「私は、どのように規律をもって目標を達成するのか、最高最善の方法をわかっています」
「私は、規律をもって日々を過ごし、目標を達成する方法をわかっています」
「私は、創造主の観点において、規律をもって目標を達成することとはどのようなものかをわかっています」
「私は、規律をもって目標を達成することが可能であると知っています」

神聖

「私は、創造主による『神聖』の定義を理解しています」
「私は、神聖であることが、どのような感じがするのかを理解しています」
「私は、どのように神聖であるか、最高最善の方法をわかっています」
「私は、神聖に日々を過ごす方法をわかっています」
「私は、創造主の観点において、『神聖』とはどのようなものかをわかっています」
「私は、神聖になることが可能であると知っています」

夢

「私は、創造主による夢を実現させることの定義を理解しています」
「私は、夢を実現させることがどのような感じがするのかを理解しています」
「私は、夢を実現させることを知っています」
「私は、いつ夢が実現するのかを知っています」

「私は、夢を実現させる方法を知っています」
「私は、夢が実現するのを見ながら、日々を過ごす方法をわかっています」
「私は、創造主の観点において、夢を実現させるとはどのようなものかをわかっています」
「私は、夢を実現させることが可能であると知っています」
「私は、夢を実現させるのにふさわしい人間です」
「私は、夢を見ても安全であることを知っています」
「私は、いつ夢が実現するのかを知っています」

エレガンス・優美

「私は、創造主による『エレガンス』の定義を理解しています」
「私は、エレガントであることが、どのような感じがするのかを理解しています」
「私は、いつエレガントになるのかを知っています」
「私は、エレガントになる方法を知っています」
「私は、エレガントに日々を過ごす方法をわかっています」
「私は、創造主の観点において、『エレガンス』とはどのようなものかをわかっています」
「私は、エレガントになることが可能であると知っています」

雄　弁

「私は、創造主による『雄弁』の定義を理解しています」

「私は、雄弁になることが、どのような感じがするのかを理解しています」
「私は、いつ雄弁になるべきかを知っています」
「私は、雄弁になる方法を知っています」
「私は、雄弁に日々を過ごす方法をわかっています」
「私は、創造主の観点において、『雄弁』とはどのようなものかをわかっています」
「私は、雄弁になることが可能であると知っています」

自信を与えること

「私は、自分を信頼し、信じることが、どのような感じがするのかを理解しています」
「私は、人々に自分を信頼させ、信じさせることがどのような感じがするのかを理解しています」
「私は、自分の行動にたいして説明する義務があることが、どのような感じがするのかを理解しています」
「私は、よい選択をすることがどのような感じがするのかを理解しています」
「私は、自分にたいして、そしてまわりの人たちにたいして、正しい選択をするというのがどのような感じがするのかを理解しています」
「私は、人生の課題から学ぶことがどのような感じがするのかを理解しています」
「私は、自立するというのがどのような感じがするのかを理解しています」
「私は、明日を楽しみに待つことがどのような感じがするのかを理解しています」
「私は、自分のこころが鋭く覚醒しているとき、どのような感じがするのかを理解しています」
「私は、自分にたいして我慢強いことがどのような感じがするのかを理解しています」

「私は、信頼できる人間になることがどのような感じがするのかを理解しています」
「私は、高い理念をもつことが、どのような感じがするのかを理解しています」
「私は、自分の運命に責任をもつことが、どのような感じがするのかを理解しています」
「私は、成功することが、どのような感じがするのかを理解しています」

永続性

「私は、創造主による私の『永続性』の定義を理解しています」

興　奮

「私は、最高最善の方法で、興奮することがどのような感じがするのかを理解しています」
「私は、いつ興奮するのかを知っています」
「私は、人生に興奮しながら、日々を過ごす方法をわかっています」
「私は、創造主の観点において、『興奮』とはどのようなものかをわかっています」
「私は、興奮することが可能であると知っています」

存　在

「私は、創造主による自分の『存在』の定義を理解しています」

発　展

「私は、創造主による『発展』の定義を理解しています」
「私は、すべてのレベルにおいて、発展することがどのような感じがするのかを理解しています」
「私は、どのように発展するか、最高最善の方法をわかっています」
「私は、最高最善の方法で、発展する方法を知っています」
「私は、創造主の観点において、スピリチュアルおよび精神的な『発展』とはどのようなものかをわかっています」
「私は、発展することが可能であると知っています」

妖精の魔法

「私は、最高最善の方法で、『妖精の魔法』がどのような感じがするのかを理解しています」

忠誠心

「私は、創造主による『忠誠心』の定義を理解しています」
「私は、他人と自分にたいして忠実であることがどのような感じがするのかを理解しています」
「私は、どのように忠実であるか、最高最善の方法をわかっています」
「私は、創造主の観点において、忠実であるとはどのようなものかをわかっています」
「私は、忠実であることが可能であると知っています」

魅　惑

「私は、創造主による人生に魅了されることの定義を理解しています」

「私は、魅了されることがどのような感じがするのかを理解しています」
「私は、どのように魅了されるか、最高最善の方法をわかっています」
「私は、人生に魅了されながら日々を過ごす方法をわかっています」
「私は、創造主の観点において、『魅惑』とはどのようなものかをわかっています」
「私は、魅了されることが可能であると知っています」

自　由

「私は、創造主による『自由』の定義を理解しています」
「私は、自由であるとはどのような感じがするのかを理解しています」
「私は、どのように自由になるか、最高最善の方法をわかっています」
「私は、自由に日々を過ごす方法をわかっています」
「私は、創造主の観点において、『自由』とはどのようなものかをわかっています」
「私は、自由になることが可能であると知っています」

周波数

「私は、創造主による波動の『周波数』の定義を理解しています」

未　来

「私は、創造主による『未来』の定義を理解しています」

「私は、未来を思い出すということがどのような感じがするのかを理解しています」
「私は、どのように未来を思い出すか、最高最善の方法をわかっています」
「私は、創造主の観点において、『未来』とはどのようなものかをわかっています」
「私は、未来を思い出すことが可能であると知っています」

寛　容

「私は、創造主による『寛容』の定義を理解しています」
「私は、寛容であることがどのような感じがするのかを理解しています」
「私は、いつ寛容になるべきかを知っています」
「私は、どのように寛容になるか、最高最善の方法をわかっています」
「私は、寛容に日々を過ごす方法をわかっています」
「私は、創造主の観点において、『寛容』とはどのようなものかをわかっています」
「私は、寛容になることが可能であると知っています」

遺伝的特徴

「私は、創造主による『遺伝的特徴』の定義を理解しています」
「私は、創造主の観点において、『遺伝的特徴』とはどのようなものかをわかっています」

目　標

「私は、創造主による目標をもつことの定義を理解しています」
「私は、目標をもつことがどのような感じがするのかを理解しています」
「私は、いつ目標をもつのかを知っています」
「私は、目標をもつ方法を知っています」
「私は、創造主の観点において、『目標』とはどのようなものかをわかっています」
「私は、目標をもつことが可能であると知っています」

感　謝

「私は、創造主による『感謝』の定義を理解しています」
「私は、感謝することがどのような感じがするのかを理解しています」
「私は、いつ感謝するのかを知っています」
「私は、感謝する方法を知っています」
「私は、感謝して日々を過ごす方法をわかっています」
「私は、創造主の観点において、『感謝』とはどのようなものかをわかっています」
「私は、感謝することが可能であると知っています」

成　長

「私は、創造主による『成長』の定義を理解しています」

「私は、成長することがどのような感じがするのかを理解しています」
「私は、どのように成長するか、最高最善の方法をわかっています」
「私は、成長して日々を過ごす方法をわかっています」
「私は、創造主の観点において、『成長』とはどのようなものかをわかっています」
「私は、成長することが可能であると知っています」

罪

「私は、今、ここにいます」
「私は、生きています」
「私は、今、はっきりと見えます」
「私は、今、気分がよいです」
「私は、体調がよいと感じます」
「私は、自由です」
「私は、よい人生を送るに値します」
「私は、今、はっきりと聞こえます」
「私は、自分を許します」
「私は、今、呼吸しています」
「私は、創造主による強迫的な罪とは無縁に生きることとの定義を理解しています」
「私は、強迫的な罪とは無縁に生きることがどのような感じがするのかを理解しています」

「私は、強迫的な罪と無縁に日々を過ごす方法をわかっています」

ヒーラーの問題

「私は、創造主による自分のパワーにたいして責任があるということの定義を理解しています」
「私は、自分の能力について正しい判断があります」
「私は、愛することがどのような感じがするのかを知っています」
「私は、完全に愛され、そして受け入れられる方法を知っています」
「私は、同業者に私を受け入れさせることがどのような感じがするのかを理解しています」
「私は、よい同業者を私のもとに来させる方法を知っています」
「私は、誰が信用できるのか知っているということが、どのような感じがするのかを理解しています」
「私は、信用できる人たちを私に引きつける方法を知っています」
「私は、創造主による友人の定義を理解しています」
「私は、自分の波動に合った友人を私のもとに引き寄せる方法を知っています」
「私は、創造主の豊かさをもつことがどのような感じがするのかを理解しています」
「私は、創造主の豊かさで何をするのかを知っています」
「私は、お金をもつことがどのような感じがするのかを理解しています」

癒し・ヒーリング

「私は、幸せです」

「私は、健康です」
「私は、よい食物を食べています」
「私は、運動が好きです」
「私は、リラックスしています」
「私は、痛みが取れました」
「私は、それができます」
「私は、強いです」
「私は、自分のことが好きです」
「私は、万事うまくいっています」
「私は、よいです」
「私の体はパワフルです」
「私は、創造主による『癒し』の定義を理解しています」
「私は、他人を癒すことが、どのような感じがするのかを理解しています」
「私は、自分を癒すことが、どのような感じがするのかを理解しています」
「私は、創造主による瞬間的な『癒し』（瞬間『ヒーリング』）の定義を理解しています」
「私は、いつ他人を癒すのかを知っています」
「私は、他人と自分を癒す方法を知っています」
「私は、再生しながら日々を過ごす方法を知っています」
「私は、創造主の観点において、『癒し』とはどのようなものかをわかっています」

「私は、他人と自分を癒すことが可能であると知っています」
「私は、すべてなるものの創造主を通して、癒す方法を知っています」

全体論

「私は、創造主による人生を全体的に観ることの定義を理解しています」
「私は、全体的に日々を過ごす方法をわかっています」

希　望

「私は、創造主による『希望』の定義を理解しています」
「私は、希望をもつことが、どのような感じがするのかを理解しています」
「私は、最高最善の方法で、希望をもつ方法を知っています」
「私は、希望をもって日々を過ごす方法をわかっています」
「私は、創造主の観点において、『希望』とはどのようなものかをわかっています」
「私は、希望をもつことが可能であると知っています」

錯　覚

「私は、創造主による『錯覚』の定義を理解しています」
「私は、人生の錯覚を観ることが、どのような感じがするのかを理解しています」
「私は、人生の錯覚を観る方法を知っています」

「私は、創造主の観点において、『錯覚』とはどのようなものかをわかっています」

免疫系

「私の免疫系は、毎日あらゆる面において、強く、回復力があります」
「私は、創造主による『免疫系』のあるべき形態の定義を理解しています」
「私は、強く健康な免疫系が備わっていることが、どのような感じがするのかを理解しています」
「私は、どのように免疫系を強くするか、最高最善の方法をわかっています」
「私は、免疫系を強くして日々を過ごす方法をわかっています」
「私は、創造主の観点において、強く健康な『免疫系』とはどのようなものかをわかっています」
「私は、免疫系を強く健康にすることが可能であると知っています」

向　上

「私は、毎日あらゆる面において、人生が向上しているのを目にし、実感します」
「私は、創造主による『向上』の定義を理解しています」
「私は、向上することがどのような感じがするのかを理解しています」
「私は、どのように向上するか、最高最善の方法をわかっています」
「私は、向上しながら日々を過ごす方法をわかっています」
「私は、創造主の観点において、『向上』とはどのようなものかをわかっています」
「私は、向上することが可能であると知っています」

主導権

「私は、創造主による主導権をもつことの定義を理解しています」
「私は、主導権をもつことが、どのような感じがするのかを理解しています」
「私は、主導権をもつ方法を知っています」
「私は、真の主導権をもって、日々を過ごす方法をわかっています」
「私は、創造主の観点において、『主導権』とはどのようなものかをわかっています」
「私は、主導権をもつことが可能であると知っています」
「私は、次のスピリチュアルなステップに進める方法を知っています」
「私は、別の空間を認識しています」
「私は、別の空間を意識しています」
「私は、未知のものへの恐れを抱くことなく、日々を過ごす方法をわかっています」
「私は、無への恐れを抱くことなく、日々を過ごす方法をわかっています」

洞察力

「私は、毎日あらゆる面において、さらに洞察を深くしています」
「私は、創造主による『洞察力』の定義を理解しています」
「私は、洞察力をもつことがどのような感じがするのかを理解しています」
「私は、洞察力を身につける方法を知っています」

「私は、創造主の観点において、『洞察力』とはどのようなものかをわかっています」
「私は、洞察力を身につけることが可能であると知っています」

知　性

「私は、毎日あらゆる面において、知性を高めています」
「私は、創造主による『知性』の定義を理解しています」
「私は、知的であることが、どのような感じがするのかを理解しています」
「私は、どのように知的になるか、最高最善の方法をわかっています」
「私は、知的に日々を過ごす方法をわかっています」
「私は、創造主の観点において、『知性』とはどのようなものかをわかっています」
「私は、知的になることが可能であると知っています」

交　流

「私は、創造主による、すべての状況に対応することとの定義を理解しています」
「私は、『交流』することが、どのような感じがするのかを理解しています」
「私は、あらゆる状況下において、いつ交流するのかを知っています」
「私は、あらゆる状況下において、交流する方法を知っています」
「私は、あらゆる状況下において、交流しながら日々を過ごす方法をわかっています」
「私は、あらゆる状況下において、交流することが可能であると知っています」

壮 麗

「私は、創造主による『壮麗』の定義を理解しています」
「私は、壮麗であることが、どのような感じがするのかを理解しています」
「私は、最高最善の方法で、壮麗になる方法を知っています」
「私は、壮麗に日々を過ごす方法をわかっています」
「私は、創造主の観点において、『壮麗』とはどのようなものかをわかっています」
「私は、壮麗であることが可能であると知っています」

マニフェスト（現実化）する

「私は、創造主による『マニフェストする』ことの定義を理解しています」
「私は、最高最善にマニフェストすることが、どのような感じがするのかを理解しています」
「私は、いつマニフェストするのかを知っています」
「私は、マニフェストする方法を知っています」
「私は、よいことをマニフェストしつつ、日々を過ごす方法をわかっています」
「私は、創造主の観点において、『マニフェストする』こととはどのようなものかをわかっています」
「私は、マニフェストすることが可能であると知っています」

熟 練

「私は、創造主による『熟練』の定義を理解しています」

記　憶

「私は、自分のことが好きです」
「私の頭脳は情報をスポンジのように吸収します」
「私は、さまざまな考えを結びつけることができます」
「私の記憶力は無限です」
「私は、鮮明に思い出します」
「私は、写真を思い出します」
「私は、過去に実際に起ったこととして、それらの出来事を思い出します」
「私は、顔、名前、出来事を思い出すことに成功しました」
「私は、日々、記憶力を向上させる練習をしています」
「私は、リラックスし、そして容易に思い出します」
「私は、テストの情報を容易に思い出します」
「私は、創造主による『記憶』の定義を理解しています」
「私は、優れた記憶をもつことが、どのような感じがするのかを理解しています」
「私は、優れた記憶をもつ方法を知っています」
「私は、優れた記憶をもつことが可能であると知っています」
「私は、容易に思い出すことが、どのような感じがするのかを知っています」

「私は、無限の記憶をもつことが可能であると知っています」
「私は、写真で思い出すことがどのような感じがするのかを理解しています」
「私は、写真で思い出す方法を理解しています」
「私は、古い記憶と新しい記憶を結びつけることが、どのような感じがするのかを理解しています」
「私は、ストレスの多い状況で思い出すことが、どのような感じがするのかを理解しています」

精神的明晰さ

「私は、創造主による『精神的明晰さ』の定義を理解しています」
「私は、『精神的明晰さ』が、どのような感じがするのかを理解しています」
「私は、どのように精神的に明晰になるか、最高最善の方法をわかっています」
「私は、精神的明晰さをもって、日々を過ごす方法をわかっています」
「私は、創造主の観点において、『精神的明晰さ』とはどのようなものかをわかっています」
「私は、精神的に明晰になることが可能であると知っています」

慈　悲

「私は、創造主による『慈悲を垂れること』の定義を理解しています」
「私は、『慈悲を垂れること』が、どのような感じがするのかを理解しています」
「私は、いつ慈悲を垂れるべきかを知っています」
「私は、どのように慈悲を垂れるか、最高最善の方法をわかっています」

「私は、創造主の観点において、『慈悲を垂れること』とはどのようなものかをわかっています」
「私は、慈悲を垂れることが可能であると知っています」

形而上学

「私は、創造主による『形而上学』の定義を理解しています」
「私は、最高最善の方法で、形而上学的になる方法を知っています」
「私は、創造主の観点において、『形而上学』とはどのようなものかをわかっています」
「私は、自我《エゴ》をなくして形而上的になることが可能であると知っています」

神秘主義

「私は、創造主による『神秘主義』の定義を理解しています」
「私は、神秘的になることが、どのような感じがするのかをわかっています」
「私は、いつ神秘的になるのかを知っています」
「私は、神秘的になる方法を知っています」
「私は、創造主の観点において、神秘的になるとはどのようなものかをわかっています」
「私は、神秘的になることが可能であると知っています」

崇　高

「私は、創造主による『崇高』の定義を理解しています」

「私は、崇高であることが、どのような感じがするのかを理解しています」
「私は、いつ崇高になるべきかを知っています」
「私は、どのように崇高になるか、最高最善の方法をわかっています」
「私は、崇高に日々を過ごす方法をわかっています」
「私は、創造主の観点において、『崇高』とはどのようなものかをわかっています」
「私は、崇高になることが可能であると知っています」

遍　在

「私は、創造主による『遍在』の定義を理解しています」
「私は、創造的に遍在することが、どのような感じがするのかを理解しています」
「私は、創造的に遍在する方法を知っています」
「私は、遍在しながら、日々を過ごす方法をわかっています」
「私は、創造主の観点において、『遍在』とはどのようなものかをわかっています」
「私は、遍在することが可能であると知っています」

情　熱

「私は、創造主による『情熱』の定義を理解しています」
「私は、情熱的になることが、どのような感じがするのかを理解しています」
「私は、いつ情熱的になるのかを知っています」

「私は、情熱的になる方法を知っています」
「私は、情熱をもって日々を過ごす方法をわかっています」
「私は、創造主の観点において、『情熱』とはどのようなものかをわかっています」
「私は、情熱的になることが可能であると知っています」

忍　耐

「私は、忍耐強い人間です」
「『忍耐』は寛容です」
「『忍耐』は知力です」
「『忍耐』は人間の本質的な側面です」
「『忍耐』は善です」
「私は、自分に対して忍耐強いです」
「私は、他人に対して忍耐強いです」
「私は、忍耐強いことを楽しんでいます」
「私は、創造主による『忍耐』の定義を理解しています」
「私は、忍耐強いことが、どのような感じがするのかを理解しています」

可能性

「私は、創造主による『可能性』の定義を理解しています」

「私は、可能性を手に入れることが、どのような感じがするのかを理解しています」
「私は、自分に可能性があることを知っています」
「私は、いつ可能性を手に入れるのかを知っています」
「私は、どのように可能性を手に入れるか、最高最善の方法をわかっています」
「私は、可能性をもって、日々を過ごす方法をわかっています」
「私は、創造主の観点において、『可能性』とはどのようなものかをわかっています」

潜在力

「私は、どんな方面においても成長できます」
「私の『潜在力』は無限です」
「私は、肯定的な人間です」
「私の意識の中では、毎日ピークを更新しています」
「私の気力には限界はありません」
「自立は強さです」
「私のこころにあるのは善のみです」
「他人は私を尊敬し、私の『潜在力』を信じています」
「私が強い人間であることを皆が知っています」

貴　さ

「私は、創造主による『貴さ』の定義を理解しています」
「私は、創造主の観点において、『貴さ』とはどのようなものかをわかっています」

静けさ

「私は、創造主による『静けさ』の定義を理解しています」
「私は、静かになり、創造主の声を聞くことがどのような感じがするのかを理解しています」
「私は、いつ静かになるのかを知っています」
「私は、どのように静かになるか、最高最善の方法をわかっています」
「私は、創造主の観点において、『静けさ』とはどのようなものかをわかっています」
「私は、静かになることが可能であると知っています」

きらめき

「私は、創造主による他人に喜びを放つということの定義を理解しています」
「私は、きらめきを放つことが、どのような感じがするのかを理解しています」
「私は、どのようにきらめきを放つか、最高最善の方法をわかっています」
「私は、肯定的な光線を放ちながら、日々を過ごす方法をわかっています」
「私は、創造主の観点において、『きらめき』とはどのようなものかをわかっています」
「私は、すべてなるものの創造主のエネルギーを放つことが可能であると知っています」

他人を尊敬すること

「私は、創造主による『他人を尊敬すること』の定義を理解しています」
「私は、『他人を尊敬すること』が、どのような感じがするのかを理解しています」
「私は、いつ他人を尊敬するのかを知っています」
「私は、他人を尊敬する方法を知っています」
「私は、他人を尊敬しつつ、日々を過ごす方法をわかっています」
「私は、創造主の観点において、『他人を尊敬すること』とはどのようなものかをわかっています」
「私は、他人を尊敬することが可能であると知っています」

報い

「私は、創造主による『報い』の定義を理解しています」
「私は、報われることが、どのような感じがするのかを理解しています」
「私は、いつ他人に報いるのかを知っています」
「私は、報われる方法を知っています」
「私は、創造主の観点において、『報い』とはどのようなものかをわかっています」
「私は、報われることが可能であると知っています」

リズム

「私は、創造主による『リズム』の定義を理解しています」

「私は、どのように創造のリズムを感じるか、最高最善の方法をわかっています」
「私は、リズムに乗って日々を過ごす方法をわかっています」
「私は、創造主の観点において、『リズム』とはどのようなものかをわかっています」
「私は、リズムをもつことが可能であると知っています」

ロマンス

「私は、創造主による『ロマンス』の定義を理解しています」
「私は、最高最善の方法で、ロマンティックになることがどのような感じがするのかを理解しています」
「私は、いつロマンスが私にとって最高によいものとなるのかを知っています」
「私は、自分の人生において、ロマンスを許可する方法を知っています」
「私は、創造主の観点において、『ロマンス』とはどのようなものかをわかっています」
「私は、パートナーとロマンティックになることが可能であると知っています」

満　足

「私は、創造主による『満足』の定義を理解しています」
「私は、最高最善の方法で、満足することがどのような感じがするのかを理解しています」
「私は、いつ満足するのかを知っています」
「私は、満足する方法を知っています」
「私は、満足して、日々を過ごす方法をわかっています」

「私は、創造主の観点において、『満足』とはどのようなものかをわかっています」
「私は、満足することが可能であると知っています」

自信

「私は、自信があります」
「私は、自信があると見られています」
「私は、創造主による『自信』の定義を理解しています」
「私は、自信があることが、どのような感じがするのかを理解しています」
「私は、どのように自信をもつか、最高最善の方法をわかっています」
「私は、自信をもって、日々を過ごす方法をわかっています」
「私は、創造主の観点において、『自信』とはどのようなものかをわかっています」
「私は、自信をもつことが可能であると知っています」

自制心

「私は、創造主による『自制心』の定義を理解しています」
「私は、『自制心』とは何かを知っています」
「私は、自制心をもつことが、どのような感じがするのかを理解しています」
「私は、いつ自制心をもつべきなのかを知っています」
「私は、自制心をもつ方法を知っています」

「私は、自制心をもって、日々を過ごす方法をわかっています」
「私は、創造主の観点において、『自制心』とはどのようなものかをわかっています」
「私は、自制心をもつことが可能であると知っています」

重要性

「私は、創造主による『重要性』の定義を理解しています」
「私は、重要であることが、どのような感じがするのかを理解しています」
「私は、いつ重要になるのかを知っています」
「私は、どのように重要になるか、最高最善の方法をわかっています」
「私は、重要になって、日々を過ごす方法をわかっています」
「私は、創造主の観点において、『重要性』とはどのようなものかをわかっています」
「私は、重要になることが可能であると知っています」

誠　実

「私は、創造主による『誠実』の定義を理解しています」
「私は、誠実になることが、どのような感じがするのかを理解しています」
「私は、『誠実』とは何かを知っています」
「私は、いつ誠実になるのかを知っています」
「私は、どのように誠実になるか、最高最善の方法をわかっています」

「私は、誠実に日々を過ごす方法をわかっています」
「私は、創造主の観点において、『誠実』とはどのようなものかをわかっています」
「私は、誠実になることが可能であると知っています」

喫　煙

「私は、禁煙できます」
「私は、喫煙量を減らしながら、禁煙します」
「私は、喫煙に興味がありません」
「私は、喫煙の習慣を断つことができます」
「私は、禁煙することが、どのような感じがするのかを理解しています」
「私は、禁煙する方法を知っています」
「私は、喫煙せずに生きる方法を知っています」
「私は、喫煙せずに生きることが可能であると知っています」

洗　練

「私は、創造主による『洗練』の定義を理解しています」
「私は、洗練されていることが、どのような感じがするのかを理解しています」
「私は、どのように洗練されるか、最高最善の方法をわかっています」
「私は、洗練されながら、日々を過ごす方法をわかっています」

「私は、創造主の観点において、『洗練』とはどのようなものかをわかっています」
「私は、洗練されることが可能であると知っています」

命のきらめき

「私は、創造主による『命のきらめき』の定義を理解しています」
「私は、すべてなるものの創造主のきらめきになることが、どのような感じがするのかを理解しています」

話すことと書くこと

「私は、話がうまく、しっかり意思疎通ができます」
「私にとって会話することは、たやすいことです」
「人々が私の考えに興味をもちます」
「私は、興味深い考えを書きます」
「私は、言葉が自然と思い浮かびます」
「私は、自発的に話します」
「私は、複雑なことを考えたら、それをシンプルにまとめることができます」
「私は、自分の考えを明確に話し、書きます」
「私は、楽に話し、容易に理解されます」

霊性（スピリチュアリティ）

「私は、創造主による『霊性（スピリチュアリティ）』の定義を理解しています」
「私は、最高最善の方法で、スピリチュアルであることが、どのような感じがするのかを理解しています」
「私は、創造主の観点において、『霊性（スピリチュアリティ）』とはどのようなものかをわかっています」
「私は、スピリチュアルになることが可能であると知っています」

素晴らしさ

「私は、創造主による『素晴らしさ』の定義を理解しています」
「私は、『素晴らしさ』がどのような感じがするのかを理解しています」
「私は、創造主の観点において、『素晴らしさ』とはどのようなものかをわかっています」

自発的な行為

「私は、創造主による『自発的な行為』の定義を理解しています」
「私は、自発的になることが、どのような感じがするのかを理解しています」
「私は、いつ自発的になるのかを知っています」
「私は、最高最善の方法で、自発的になる方法を知っています」
「私は、日々の生活を自発的に送る方法を知っています」
「私は、創造主の観点において、『自発的な行為』とはどのようなものかをわかっています」
「私は、自発的になることが可能であると知っています」

強　さ

「私は、創造主による『強さ』の定義を理解しています」
「私は、強いということが、どのような感じがするのかを理解しています」
「私は、『強さ』とは何であるのかを知っています」
「私は、どのように強くなるか、最高最善の方法をわかっています」
「私は、日々の生活を強く送る方法を知っています」
「私は、強くなることが可能であると知っています」

ストレス

「私は、リラックスする方法を知っています」
「私は、運動して、ストレスを解消するのが好きです」
「私は、ストレスの原因となる状況を変えることができます」
「私は、重要です」
「私は、ストレスを解消します」
「私は、規則正しい食事をとります」
「私は、ストレスを感じると、解消します」
「私は、人が好きです」
「成功は私のものです」

学ぶ

「私は、成功します」
「私は、勉強する時間を予定に組み込む方法を知っています」
「私は、勉強することが好きです」
「私は、テストでリラックスする方法を知っています」
「私の頭脳は、容易に情報を吸収します」
「私は、勉強したことを思い出します」
「私は、テストで正しい答えを思い出します」

成功

「私は、創造主による『成功』の定義を理解しています」
「私は、成功することが、どのような感じがするのかを理解しています」
「私は、『成功』とは何であるかを知っています」
「私は、どのように成功するか、最高最善の方法をわかっています」
「私は、創造主の観点において、『成功』とはどのようなものかをわかっています」
「私は、成功することが可能であると知っています」

支援

「私は、創造主による『支援』を受けることの定義を理解しています」
「私は、支援を受けることが、どのような感じがするのかを理解しています」
「私は、『支援』とは何であるのかを知っています」
「私は、どのように支援を受けるか、最高最善の方法をわかっています」
「私は、支援を受けて、日々を過ごす方法をわかっています」
「私は、創造主の観点において、『支援』とはどのようなものかをわかっています」
「私は、支援を受けることが可能であると知っています」

教える

「私は、創造主による他人に『教える』ことの定義を理解しています」
「私は、他人に教えることが、どのような感じがするのかを理解しています」
「私は、どのように他人に教えるか、最高最善の方法をわかっています」
「私は、創造主の観点において、『教える』とはどのようなものかをわかっています」
「私は、他人に教えることが可能であると知っています」

時間の管理

「私は、自分の時間を計画的に管理する方法を知っています」
「私は、邪魔されない静かな時間をつくる方法を知っています」
「私には十分な時間があります」

「私は、予定を組む達人です」
「私は、今日を始める方法と、明日の計画を立てる方法を知っています」
「私は、計画を立てることで楽しい時間が増えます」
「私は、融通が利き、粘り強いです」
「私は、予定が立て混んでいることを認識し、対処します」
「(私は、時間の管理をすることは）いつも可能です」
「私は、自分の優先順位を決める方法を知っています」
「私は、計画を立てることにより、最短時間で最大の利益が得られます」
「私は、今から順次、行動に移します」
「私は、自分の判断と優先順位に自信があります」

理解力

「私は、創造主による『理解力』の定義を理解しています」
「私は、他人を理解することが、どのような感じがするのかを理解しています」
「私は、『理解力』とは何であるのかを知っています」
「私は、どのように他人を理解するか、最高最善の方法をわかっています」
「私は、理解しながら日々の生活を送る方法を知っています」
「私は、創造主の観点から見た『理解力』を知っています」
「私は、理解することが可能であると知っています」

結　束

「私は、創造主による『結束』の定義を理解しています」
「私は、『結束』がどのような感じがするのかを理解しています」
「私は、『結束』が何であるかを知っています」
「私は、創造主の観点において、『結束』とはどのようなものかをわかっています」

高　揚

「私は、創造主による高揚することの定義を理解しています」
「私は、自分と他の人たちを高揚させることが、どのような感じがするのかを理解しています」
「私は、どのように自分と他の人たちを高揚させるか、最高最善の方法をわかっています」
「私は、自分と他の人たちが高揚しながら、日々を過ごす方法をわかっています」
「私は、創造主の観点において、自分と他の人たちを高揚させることとはどのようなものかをわかっています」
「私は、自分と他の人たちを高揚させることが可能であると知っています」

価　値

「私は、創造主によるすべての物の『価値』の定義を理解しています」
「私は、価値があるということが、どのような感じがするのかを理解しています」
「私は、『価値』が何であるのかを理解しています」

「私は、命を大切にしながら、日々を過ごす方法をわかっています」
「私は、創造主の観点において、『価値』とはどのようなものかをわかっています」
「私は、価値をもつことが可能であると知っています」

多　才

「私は、創造主による『多才』の定義を理解しています」
「私は、多才であることが、どのような感じがするのかを理解しています」
「私は、『多才』とは何であるのかを理解しています」
「私は、どのように多才になるか、最高最善の方法をわかっています」
「私は、創造主の観点において、『多才』とはどのようなものかをわかっています」
「私は、多才になることが可能であると知っています」

ビジョン

「私は、創造主による明確なビジョンをもつことの定義を理解しています」
「私は、ビジョンをもつことが、どのような感じがするのかを理解しています」
「私は、どのように明確なビジョンをもつか、最高最善の方法をわかっています」
「私は、優れた先見の明をもって、日々を過ごす方法をわかっています」
「私は、創造主の観点において、明確なビジョンをもつこととはどのようなものかをわかっています」
「私は、明確なビジョンをもつことが可能であると知っています」

減量

「私は、自分の食べるものについて責任をもちます」
「私は、自分を魅力的で細身であると思います」
「私は、果物と野菜を味わって食べます」
「私は、運動を楽しみます」
「私は、どのように運動をするか、最高最善の方法をわかっています」
「私は、量を減らして食べることを楽しんでいます」
「私は、量を減らして食べることが、どのような感じがするのかを理解しています」
「私は、どのように量を減らして食べるか、最高最善の方法をわかっています」
「私は、食べる量を減らして、日々を過ごす方法をわかっています」
「私は、食べる量を減らすことが可能であると知っています」
「私は、創造主による健康的に食べることの定義を理解しています」
「私は、健康的に食べることが、どのような感じがするのかを理解しています」
「私は、どのように健康的に食べるか、最高最善の方法をわかっています」
「私は、健康的に食べて日々の生活を送る方法を知っています」
「私は、創造主の観点において、健康的に食べるとはどのようなものかをわかっています」
「私は、健康的に食べることが可能であると知っています」
「私は、創造主による魅力的で細身であることの定義を理解しています」

「私は、魅力的で細身になることが可能であると知っています」
「私は、創造主による『減量』の定義を理解しています」
「私は、減量することがどのような感じがするのかを理解しています」
「私は、どのように減量するかをわかっています」
「私は、日々減量することが、どのような感じがするのかを理解しています」
「私は、運動することが、どのような感じがするのかを理解しています」
「私は、どのように責任をもって運動するか、最高最善の方法をわかっています」
「私は、運動をして日々を過ごす方法をわかっています」
「私は、運動することが可能であると知っています」
「私は、食べることを運動に置き換えるということが、どのような感じがするのかを理解しています」
「私は、自分がよい気分になる方法を理解しています」
「私は、自分の体によい食べ物を食べることが、どのような感じがするのかを理解しています」
「私は、過食せずに日々を過ごす方法をわかっています」
「私は、自分の体重に落胆することなく、日々を過ごす方法をわかっています」

心配

「心配しても無駄です」
「私のこころから心配が消えました」
「私は、心配がないことが、どのような感じがするのかを理解しています」

「私は、心配せずに日々を過ごす方法をわかっています」
「私は、心配せずに生きることが可能であると知っています」
「私は、健全な人生観をもつことがどのような感じがするのかを理解しています」
「私は、自分を落胆させる人たちを許さないことが、どのような感じがするのかを理解しています」
「私は、決して諦めないことがどのような感じがするのかを理解しています」
「私は、善と希望に満ちている人生を送る方法を理解しています」
「私は、責任のある人間になることがどのような感じがするのかを理解しています」
「私は、自分を信じることがどのような感じがするのかを理解しています」
「私は、尊敬されることがどのような感じがするのかを理解しています」
「私は、不屈の精神と知恵をもつことがどのような感じがするのかを理解しています」
「私は、建設的な肯定的思考を創造主から日々受け取ることがどのような感じがするのかを理解しています」
「私は、既知の感覚、未知の感覚にかかわらず、肯定的な感情を求めることが可能であると知っています」
「私は、自分の人生のすべての面において、バランスを取る方法を知っています」
「私は、気遣いと心配の違いを理解しています」
「私は、肯定的な光の下で将来を観ることがどのような感じがするのかを理解しています」
「私は、肯定的な思考が注入されることがどのような感じがするのかを理解しています」
「私は、自分の人生の過去、現在、未来と一体になることがどのような感じがするのかを理解しています」
「私は、すべてなるものの創造主を通して、自分の運命をコントロールすることがどのような感じがするのかを理解しています」

第26章 DNA3に進むために必要なこと

このセクションは、DNA3情報を活用するために必要不可欠なことについて説明します。毎日、ここに書かれてあるガイドラインとエクササイズに従い、練習する必要があります。

◆ヒーラーはすべてなるものの創造主である、ということを思い出しましょう

真のヒーラーはすべてなるものの創造主である、ということを常にこころに留めておいてください。ヒーラーとしての私たちの仕事は、共に働く人たちの声に耳を傾け、愛し、かれらのために祈ること、そしてすべてなるものの創造主が癒すのを観届けることです。もし、あなたのヒーラーになる動機が、森羅万象に対する畏敬の念や、すべてなるものの創造主への深い愛以外の何かだとしたら、あなたは自らに限界を課すことになるでしょう。

◆ヒーリングを受け入れる

癒しを実現するためには、プラクティショナーとクライアントの双方がヒーリングを受け入れることが必要です。

◆人を愛する

ヒーラーとしてのあなたにたいするもっとも重要な教えは、あなたのもとに来るすべての人々を愛すると同時に、真実とあなた自身について適切な判断力を維持することです。

◆ヒーリングを観届ける

プラクティショナーの仕事は、すべてなるものの創造主が行なうヒーリングの証人となり観届けること、そしてそのヒーリングが起こったときを認識する方法を知ることです。肉体のヒーリングを観届けること、思い込みを再プログラミングすること、感覚・感情の呼び覚まし《ダウンロード》をすること、それらはすべてヒーリングです。創造主の愛に値する人物であることを知るために思い込みシステムを再プログラミングしますが、そのような行為自体がヒーリングとなります。自分を愛する方法を教えることもヒーリングのひとつです。再プログラミングの有効性は、人々が日々の生活で変化を目の当たりにしていることから明らかです。

◆誓いを立てる

この作業を最後までやり抜くと誓いを立ててください。存在の各層を習得すると誓いを立ててください。シータヒーリングの練習に励んでください。最善を尽くすことに専念してください。そして、あなたは、この練習をする権利を獲得したのだということを肝に銘じてください。

◆喜びに包まれて生きる

世界に向かって喜びのエネルギーを放ちましょう！　体中にわき起こる喜びの笑い声を感じましょう！　あなたは、すべてなるものの創造主に守られており、もう悪魔に惑わされない（悪魔があなたに取り憑くことはできない）ということを認識してください。あなたは、自由に創造主の喜びと愛のパワーを放ちます。

◆遠隔透視の練習

体内に入って、体のさまざまな組織を探索してください。そして、その作業に慣れて、精通するまで練習してください。遠く離れた遠隔透視の練習をしてください。

◆毎日のリーディング

練習が鍵となります。

◆怒らずにリーディングをする

強迫的な怒りは、リーディングの望ましい結果を得る邪魔になります。仮に、あなたが怒っているとしたら、あなたの内にある何かが、あなたが望むのもの、あるいは必要とするものを得ることはないでしょう。そこで、ヒーラーであるあなたに求められることは、自分に怒っている理由、もしくは他の誰かに怒っている理由を見つけることです。今いる部屋から出て行き、すぐに思い込みへの働きかけ、もしくは感覚・感情への働きかけを自分におこなってください。他人への怒りは、自分に対する怒りの反映かもしれません。

そのような状況にあっても、いい状態でいるようにしましょう。グラウンディングして自分の体内に戻り、浄化し、よい気分で一日を終えることが重要です。

◆人は皆、各々のパラダイムの中にいることを覚えておきましょう

他の人を相手にリーディングやヒーリングの練習をしてください。そうすることで、あなたは自分のパラダイムか

ら抜け出て、相手のパラダイムに入って行くことに慣れていきます。あなたが現実と《考えて》いることは、実際には起こっていないことを覚えておいてください。あなたが相手の身体空間に入って行くとき、リーディングを通して、あなたのではなく、相手のパラダイムや相手の世界と交流します。常に、最高最善の観点から見せてもらえるよう、創造主に頼んでください。

相手が病気のままでいたいと思っていることがわかる場合もあります。その際、ヒーラーとしてしなくてはいけないことは、善悪の判断を下すことではなく、「その病気がどのように役立っていますか、その病気のおかげで得ているものはありますか?」と尋ねることです。

◆行動を起こす

行動に移さなければ、何も起こりません。何かをしようと考えること（ぐずぐずと先延ばしにすること）と、実際に行動に移すことでは、物理的にも形而上学的にも全く違います。

◆時間を操作する

時間は、より曲げやすい法則のひとつである重力の法則のもとにある、ということを覚えておきましょう。時間は、錯覚です。瞬間的なヒーリングを観届けることは、時間を曲げることの一例です。自分の身体空間の上に行き、時間がより長く続くよう、あるいはより速く進むよう命令する練習をしてください。

時間を操作する方法を習得することで、人生があなたをコントロールしており、あなたに与えられるのが何であれ、あなたは単なる参加者にすぎない、という従来の錯覚から抜け出すことができます。実のところ、私たちの人生は、各々のパラダイムの反映であり、各々の創造物なのです。私たちは実際に、自分のパラダイムから抜け出し、自分の人生において創造したいものを命令し、それを実現させることができます。

◆層を経験する

第七層に上昇し、そしてあなたのガイドである創造主と共に、第七層までの存在の各層を経験できるよう頼んでください。そうすることで、あなたが層のブレイン・キャンディで気が散るのを防ぎ、各層の鮮明な景観をあなたに与えてくれるでしょう。集中し続けてください。

◆人生の変化を現実化《マニフェスト》する

あなたは人生において、何を変えたいと思っていますか？　来年、あなたは何を実現したいと思っていますか？あなたは、最高の健康やソウルメイトを現実化できます。あるいは、あなたが望むようになるための経済状況を求めることもできます。あなたが自分の現実を創造する、ということを忘れないでください。

◆やり抜く！！！！！！！！！！！！！！！！！！！！！！！！！！！！！！！！

ひたすら、続けてください……。

◆夢を送る

自分の身体空間の上に上昇し、誰かに夢を送ってください。これは、午前三時におこなうのがベストです。人がもっとも夢を受け入れやすい時間帯だからです。相手はあなたに話しかける夢を観るでしょう。

夢を見続けること、夢を送ること、夢から戻ること、それらのことからアストラル（幽星）の層で時間をコントロールする方法を学ぶでしょう。

◆新しい能力を学習することを受け入れる

そうすることは、あなたの人生に変化をもたらす助けとなるでしょう。

◆肯定的な思考を特定の人に送る

自分の身体空間の上に行き、肯定的な思考を誰かに送ってください（あなたが送った思考を相手が受け取ったことを確認する必要があるでしょう）。

◆あなたと共に働くすべての人がよい気分になり、幸せになれるように、あなた自身をプログラムする

あなたがこの思考パターンをもっているとしたら、あなたのクライアントは、またあなたのところに戻って来たい、と思うでしょう。病人を好まないヒーラーも中にはいますし、概して、人嫌いのヒーラーもいます。したがって、「私は人が嫌いです」あるいは「わたしは病人が嫌いです」という思考パターンの有無について自分をテストしてください。

◆パワーには責任が伴う……

自分の思考に注意しましょう！　思考の現実化《マニフェスト》で何を実現しようとしているのかを認識しましょう！　《シータ波に入れば入るほど、あなたの考えていることがあなたの人生で現実化されるでしょう。》したがって、あなたの望むことを明確にしてください。自分自身を見くびってはいけません。常に、最高最善を求めてください。たとえば、もしお金が欲しいのなら、最高と最善の方法で、お金を受け取るよう頼んでください。成功を望むのなら、どのような種類の成功を望むのかを明確にしてください。もし、あなたが忍耐を求めるのなら、すべてなるものの創造主は忍耐を要する人たちをあなたに遣わすでしょう。真実を見たいと頼んだとしたら、おそらくその真実はあなたが見たいと思っているものとは違うかもしれません。瞬間ヒーリングを求めたとしたら、すべてなるものの創造主は瞬間ヒーリングが起こるまで、あなたをその状況にとどめて置くでしょうから、「最高最善」の方法で求めてください。

◆執着しないこと

ヒーリングに期待しても、その結果にこだわってはいけません。ヒーラーは創造主ですので、結果をそのまま受け入れてください。クライアントには次のように言ってください。「私は、すべてなるものの創造主があなたと共に働くのを観届けました。では、どうなるか経過を見ていきましょう」。あなたの望む結果が達成されていない場合は、思い込みへの働きかけをさらにおこなう必要があるということになります。

◆今を生きる

多くの人々は過去、未来、あるいは妄想の中の人生を生きています。今、あなたと共に素晴らしい時間を共有していることに気づかず、翌日になってその素晴らしい時を思い出すのです！

スピリチュアルな存在として私たちはしばしば、この世界の現実を厳しいものと感じます。私たちはそこから抜け出そうとし、そうすると今度は、今そこにいないことを残念に思うのです。しかし、たとえ私たちがヒーリングの過程で他の領域に行こうとも、すべてのヒーリングは現在から始まるのです。

◆生きていることに感謝する

毎日、感謝することを再確認してください。空気を吸い、雲を見て、あなたのまわりにある生命に感謝してください。

◆信じる、知る、生きる

まず、ヒーリングが実現することを《信じ》、実現することが可能であることを《知り》、そしてヒーリングのエッセンスを活かして《生きて》ください。

◆自分自身への働きかけ

思い込みへの働きかけを自分におこなえばおこなうほど、自分のヒーリング能力は向上し、有能なヒーラーになるためのプロセスで生じる障害が少なくなります。

他の人たちとの交流から学び、成長してください。そして自分にたいして優しく、元気づけてください。あなたが今まで行ったことのないところへこれから行くのですから……。

◆「第七層の知識をもつこと」**のもとに生きる**

第七層の知識と共に、恐れや怒りを抱かずに、生きる方法を学んでください。そして、万事すべて大丈夫ということ、創造主はあなたのためにいることを理解し、第七層の知識と共に生きる方法を学んでください。

私たちの目標は、第七層の意識に達することです。

第27章　ヴァイアナ語録

01 毎日、創造主に話しかけましょう。

02 毎日、創造主に感謝しましょう。

03 命を宿す、すべてのものに敬意を払いましょう。

04 すべての本質は外見と異なります。

05 思考は光よりも速く進みます。思考は実体があるので、考える内容に注意しましょう。

06 毎日が誇らしくなるような何かをしましょう。

07 もっとゆっくりして、空気と光に気づきましょう。命に感謝しましょう。

08 行動することは、とても重要です。

09 そんなの朝飯前よ。

10 それは、そういう存在であるだけなの。

11 できるだけ、誰も何も傷つけないようにしましょう。

12 人の真実を見て、さらに愛しましょう。

13 ヒーラーはプロセスを踏んで進みます。まず、信じ、知り、そして生きるのです。

14 無用な思考で多くの時間を無駄にしています。私たちは集中して、思考エネルギーを神聖な意識の方に向けることを学ぶ必要があります。

15　秘密のないような人生を送りましょう。隠し立てのないような人生を送りましょう。そうすることで、あなたは今日したことを誰にもはばかりなく言うことができるでしょう。

16　ときとして、秘密は全世界と共有することでしっかり守られます。

17　あなたが創造主とつながっている限り、意地悪な人を含め、すべての人を愛することができます。

18　予言する力は、宇宙の力を利用しています。

19　現実はいつもそこにあり、私たちに認識されるのを待っています。あなたが現実を信じて、初めて個人的レベルで現実になるのです。

20　この世で生じるほとんどの問題は、私たちが創造主と切り離されていると錯覚していることが原因です。

01　Talk to the Creator every day.

02　Thank the Creator every day.

03　Honour life in all its forms.

04　All is not what it seems.

05　Thoughts move faster than light. They have essence, so be careful what you think.

06　Do something to be proud of every day.

07　Slow down and notice the air and the light. Appreciate life.

08　Action is all-important.

09　It's a piece of cake.

10　It just is.

11　Whenever possible, hurt no one and nothing.

12　See the truth in people and still love them.

13　Healers go through a process: first we believe, then we know, then we live.

14　So much of our time is wasted upon useless thought forms. We must learn to focus and direct our thought-energy to the divine consciousness.

15　Live your life as if there were no secrets. Live life as an open books, so that you could tell anyone what you did today.

16　Sometimes the best secrets are kept by sharing them with the world.

17　You can love all people-including the mean ones-as long as you are connected to the Creator.

18　Prophetic power is using the power of the universe.

19　Reality is always there waiting for us to acknowledge it. It is only when you believe in reality that it becomes real on a personal level.

20　Most of the problems that occur in this existence are caused by the illusion that we are separate from the Creator.

あとがき

現代において、文字通り何百万という人々がスピリチュアルな答えを求めて情報の中をさまよっています。おそらく、人類がこれほど膨大な情報にアクセスできるようになったのは歴史上、初めてのことだと思います。今や、ごく一般的な人でも秘された書籍を手にすることができますが、百年前、いや五十年前でも考えられないことでした。古代の信念体系《ビリーフ・システム》は、今や集合意識から再び浮かび上がってきており、神聖なものとして存在し、私たちが手を伸ばせば届くところにあるのです。

私たちはスピリチュアルな知識を探していながらも、すでに手にしている途方もない自由を認識していないのです。この自由を大切にし、情報を有効に活用する責任があります。かつて情報は、何世紀にもわたって、個々の人たちが用心深く守り、また、口頭伝承されてめったに文字に起こされることはありませんでした。さらに、情報を悪用する可能性のある輩から守るため、秘密結社がすぐ隠してしまいました。

多種多様な伝承や形式から得た情報が大量に流れ込み、それはさながら私たちの目の前に豪勢に並べられたバイキング料理のようです。私たちは、スピリットの消化不良を起こさぬように気をつけなければなりません。次の探究に進む前に、信念体系《ビリーフ・システム》をしっかり学び、理解して消化することが最善です。スピリチュアルな知識においては、適量の常識が効果的な助けになります。私たちが現在享受している自由が、度を越した刺激に、そしておそらく自己中心主義につながる可能性があることを決して忘れてはいけません。

どのような状況においても、利他主義と正しい判断が私たちのゆくてを照らすはずです。これには、エネルギー・ヒーリングも含まれます。ヒーリングの実践において私たち自身が尊敬されたいと望むのであれば、シータヒーリングの実践そのものが尊敬されるべきものでなければなりません。すべての信念体系《ビリーフ・システム》が時の試練に耐えられるものになるためには、純粋さの中で形成されることが許され、そして人類の意識に変化が生じるくらい長期間にわたって純粋かつ不変である必要があります。そのようなスピリチュアルな教えを神聖なものとして存在させていくためには、合理的な知性が現実の最高の権威だとする見解を、その教えが超越する必要があるでしょう。そして、そのようなたぐいの稀有な神秘的知識の純粋性が、私たちの中心で共鳴している透明でダイレクトな神秘的経験を強調し、増幅させる啓蒙という名の発火装置の中で、神秘的直観になりうるのです。そして、私たちはそのようなたぐいの知識との共鳴を深く感じることができ、そのような知識はある時点で、理性の命ずるところを軽々と超越し、覚醒した意識によって何の迷いもなく真実として受け入れられるのです。

ガイ・スタイバル

訳者あとがき

著者ヴァイアナ・スタイバル氏（以下、ヴァイアナさん）に初めてお会いしたのは二〇〇九年の夏、米国アイダホの氏のセミナーハウスでのことでした。日本のベテランシータヒーラーさんたちがアイダホでインストラクターセミナーを受講される際に通訳として日本から渡米したのです。初めて通訳した「病気と障害」コースは、病名、臓器や器官名など医療用語にあふれていて、内容を予習するのに何ヶ月も費やしましたが、「病気と障害」を読みながら、とにかく「すごい、すごい」と驚くばかりでした。理論的な説明とその詳細に圧倒されたのです。

そしてその内容を教えるヴァイアナさんのチャーミングなこと！ "It's a piece of cake!"（朝飯前でしょ！）と言いながら、医師、看護師、心理学者らを含む受講生も納得できる論理展開で、直観の優れたスピリチュアリストが真実だと感じられるメッセージを、笑顔で話していきます。その早口には（！）通訳としてついていくのに必死でしたが……。

現代では、誰でもストレスが身体の障害につながるということを知っています。「イライラして胃に穴が開いちゃうよ」などという会話もよく耳にします。シータヒーリングでは、「すべてなるものの創造主」「存在の根源」あるいは自分の信じる絶対的な存在に「コマンドする（命じる）」ことで心理的なブロック（思い込み、ビリーフ）をするっと取り除いていきます。直観的なものだけでなく、カウンセリングの手法や脳科学的な説明も含む、たいへん包括的なヒーリングの手法だと思います。実際にアイダホのTHInK®では、最新の脳波計によるデータが蓄積され分析されています。

一人の研究者として言えることは、人間の科学はまだまだ自然の足元にも及ばないということです。シータヒーリングは、いつか人間の科学が追いついたときに説明可能なものだと思います。私の専門研究分野は認知言語学というものですが、現在、人の心で紡ぎだされる「物語（ナラティブ）」を人工知能にプログラミングできるような言語・心理・ＩＴ（コンピュータ）の分野にわたる研究をしています。ＩＴもシータヒーリングとつながります。感覚・感情の「ダウンロード」「コマンドする（命じる）」は、ヴァイアナさんも「コンピュータのダウンロードとかコマンドをイメージして」とおっしゃるとおり、私たちに不足しているアプリをダウンロードしたり、余分なバグやコンピュータウィルスを取り消したりすると考えると、非常に納得のいくヒーリング手法です。

翻訳するにあたり、これまでシータヒーラーの方たちが使ってきた用語やマニュアルにも配慮をしつつ、この本を初めて取る読者の方にもわかりやすい訳を心がけました。「Advanced（更に進んだ、または上級編）」を「応用」と翻訳するかどうかは一番迷った部分ですが、「シータヒーリング応用ＤＮＡセミナー」と呼ばれてきており、セミナーで本著を利用することから「応用」とあえて訳出しました。シータヒーリングの基礎的な内容を更に進めた「上級編」「上級者向け」「応用編」という意味合いとなります。実践例も多く、ヴァイアナさんのシータ経験も語られ、ヴァイアナさんとオーディンのやり取りの最後には翻訳をしながら感動して泣いてしまいました。

また英語の解釈にあたっては医療翻訳を始め多くの専門翻訳家の方たちからのアドバイスをいただきました。シータヒーリングへのきっかけを作ってくださり、また、これまで叱咤激励してくださったシータヒーラーの方たちがいらっしゃらなければここまで来られなかったことと思います。ナチュラルスピリット社の今井社長には翻訳のきっかけを作っていただき大変感謝しております。また、編集の西尾厚氏には翻訳者としてのあり方を含め多くのことを教えて頂きました。

監修の Reiko Samos（マロン）氏、Daniel Samos 氏（ともにシータヒーラー）には、例文を中心に穿っていただき、大変感謝しております。

めちゃくちゃに散らかした部屋に耐え、いろいろな形で支えてくれた夫・茂文にこの場を借りてお礼を一言申し上げます。

最後に、ヴァイアナさん、ガイさんを初めとするTHInKの皆様、この本を読んでくださる皆様に、更なる平和としあわせのために、今後ますますの発展をご祈念申し上げます。

豊田典子

◇訳◇語◇補◇記◇

◆筋肉反射テスト Energy Test

思い込みや思考パターンの有無を確かめるために筋肉の反射を利用して確認する方法。具体的な方法については、『シータヒーリング』一二〇～一二五頁を参照のこと。

◆感覚・感情 feeling

英語のfeelingには、喜怒哀楽などの感情だけでなく、知覚などの感覚も含む。そのため「感覚・感情」とした。

◆感覚・感情の呼び覚まし download

『ある感覚・感情につながるエネルギーをこれまでの人生で一度も感じたことも経験したこともない人がいます…（中略）…喜びや誰かを愛し愛される感覚、裕福な感覚をはじめとして、クライアントにとって馴染みの薄い感覚は創造主の力によって示してもらう必要があるのです（『シータヒーリング』一六三頁より）。このように、創造主から感覚・感情をダウンロードすること。ヴァイアナ氏の直接の言葉によれば、ないものを創造主からダウンロードすることも、どこかに（第七層に）ある感覚・感情を呼び覚ますのもどちらの言葉も適切であり、その時にあった言い方を使いましょうということである。

◆思い込み belief

心理学、社会学などの分野では「ビリーフ」と呼ばれているもの。個人、あるいは社会が気がついているかいないかにかかわらず「これはこうだ」「こうあるべきだ」「こうしなくてはならない」のような通念が入り込んでいると言われている〈ビリーフとは『それが正しい』と信じている心理状態である〉（Wikipedia, 2011）。

◆思考パターン program

「肉体はコンピュータで言えばプログラミングに応答するようにセットアップされたハードウェアにあたります…顕在意識はあたらしい行動と習慣に合わせて潜在意識をプログラムすることができます。」（『シータヒーリング』一一四頁より）とあるように、思い込みが肉体にプログラムされていると解釈される。

◆信念体系 belief system

思い込み（ビリーフ）には、体系（システム）として、核となる幼少期からのレベル、先祖代々受け継がれた遺伝的レベル、過去生の記憶や遺伝子の奥に眠る歴史的レベル、魂のレベルの四つのレベルがあり、その体系をビリーフ・システムまたは信念体系と呼ぶ。

◆エネルギー・ブレイク energy break

好ましくない感覚・感情、リーディングの際に沸き上がってくるあらゆるエネルギーから発する影響からプラクティショナーとクライアントを分離する手段（『シータヒーリング』六二頁）としてセッション後におこなうプロセス。

◆命じる、コマンドする command

肉体をハードウェアとして考えた場合、コンピュータのように「コマンドする」ことでダウンロードなどを実行していく。一般の「命令・司令」とは意味が異なり、上下関係などのない「コマンド」である。詳細は『シータヒーリング』四七～四九頁を参照。「命じるという行為には、その宣言したことが行われるのだということに対する疑いがありません（『シータヒーリング』四七頁より）」。

◆非創造 dis-creation

シータヒーリング用語。英語のdis-は「反対の、否定の意味を添える接頭辞（ロングマン）」なので、創造の逆の行為となる。本書16章に、病気の「非創造」とは病気のない現実を創造するとある。

（訳者）

◉ セミナーについての詳しい情報は次の連絡先にお問い合わせください。

〈シータヒーリング・インスティテュート・オブ・ナレッジ〉

＊ すべてのシータヒーリングおよびシータヒーリングインストラクター養成セミナーは、本インスティテュートの主催によりおこなわれています。

THInK®

ThetaHealing Institute of Knowledge

29048 Broken Leg Road, Bigfork, MT USA 59911
Tel: (1) (208) 524-0808
(1) (406) 257-2109
E-mail: info@thetahealinginstituteofknowledge.com
Website: www.thetahealinginstituteofknowledge.com/en_US/

✔
日本のシータヒーリングのセミナー開催スケジュールについては、
スピナビのホームページ http://thetajapan.com をご確認ください。

シータヒーリング・インスティテュート・オブ・ナレッジ

インストラクターセミナーはヴァイアナ自身が講師を務めます。

＊ 各セミナーにマニュアルあり

ヴァイアナの基礎ＤＮＡ　インストラクターセミナー
ヴァイアナの応用ＤＮＡ　インストラクターセミナー
ヴァイアナのレインボー・チルドレン　インストラクターセミナー
ヴァイアナの病気と障害　インストラクターセミナー
ヴァイアナのワールド・リレーションズ　インストラクターセミナー
ヴァイアナのＤＮＡ３　インストラクターセミナー

その他、「ソウルメイト」「レインボーチルドレン」「インチュイティブ・アナトミー」「豊かさと願いの実現」「ウェイトロス」「ワールドリレーションズ」「病気と障害」「ゲームオブライフ」の各種セミナーが開講されています。

詳細は、シータヒーリングジャパン http://thetajapan.com を御覧ください。

◆既刊書籍◆

ThetaHealing (Hay House, 2010)
『シータヒーリング』（ナチュラルスピリット刊）

ThetaHealing Diseases and Disorders (Hay House, 2013)
『シータヒーリング 病気と障害』（ナチュラルスピリット刊）

ON THE WINGS OF PRAYER (Hay House, 2014)
『祈りの翼に乗って』（ナチュラルスピリット刊）

SEVEN PLANES OF EXISTENCE (Hay House, 2016)
『存在の７つの層』（ナチュラルスピリット刊）

Finding Your Soul Mate with ThetaHealing (Hay House, 2016)
『シータヒーリングでソウルメイトを見つける』（ナチュラルスピリット刊）

セミナーと
関連書籍のお知らせ

シータヒーリングのセミナー

シータヒーリングは米モンタナ州に拠点を置く、
ヴァイアナ・スタイバルが設立したエネルギー・ヒーリングの方法で、
世界中に認定インストラクターがいます。
シータヒーリングのセミナーと書籍はこころの癒す力を開発する方法を学べるようになっています。

✶ 著者について

ヴァイアナ・スタイバル Vianna Stibal

ヴァイアナは芸術家であり執筆家であり、孫をもつ一人の女性でもある。生まれもったカリスマ性と助けを必要としている人々にたいする思いやりが、ヒーラーとしての、そして直観的な教師としての能力を彼女に与えている。

シータヒーリングという独特なプロセスを使って、いかにして創造主とつながり、共同創造することができるかを示したヴァイアナは、その創造主からの贈り物をできる限り大勢の人々と分かち合うことが自身の使命であると確信するようになった。彼女にはっきりと人間の体内の様子が見え、瞬間の癒しの実現を観届けることができるのも、創造主と人類への愛と感謝があるからである。

自身の体験だけではなく、創造主から与えられた洞察力を基にして、人体のしくみに関する広範にわたる知識と人間の精神についての深い理解のおかげで、この驚くべきテクニックを完璧に使いこなし、これまでに、C型肝炎やエプスタイン・バー・ウイルス感染症、エイズ、ヘルペスや腫瘍、さまざまな癌など、あらゆる病状や遺伝的疾患をもった人々に働きかけをおこない、素晴らしい結果を出し続けている。

ヴァイアナはシータヒーリングのテクニックが人に授けられていくことが可能であること、さらに、その必要があるものと確信し、世界中でセミナーを開き、あらゆる人種、信念や宗教をもった人々を指導している。彼女の指導を受けたインストラクターやプラクティショナーが現在、二十ヵ国以上で活躍しているが、彼女の活動はそれだけでは終わらない！　このヒーリングのパラダイムを世界の隅々に広めるために献身的な活動をおこなっている。

www.thetahealing.com

✶ 監修者について

レイコ・サモス（マロン） Reiko Samos

1964年生まれ。名古屋出身。雑誌・書籍の編集者を経て2004年出版社を立ち上げる。2008年シータヒーリングに出会い、自分の人生を生きるほんとうの意味を知る。大久保恵著『シータヒーリングを活用　潜在意識を味方につけて安心＆ワクワク人生』、ヴァイアナ著『シータヒーリングQ＆A』の編集を担当。2012年Family Tiesセミナーを開発し、シータヒーリングのクラスとして正式に認定される。

ダニエル・サモス Daniel Samos

1963年生まれ。シカゴ出身。日英通訳翻訳に25年間以上従事。そのなかでも仏教専門の雑誌・書籍の英文編集・翻訳に長く携わる。2008年にシータヒーリングに出会い、以来創始者ヴァイアナが開く各国のセミナーで通訳として活躍。2011年からはシータヒーリングのセミナー用の英語&日本語マニュアルの編集・校正にも携わる。各国でセミナーを開催。シータヒーリングサイエンスの資格をもつ。

✶ 訳者について

豊田典子（とよだ のりこ）

東京都生まれ。認知言語学研究者。1990年より日系企業欧州支社駐在、その後ロンドン大学大学院（応用言語学）を経て独立。現在、英国法人経営、大学講師、国際機関コンサルタント、会議通訳。著書に『パーフェクトフレーズフランス語日常会話』（国際語学社）など。

応用シータヒーリング
「すべてなるもの」のパワーを活用する

●

2012年4月15日　初版発行
2025年1月30日　第11刷発行

著者／ヴァイアナ・スタイバル
監修／レイコ・サモス（マロン）、ダニエル・サモス
訳者／豊田典子

装幀／斉藤よしのぶ
編集・DTP／西尾 厚

発行者／今井博揮
発行所／株式会社 ナチュラルスピリット
〒101-0051 東京都千代田区神田神保町3-2 高橋ビル2階
TEL 03-6450-5938　FAX 03-6450-5978
info@naturalspirit.co.jp
https://www.naturalspirit.co.jp/

印刷所／モリモト印刷株式会社

ISBN978-4-86451-036-3 C0011